"十四五"职业教育国家规划教材

微课版

秘书理论与实务
（第四版）

新世纪高等职业教育教材编审委员会 组编
主　编　焦名海
副主编　陈飞鲸　雷　鸣
　　　　张来阳

大连理工大学出版社

图书在版编目(CIP)数据

秘书理论与实务 / 焦名海主编. -- 4 版. -- 大连：大连理工大学出版社，2022.1(2025.4 重印)
ISBN 978-7-5685-3648-6

Ⅰ．①秘… Ⅱ．①焦… Ⅲ．①秘书学－高等职业教育－教材 Ⅳ．①C931.46

中国版本图书馆 CIP 数据核字(2022)第 022281 号

大连理工大学出版社出版

地址：大连市软件园路 80 号　　邮政编码：116023
营销中心：0411-84708842　84707410　　邮购及零售：0411-84706041
E-mail：dutp@dutp.cn　　URL：https://www.dutp.cn
辽宁星海彩色印刷有限公司印刷　　大连理工大学出版社发行

幅面尺寸：185mm×260mm　　印张：14　　字数：323 千字
2012 年 5 月第 1 版　　　　　　　　　　2022 年 1 月第 4 版
2025 年 4 月第 6 次印刷

责任编辑：程砚芳　　　　　　　　　　　责任校对：刘俊如
封面设计：对岸书影

ISBN 978-7-5685-3648-6　　　　　　　　　　定　价：45.80 元

本书如有印装质量问题，请与我社营销中心联系更换。

前　言

《秘书理论与实务》(第四版)是"十四五"职业教育国家规划教材、"十三五"职业教育国家规划教材、"十二五"职业教育国家规划教材。

随着移动互联网的普及，移动学习、移动办公成了大多数人的生活、工作常态。现代秘书除了要掌握传统的办事、办文、办会能力外，还要充分利用互联网来辅助办公、协助机关或部门负责人处理日常工作。为了适应时代发展的需求，我们在充分调研的基础上，对教材进行了修订。

本教材在修订时继承了上一版教材的特色：

(1)按商务秘书的成长规律，选取、编排教学内容。依据其在每个阶段所需的核心能力与素质，安排四个模块十五个项目，每个项目安排2~3个任务。

(2)以优秀秘书的特质安排训练路径，重视策略的获得与默会知识的积累。每个任务以工作情境方式呈现给学生，并在训练中突出反思性学习，以帮助学生获得从事秘书工作的策略和职场所需的必会知识。

(3)突出"训练"主线，让"教、学、做"一体化。本教材以问题情境开始，激发学生训练兴趣，让学生在教师的指导下进行基本技能训练，最后通过"拓展训练"培养学生的迁移能力，实现"教、学、做"一体化。

(4)建立了从易到难、从简单事务处理到复杂事务处理、从遵令执行到参与管理的训练体系。

(5)教材的编写思路是让学生先学习"做"，然后总结秘书工作理论，体现了高职教育"先会后懂"的原则。

本教材在保留原有特色的基础上：

(1)将党的二十大精神融入教材，教材紧扣立德树人根本任务通过案例、职业情境和事例等形式，落实为党育人，为国育才的教育宗旨。

(2)新增了"价值塑造"模块，将"立德树人"内化到教学活动中的各个环节，使传授知识与价值引领有效结合。

(3)充分利用手机在学习中的优势，在理论学习中增加微课资料，学生可通过手机扫描二维码，实现教材与互联网的对接。

(4)依据商务秘书新增事项，增加"移动办公""网络办公"等内容，并增加了"互联网与秘书工作"项目，目的是学习新的工作手段。

（5）修订后的教材优化了实训任务指导，以任务作为实训载体，让学生对实训成果有直观认识。

（6）根据国家政策的变化，修改了部分过时的内容。

本教材由深圳信息职业技术学院焦名海任主编，由福建信息职业技术学院陈飞鲸、河南牧业经济学院雷鸣、阜阳职业技术学院张来阳任副主编，深圳市东方信腾数码技术有限公司陈金伟、湖南大众传媒职业技术学院曾雪晴参与了部分内容的编写工作。具体编写分工如下：焦名海编写项目八、项目十、项目十二、项目十五，陈飞鲸编写项目九、项目十三，雷鸣编写项目三、项目七，张来阳编写项目四、项目十四，陈金伟编写项目一、项目二、项目五，曾雪晴编写项目六、项目十一。焦名海提出编写思路，负责全书统稿，在统稿过程中对全书的内容、体例和行文风格等进行了修改和完善，并与陈金伟共同设计编写大纲和体例。

本教材可作为高职高专院校和成人高校文秘、行政管理等专业的教学用书，也可作为其他专业学生和企业文秘人员的培训教材。

在编写本教材的过程中，编者参考、引用和改编了国内外出版物中的相关资料以及网络资源，在此表示深深的谢意！相关著作权人看到本教材后，请与我社联系，我社将按照相关法律的规定支付稿酬。

尽管我们在本书的编写中，致力于探索高职高专院校工学结合的人才培养模式并以此来设计教材内容，但是限于编者的水平和能力，本教材还有许多不成熟的地方，恳请同行及读者批评指正。

编　者

所有意见和建议请发往：dutpgz@163.com
欢迎访问职教数字化服务平台：https://www.dutp.cn/sve/
联系电话：0411-84707492　84706104

目 录

第一编　前台秘书

项目一　初识秘书及秘书工作 3
　任务一　秘书形象与礼仪 4
　任务二　秘书工作职责 10

项目二　前台接待工作 15
　任务一　接待客人 16
　任务二　与客人沟通 22

项目三　处理邮件与快递 28
　任务一　处理电子邮件 29
　任务二　收寄传统信件与快递 34

第二编　办公室秘书（文员）

项目四　管理办公室环境 45
　任务一　设计办公室环境 46
　任务二　维护办公室公共区域环境 51
　任务三　检查与处理办公室安全隐患 54

项目五　安排内部会议 60
　任务一　安排与服务日常工作例会 61
　任务二　安排与服务临时性大型会议 67
　任务三　准备与组织云计算视频会议 73

项目六　处理文件 78
　任务一　拟制、办理、归档纸质文件 79
　任务二　网络办理、归档电子文件 85

第三编　助理秘书

项目七　安排商务约会与宴请 93
　任务一　安排商务约会 94
　任务二　安排商务宴请 97

项目八	安排商务出行	105
任务一	安排本地商务出行	106
任务二	安排外地商务出行	110

项目九	组织活动	118
任务一	组织新产品发布会	119
任务二	组织参展活动	124
任务三	组织员工休闲活动	127

项目十	跟踪与服务项目	132
任务一	跟踪项目进度	133
任务二	管理项目资源	141

项目十一	管理上司	150
任务一	管理上司的时间	151
任务二	管理上司的错误与缺陷	155
任务三	管理上司人际关系	158

第四编　高级秘书

项目十二	信息管理与服务	167
任务一	收集与处理商务信息	168
任务二	收集处理网络舆情信息	175

项目十三	危机事件管理	179
任务一	产品质量危机管理	180
任务二	生产事故危机管理	185

项目十四	服务商务谈判	194
任务一	企业合作谈判的服务	195
任务二	商务交易谈判的服务	201

项目十五	互联网与秘书工作	208
任务一	运营微信公众号	209
任务二	管理微博	212

参考文献 216

二维码索引

标准礼仪训练操	9
秘书工作的风范	14
办公室接待流程	16
收发电子邮件	29
寄快递	38
办公室环境管理	46
Visio 操作	48
办公室人际关系处理	53
办公室安全隐患	55
移动云会议	75
制发文件的格式	79
文件办理流程	80
电子文件归档与电子档案管理规范	88
商务约会	94
宴请管理	97
上司外出管理	105
办公室信息资源管理	168
产品质量危机管理	180
生产事故危机管理	185

第一编

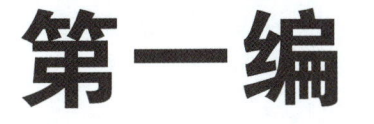

前台秘书

项目一

初识秘书及秘书工作

知识目标

- 掌握秘书仪容塑造、服饰搭配等相关知识。
- 掌握职业着装礼仪。
- 了解秘书的工作职责。
- 了解秘书职业应具备的能力。

能力目标

- 能熟练掌握秘书的仪态举止。
- 能按职业礼仪要求化妆与着装。
- 能列出秘书的工作内容与职责。

价值塑造

- 借助设计自身职业形象,培植尚美之意识。
- 借助形象塑造知识的学习,养成使用文明语言的习惯。
- 借助秘书职责知识的学习,领悟自身的责任担当。

思考与感悟

张卓是永安对外贸易有限公司的秘书,主要负责前台工作,兼做办公室工作。虽然她长得不算漂亮,但被公认为是最得体大方的秘书。她每天早上都会把自己打扮好后再进入办公室。她得体的打扮给办公室增添了许多活力和色彩。她在工作中十分注重坐姿和走姿,无论出现在哪里总会带给人优雅感。张卓还是一位想事周到、办事得体的秘书,这一点很受领导的赏识。有一次,总经理要带领公司的中层领导去美国洽谈业务,让张卓安排这次为期十五天的出国活动。张卓安排得细致周到,并反复核实是否有遗漏之处。周密的安排保证了业务洽谈的有序进行。与此同时,张卓也有些失落,从事秘书工作也有一段时间了,虽说领导每次出国行程都由她来安排,但陪同领导出差的总是李秘书。李秘书虽说做事赶不上自己,但是她说着一口流利的英语,让张卓很羡慕的。近期,她还听说李秘书可能被提升为办公室主任,想想自己的前途,张卓感到很迷茫,她不知道自己应该做些什么。

思考

1. 你认为张卓是一位出色的秘书吗?
2. 假如你是张卓,你应该采取怎样的行动?(可以从张卓的形象、能力、职业素质以及处理人际关系等方面来思考)

任务一 秘书形象与礼仪

一、理论知识

(一)秘书仪容塑造

1. 得体的饰发

(1)保持头发的清洁和得体

头发要干干净净、整整齐齐、长短适当,发型简单大方、朴素典雅。要勤洗发、勤理发,把头发梳理到位。男秘书的头发以 6 厘米左右为佳,最长也不应该后及领口、前过额头;女秘书头发的长度最好不过肩部,前不应挡住眼睛,在工作场合,应将长发扎起来。

(2)注意发型与脸型的搭配

发型要与脸型相配才能产生整体美。例如,正三角形脸应增加头顶头发的高度和蓬松度,留侧分刘海。倒三角形脸应留短且宽的圆润刘海,以突出头型的纵深感。如果是长方形脸,可以留斜角的刘海或两旁较浓密的发型,使人产生阔度上的错觉。如果是正方形脸,可以留一排横过眼眉的小束形刘海,以弱化方角感,同时可将削剪的发梢烫出外翻的发卷,把别人的注意力从腮帮处引开。如果是圆形脸,发型可以选择头顶浓密的短发或者选择颈部头发浓密的长发,这样可以转移别人对脸圆度的过分关注,切不可将头发向后直梳。如果是椭圆形脸,可以选择任一种发型,但要简单。

2. 适当的妆容

(1)化妆的技巧

化妆总的原则是扬长避短,遮掩缺陷。下面介绍几种常见脸型的化妆技巧。

①圆脸。化妆时应加强面部立体塑造,在涂粉底时,可用偏深的粉底涂面部两侧,在额头、鼻梁、下巴处涂明亮色。鼻侧影略向眉头部位揉擦,以抬高鼻根,使鼻子挺拔。眉毛做上挑圆弧形描眉。眼影不宜用浅亮色,深色眼影可以使面部凹凸感增强。

②方脸。化妆时底色不宜太浅,色彩较深的底色加上红褐色的腮红,会使方脸有结实感。眉形可以是略粗的有角度的弧形,又细又弯的眉会与方脸的轮廓形成较明显的对比。眼影与唇彩的颜色可以鲜明一些,突出五官以减弱方脸的轮廓感。

③长脸。化妆时可以选择颜色较浅的自然色粉底。腮红用淡红色,从颧骨的中心往耳朵方向推抹呈扇形。在下巴、额头上略施暖色调阴影色。眉毛修饰成向脸部横向发展的平弧状曲线。

④小脸。化妆时选择浅色粉底可使脸部显得宽阔。腮红可选用浅桃红色、淡红色。眉笔、眼影、唇彩的颜色可适当明丽,线条描画清晰,使修饰过的五官显得眉清目秀。

⑤大脸。化妆时可选用比自己肤色偏深一些的粉底作为底色,因为深色比浅色有收缩感,面部的两侧可以涂一些能与底色衔接的阴影色。额头、鼻梁、下巴涂上明亮色,但也需要与底色自然衔接。

(2)化妆的步骤

化妆过程大体上如图1-1所示。

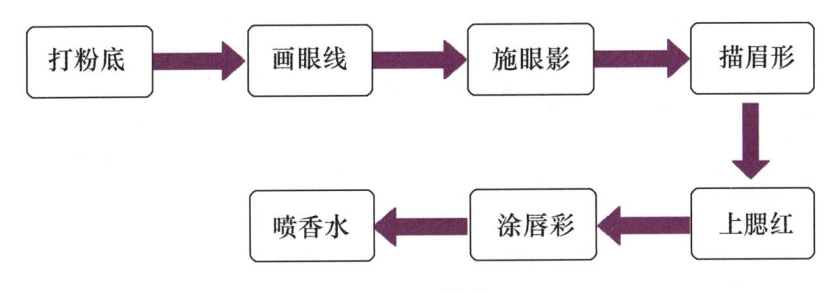

打粉底 → 画眼线 → 施眼影 → 描眉形
                                    ↓
喷香水 ← 涂唇彩 ← 上腮红

图1-1 化妆过程

每个步骤要求:

①打粉底。打粉底时,有四点应予注意:事先要清洗好面部;选择粉底时要选择合适的色号;打粉底时一定要借助粉扑,涂抹要细致,薄厚要均匀;切勿忘记涂抹脖颈部位。

②画眼线。画上眼线时,应当从内眼角朝外眼角方向画;画下眼线时,则应当从外眼角朝内眼角画,并且在距内眼角约1/3处收笔。

③施眼影。施眼影时,有两点应予注意:要选对眼影的颜色;要施出眼影的层次感。

④描眉形。描眉形时,有四点应予注意:先要进行修眉;描出的整个眉形,必须要兼顾本人的性别、年龄与脸型;在具体描眉形时,要逐根对眉毛进行细描;描眉之后应使眉形具有立体感,注意两头淡、中间浓、上边浅、下边深。

⑤上腮红。上腮红时,有四点应予注意:要选择优质的腮红;腮红与唇膏或眼影要属于同一色系;腮红与面部肤色过渡要自然;要扑粉进行定妆。

⑥涂唇彩。从化妆的角度看,唇部的地位仅次于眼部。涂唇彩,既可改变不理想的唇形,又可使双唇娇媚迷人。涂唇彩时,有三点应予注意:要先以唇线笔描好唇线,确定好理想的唇形;要根据唇线笔描好的唇形涂唇彩;涂毕唇彩后,要用纸巾吸去多余的唇彩,并细心检查牙齿上有无唇彩的痕迹。

⑦喷香水。喷香水时,有四点应予注意:不应使之影响本职工作,或是有碍于他人;宜选气味淡雅清新的香水;切勿使用过量;应当将其喷在或涂抹于耳后、脖子、手腕、手肘内侧等部位。

3.干净的手部

要保持手的干净,最主要的是要养成勤洗手的好习惯。另外,还要注意双手的保养。

手部保养方法:可以在手接触水以后,擦一些护肤霜;外出时,可以在手上涂一层防晒霜。此外,做手操也可以很好地保养手部。

(二)秘书服饰搭配

1.服装风格的选择

秘书在工作时间应尽可能穿职业套装,忌穿奇装异服,以庄重、专业、优雅为主,不要过分打扮。

2.服装颜色的选择

职业服装应以素色为主,显得比较沉稳。尽量不要穿绿色的衣服,因为绿色是环境色,不能给人以质感和强烈的存在感,不易给人留下深刻的印象。

服装的整个色块不要超过三种,否则会使人眼花缭乱。在服饰选择上要以"身体"为主,服饰为辅,选择服饰一定要注意扬长避短,尽量避免穿戴与自己体形不协调的服饰。

3.服装款式的选择

女性秘书的服装款式可丰富些。根据季节的不同,可以穿裙装或者裤装。

(1)裙装。裙装是西装套裙的简称,主要包括一件女式西装上衣,一条半裙。裙装的上衣和半裙应选用同一种面料,这样可以使裙装浑然一体、朴素自然,使穿着者看起来高雅、脱俗。

(2)裤装。腿较短的人,选择的上衣需较短,裤子应稍长;腿较粗的人,宜穿上下同宽的深色直筒裤,不宜穿过紧的裤子。

(三)秘书仪态举止

仪态,又称"体态",是指人的身体姿态和风度。

1.站姿

俗话说:"站如松"。男士的站姿如"劲松",展示男士刚毅英武、稳重有力的阳刚之美;女士的站姿如"静松",展示女性轻盈典雅、亭亭玉立的阴柔之美。标准的站姿为:头正、颈直,两眼平视前方,肩平并放松,收腹挺胸,两臂自然下垂,手指并拢自然微屈,中指齐裤缝,两腿挺直,脚跟并拢,脚尖呈45°;男士两脚分开与肩同宽。

2.坐姿

俗话说:"坐如钟"。坐姿是人际交往中人们采用最多的一种姿势,它是一种静态姿势。优雅的坐姿给人一种端庄、稳重、威严的美。正确的坐姿为:腰背挺直,双肩放松。女士双膝并拢,穿裙子坐下时要用手将裙后摆稍稍拢向前。男士膝部可以分开,但不可超过肩宽。常见坐姿有正坐、侧坐、交叉式等。

3.走姿

俗话说:"行如风"。这说的是走姿,走姿始终处于动态之中,体现了人类的运动之美和精神风貌。男士的走姿要刚健有力,豪迈稳重,有阳刚之气;女士的走姿要轻盈自如,含蓄飘逸,有窈窕之美。正确的走姿为:走路时目光平视,头正颈直,收腹挺胸,两臂自然下垂,前后自然摆动,步伐幅度等于肩宽,起步时身子稍向前倾,中心落前脚掌,行走时双脚踩在一条直线上。

4. 蹲姿

俗话说:"蹲要雅"。蹲姿是人的身体在低处取物、拾物、整理物品、整理鞋袜时所呈现的姿势,它是人体静态美与动态美的结合。蹲姿要动作美观,姿势优雅。正确的蹲姿为:下蹲时右脚在前,左脚在后,右小腿垂直于地面,全脚着地。左膝由后面伸向右侧,左脚跟抬起,脚掌着地。两腿靠紧,合力支撑身体。臀部向下,上身稍前倾。

蹲姿

(四)秘书谈吐

秘书需要沟通上下,联系内外。在与客人、同事交谈时,优雅的谈吐会赢得别人的尊重与喜爱。所以,优雅的谈吐是秘书必备的修养,也是必备的一项重要专业技能。

1. 口头语言

秘书在与客人交谈时应使用文明礼貌用语,不可以使用脏话粗话,不要说气话、牢骚话。语言表达应准确简明,内容组织要层次清楚、重点突出,意图传达明确。此外秘书的语言要真诚自然,不能一味迎合讨好,唯唯诺诺,也不能自以为是,盛气凌人。

2. 语速与语气

秘书在交谈中音量要适中,音量过大或过小都会给人带来不好的体验,适中、委婉和柔和的声音才能悦耳动听。秘书的语速不宜过快或过慢。语速过快带给人以连珠炮式的感觉,让人不易接受,语速过慢,会使语义不连贯。秘书的语气要亲切谦和,要尊重他人,不要用太多的语气词,更不能随便训斥别人。

3. 身姿语言

秘书在交谈过程中要善于利用身姿语言来配合口头表达,让讲话更生动,更吸引人。但使用身姿语言时,不可以有太夸张的表情和频繁的手势。眉飞色舞、手舞足蹈的讲话会给人不稳定的感觉,不适合秘书这一职业。

4. 认真倾听

秘书良好的形象不仅体现在他如何说,还体现在他怎样听。秘书在倾听时,应全神贯注,捕捉对方要表达的信息,同时目光停留在对方鼻眼三角区,目光要平视,用微笑、赞许地点头、偶尔提问做出回应。

5. 谈吐内容

秘书的谈吐内容不可以太随意,要符合社会主义价值观,在与外国友人或客商交流时,应体现"四个自信",禁止说粗俗的内容。

二、实训

(一)任务描述

××公司是一家大型的、生产高科技产品的公司,创建于××××年。在创建之初,该公司只有50余人,经过这些年的发展壮大,该公司目前在市场上已经占据了很大的份额,员工已经超过了5 000人,产品畅销全国各大城市并且出口到欧美、东南亚等地。

5月的一天,××公司的会议室里庄严肃静,该公司同美方的合作谈判即将开始,这是公司向外发展的一次重要会谈。谈判开始后,大家发现坐在李总一旁的李秘书穿着非常休闲:一件胸前印有图案的T恤衫,蓝色的牛仔裤,白色的运动鞋。负责送茶水的助理秘书花枝招展,大耳环闪闪发光,妆容浓艳,头发披散,高跟鞋叮叮作响。每当她进来送水,会谈便不得不停歇片刻。外国客人通过翻译开了个玩笑:"李总,最好让这位漂亮小姐参加选美去。"客人的话让李总无言以对。会后,李总找来行政部经理,让她好好规范本部门员工的礼仪。

如果你是这家公司的秘书,你会如何设计自己的形象?

(二)要求与指导

实训任务: 举行个人形象设计大赛。

实训成果:

1. 提供一段本人展示职业形象的视频。
2. 评出小组"最佳秘书形象设计者"。

实训指导:

1. 学生分角色,选择自己认为最合适的工作服装,并根据着装选择合适的饰物、包袋。
2. 形象的设计,先要分析自身的特点,然后从发式、脸部化妆、着装、饰物进行分项设计,最后总观自己的形象是否符合职业要求。发式、脸部化妆要考虑自己的脸形,着装的选择要注意颜色搭配,同时要注意与季节和场合相协调,具体要求可以参见理论部分的相关内容。
3. 良好的职业形象还体现在人的行为上,秘书在工作中应保持良好的坐姿、站姿、走姿、蹲姿,做到"坐有坐相,站有站相"。
4. 展示职业形象时,最好录制成视频,然后投影回放,小组内进行自我评价,找出不合规范之处。

(三)反思与总结

反思与总结见表1-1。

表1-1 反思与总结

序号	评价内容	评价(最佳☆☆☆☆☆)
1	我能够塑造端庄得体、符合职业规范的仪容仪表	
2	我掌握了秘书职业的着装技巧	
3	我掌握了秘书正确的坐姿、站姿、走姿、蹲姿	
4	我会化符合秘书职业的妆容	
5	我会选择适合自己脸形的发型	

实训体会(记录完成的过程,分析自己的成败得失):

三、相关链接

(一)领带的打法

领带的打法如图 1-2、图 1-3、图 1-4 所示。

领带的打法

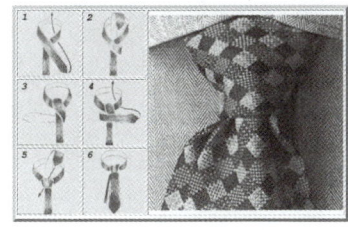

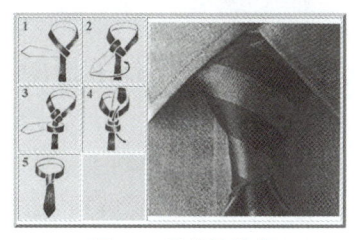

图 1-2　法式　　　图 1-3　单结温莎式　　　图 1-4　双结温莎式

(二)案例

标准礼仪训练操可扫描二维码观看。

点评　坐姿十分优雅,上身正直而稍向前倾,头、肩平正,腰部内收,通常只坐到椅子的 1/2 到 2/3 处,因无扶手,女士右手搭在左手上,轻放于双腿之上。

蹲姿优雅得体,做到了一脚全脚掌着地,大腿靠紧,上身稍向前倾。

标准礼仪训练操

四、拓展训练

1.说出图 1-5 中模特在站立姿态上存在的问题,并说出正确站姿的要领。

2.秘书个人在衣着打扮上的爱好和习惯,早已超越了其本身的审美情趣,是公司整体形象的客观要求。阅读以下材料并回答问题。

××机械制造公司来了一名新秘书叫张阳,她在工作方面很积极,也很努力,为人热情,可就是不太注重个人的形象,给人不太得体的感觉。一天,总经理派张阳去生产部拿一些资料,张阳一路小跑地回来了,满头大汗,衣服都湿透了,气喘吁吁的张阳把资料送给了总经理,总经理看了看张阳,很无奈地说:"出了这么多汗,去擦擦汗吧。""没什么的。"张阳有些不在意,继续做其他工作去了。张阳的工作能力的确很强,总经理每次外出和其他公司洽谈业务都想让她陪同,但一想到她太不修边幅了,这个念头就打消了,最后还是带着着装得体、注重个人形象的李秘书。张阳的不修边幅也许就是她的一大缺点。

图 1-5　不正确的站姿

思考
(1)张阳有哪些不太得体的地方?
(2)一名合格的秘书应具有怎样的职业形象?

不正确的站姿

9

任务二　秘书工作职责

一、理论知识

(一)秘书工作的作用

1. 协调作用

秘书的协调作用主要体现在协调领导之间、领导与同事之间、部门与部门之间的关系。为此,秘书首先要了解领导的秉性爱好,熟悉领导的主要社会关系,了解他们与领导交往的深浅,懂得找恰当的理由打发领导不愿见的客人。此外,还要了解各部门领导办事风格和各部门的业务内容与特点。

2. 参谋作用

秘书的参谋作用主要体现在为领导的决策提供参考意见。为此,秘书在协助领导决策和管理时,既要为领导办事、当领导的助手,在决策中善于领会领导的意图,配合默契,同时也要保持清醒头脑,坚持正确的政治方向,尽可能掌握完整准确的资料,供领导决策定夺。

3. "关口与窗口"作用

秘书的"关口与窗口"是处理各种事务。秘书的"关口"作用,主要体现在把好文字关、用印关、保密关、信息过滤关、新时代政治关、思想关和行动关等;秘书的"窗口"作用,主要体现在始终保持良好的职业形象,在领导授权范围内代表领导进行内外联系、接待客人、洽谈业务等事务。

(二)秘书工作的主要任务

1. 收集资料

秘书工作的首要职责就是收集资料,为领导的决策提供依据。秘书应注意收集以下三个方面的资料和信息:一是与本单位业务有关的方针政策及计划指示等;二是本单位的子公司及各部门的工作进展情况;三是与本公司有关的外界情况,如新闻报道、社会舆论等。

2. 事务管理

秘书要管理自己和领导的办公室及有关资料设备,保持办公环境整洁;处理各类函电文件,撰写业务文书;减少外界和一般事务对领导的干扰,安排领导活动日程,有重要活动提醒领导参加,并为领导整理有关材料。

3. 决策参谋工作

秘书的决策参谋工作主要包括:协助有关职能部门完成决策的可行性方案;向领导汇报可行性方案及其依据,比较不同方案的优劣;在领导班子确定决策方案后,秘书要把决策方案记录在案,并形成文字材料,以会议记录或文件形式把决策方案下达给有关单位,责成有关单位认真执行;协助领导检查决策的执行情况,做好反馈工作。

4. 会务工作

秘书的会务工作主要包括:组织安排各类会议会务,做到万无一失;根据领导确定的会议内容起草会议文件;发放会议通知;做好会议各项安排工作;负责会议期间的记录工作;做好会议期间的服务工作;进行会议总结;督促检查会议决定执行情况等。

5.接待工作

接待工作是秘书的一项经常性的工作,从事秘书工作需承担大量的接待任务。秘书通过接待工作,可以联络内外、承上启下、沟通左右,与方方面面的人建立友好关系。

二、实训

(一)任务描述

小丽是××公司的助理秘书,她在工作之余喜欢写博客,经常记录每天的工作,下面是她一天的工作:

6:30　起床。

7:00　从家出发,站在拥挤的公交车上前往单位。

7:40　到单位(上班时间为8:30),边放下包边启动电脑。等待电脑开机的这段时间,拿起抹布和拖把,简单地擦一下办公桌和地面,然后打开窗户。

8:00　回到电脑前,查看电子邮箱,然后查看今天的备忘录及日志安排表。

8:20　浏览行业主要网站,发现与本公司相关的新闻,下载保存。下楼取报,分发。

8:40　接到第一个电话,是技术部的,要求领取A3纸,询问还有没有,昨天刚买回一箱,回复:"有"。放下电话,写昨天没有写完的月末总结。

8:45　技术部的刘工程师来领纸,申请单没有他所在部门经理的签名,让他去补签,他说他们经理不在,等着用。我让他找我的上司。5分钟之后,上司刘主任签好字。发了5包纸,做了账簿登记。

9:10　月末总结刚写完第二部分,第二个电话响了,是公司刘副总的电话,要求行政部安排一台车去大岗办事。

9:15　填好派车单,请上司签字,然后交给司机,并告诉刘副总出车的车号与司机的电话号码。办完事后又回办公室写月末总结。

10:15　终于写完月末总结初稿。这时上司刘主任来了,要我去复印几份材料,然后将原件归档。

11:00　文件复印好后,连同月末总结一同交给上司,让他审核。

12:00　做好月末总结汇报PPT。

12:15　去食堂吃自助午餐,吃饭过程中,钟副经理问上次顾客投诉事件如何处理,告诉他对顾客进行了相应的赔偿。

12:30　回到办公室休息,打开电脑,收听一个网站的英语视频新闻。

13:30　开始下午的工作,接听了两个电话。

14:00　销售部需要送一份合同到××公司。销售部助理休假,上司让我送去。

16:00　返回公司,途中代公关科李×到社保局领取她的个人证件。

16:30　安排明天的工作,填写工作日程表。

17:00　下班回家。

(二)要求与指导

实训任务： 根据上述材料,列出秘书的岗位任务与职责。

实训成果：

各实训小组根据任务背景材料列出秘书的工作任务与职责。

实训指导：

1. 秘书的工作很繁杂,背景材料中小丽完成的工作较多,要了解秘书的工作任务,应认真阅读材料。

2. 列出小丽的所有工作任务,先小组讨论,然后将任务进行分类汇总,找出主要的工作任务。

3. 区分哪些是她工作范围的事,哪些是不属于她职责范围的事。

4. 分析秘书岗位的工作特点,分析时可以采用归纳法,即先分析每项任务的特点,然后归纳出总的特点。

5. 撰写秘书岗位的工作内容与职责要求。

(三)反思与总结

反思与总结见表1-2。

表1-2　　　　　　　　　　反思与总结

序号	评价内容	评价（最佳☆☆☆☆☆）
1	我能将任务分类汇总	
2	我能区分职务工作和个人事务	
3	我能写出秘书的工作内容与职责要求	
4	我对秘书岗位的工作比以前有更多的认识	
5	我能参与到小组的讨论并贡献自己的观点	

实训体会(记录完成的过程,分析自己的成败得失)：

三、相关链接

(一)某公司秘书的职责

承担全处日常行政事务、综合协调职能,其主要职责为：

1. 负责起草公司年度工作总结报告及总经理讲话稿；

2. 负责起草公司股东和董事会的会议材料,组织落实公司办公会议形成的决定、决议；组织协调综合性工作和各部门工作关系；协助处领导做好日常行政工作；

3. 制定后勤管理制度,参与后勤管理；

4. 承担本公司的文秘、档案工作及印章的使用、保管；
5. 负责文件、资料的保管与流传,全处日常工作的检查与督促办理；
6. 负责做好宣传工作,及时反映全处工作动态；
7. 做好全公司职工年终考评、各种评优评奖、职称申报审核等工作；
8. 协调内外关系,掌握各部门的工作信息,及时协调解决有关问题；
9. 负责办理离职交接手续；
10. 定期编辑《公司通讯》；
11. 完成处领导交办的其他工作。

· 点 评 · 这是一家小型公司的秘书工作职责,工作职责除了一般秘书的办事、办会、办文以外,还兼带负责公司的人力资源管理工作和后勤工作。

(二)案例

李秘书的一天

小李,25岁,毕业于文秘专业,在一家跨国公司任前台秘书,主要职责为前台接待,同时负责上司的办公室整理,工作已有2年时间。

小李一天的工作安排是这样的：

8:30　到达自己的办公室,把办公室打扫干净。

8:40　清扫总裁办公室、总裁接待室。

8:50　查点备用物品,打开自己的电脑,查收文件。

9:00　回到前台岗位,上司准时到公司,礼貌地向上司问好。

9:15　查看今天的工作安排,将来访人员名单独列出来。

9:30　将来访人员名单与安排提交给上司,查收电子邮件,并回复了大部分电子邮件,向上司请示几件自己无权做出决定的事情,得到指示后通过电子邮件给予回复。

10:00　打电话确认上司的预约,给一个重要的客户准备生日礼物。

10:30　客人准时到达,将客人引导到接待室,给客人沏好茶退出。

11:30　签收5份文件,并转交给行政办公室邱主任。

12:00　午休。

13:00　回到办公室,接听电话、查看网上信息等。

13:15　接到3个重要电话,向上司汇报几个电话留言。

13:30　外出寄邮件。

14:00　打电话要求快递公司前来收取包裹。

14:30　××公司萧总前来,萧总与上司约谈后要去工商局,为他准备路线图。

16:30　给萧总讲去工商局的线路,送别萧总。

17:00　完成明天的工作日程表,下班。

· 点 评 ·

这是一位前台秘书一天的具体工作安排,主要工作有打扫办公室、接待来访人员、收发文件和接听电话。

(三)秘书工作的风范——与地县办公室干部谈心

秘书工作的风范

▶ 四、拓展训练

××机械制造厂的李厂长年过四十,他的严格在厂里可是出了名的,谁要是在工作中出了一点儿差错,他马上暴跳如雷,丝毫不留情面。做李厂长的秘书可是个有挑战性的工作,李梅刚刚做厂长秘书不久,就听说已经有三个人因为厂长太严厉,辞掉了秘书的工作。上班的第一天,一切完全是规范化的,第一次见到李厂长,李厂长很礼貌地接待了李梅,交代了一些工作之后,便急着去忙了。李梅心想李厂长人还是不错的。几天后,李厂长通知李梅随他去与外商洽谈技术合作项目,早上9:00出发,同行的有总工和翻译。

关于这个技术合作项目,李梅在设计部工作的时候接触过。还不到8:00的时候,她就到设计部门准备资料去了。8:30,她的电话响了起来,原来是李厂长火气很大地催促她赶快回去。李梅立即赶到厂长办公室,李厂长说话很不客气:"我让你在办公室等着,9:00出发,你到处跑什么?"李梅什么也没解释。听到李厂长接下来的话,李梅才知道,原来是总工住院了,翻译也因事不能来,如果推迟谈判,对方可能会去找新的合作伙伴。"您对这个项目熟不熟悉?"李梅问。"比较熟悉吧。"李厂长眼睛一亮,但脸马上又沉了下来说:"可翻译没有来啊。"李梅自信地说道:"我认为我的外语能行。"李厂长顿时惊喜万分,也意识到了自己之前的态度不好。他立刻让相关人员做好准备,就和李梅一起出发了。在谈判中,李梅又当翻译又和外商谈技术合作的细节,李厂长拍板决断,配合得十分默契。由于李梅对对方的情况十分了解,还称赞了几句对方的技术实力,外商代表十分高兴。回来的路上,李厂长对李梅的表现非常满意,当他在说着夸奖的话的时候,李梅却提醒厂长要去医院看总工,并说已经安排办公室买好了慰问品。李厂长很满意地对李梅点了点头。

> **思 考**
>
> 1.作为秘书,李梅是如何处理好与领导的关系的?
> 2.李梅是如何认真履行秘书职责的?

项目二

前台接待工作

知识目标

- 了解接待客人的形式。
- 能画出计划性接待工作的基本程序图。
- 能说出沟通的过程。
- 能列出秘书的沟通技巧。

能力目标

- 能妥善接待来访客户。
- 能正确与客户进行面对面和电话沟通。
- 能运用现代通信工具与客户沟通。
- 能正确引领来访客人。

价值塑造

- 在学习秘书接待与沟通等知识中,形成和谐的人际观。
- 在接待未预约客人和与客人网络沟通中,涵养与人为善、讲诚实的价值观。

思考与感悟

李倩是××商贸公司的前台秘书。她本以为前台秘书是一件轻松的工作,没想到第一天上班就忙得焦头烂额,而且事情还干得一团糟。李倩早上刚上班就接待了一位客人,这位客人姓王,是××公司的业务经理,说和顾经理约好了9:00谈业务,李倩让他自己进去找。9:15的时候,顾经理打来电话询问是否有××公司的业务经理来过,李倩说:"没到九点就来了,我让他自己进去了。"顾经理很不高兴地说:"客人第一次来,你应该把他带到我的办公室呀。"结果是客人找错了地方,耽误了20多分钟才到。过了5分钟,又来了一位客人,来访者介绍自己姓唐,想购买一批职业装。李倩说:"请稍等，我去问问总经理现在有没有时间。"顾经理说："没有与这个人约好，但是可以请他在10分钟后到会客室。"李倩把情况告诉了唐先生，然后让唐先生坐下并给他倒了杯水，还拿些公司资料给他。李倩接待完后，又忙其他事去了。10分钟后，在去接待室的路上时，李倩始终走在唐先生的后面，唐先生总是无奈地问李倩往哪边拐。到了会客室，李倩打开门自己先进去了，然后她从茶盘中随意地拿出了一个茶杯给唐先生沏了满满的一杯茶，单手递给了唐先生。1个小时后，顾经理让李倩送一下唐先生，唐先生对李倩客气地说"不用了"，但李倩还是送唐先生到公司门口，但在进电梯时，唐先生差点被夹住。在门口，李倩刚要转身，唐先生突然问去最近的工商银行怎么走，李倩说了半天，唐先生还是没有听明白，唐先生最后无奈地说："我边走边问吧。"

·思考·

李倩在接待客人的过程中存在哪些问题？（可以根据李倩的接待细节来分析）

任务一　接待客人

一、理论知识

（一）接待工作的形式

接待工作主要有以下几种形式：

1. 引荐式

秘书负责将客人介绍给有关部门或有关领导后，接待工作就完成了。

2. 会谈式

秘书直接接待客人，并与对方商谈有关事宜。会谈结束，接待工作终结。

3. 迎送式

秘书负责迎接客人并送走客人，对于客人的其他活动不予考虑。

4. 陪同式

秘书在客人访问期间负责迎送、陪同会谈、带领客人参观或协办有关事情。这种接待方式在中小型公司较为常见。

5. 参与式

整个接待工作由其他有关部门负责，秘书只参与其中的部分工作。

（二）不同客人的接待要求

1. 接待客人的基本过程

接待客人的基本过程如图2-1所示。

办公室接待流程

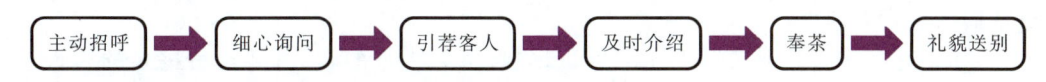

主动招呼 → 细心询问 → 引荐客人 → 及时介绍 → 奉茶 → 礼貌送别

图 2-1 接待客人的基本过程

2. 接待客人的基本要求

(1) 主动招呼。秘书接待客人时,在听到敲门声后,要马上停下正在做的工作,微笑上前招呼客人,请对方坐下,并准备好茶水,双手递给客人。

(2) 细心询问。对客人的来意,秘书要细心询问,看可以提供什么帮助,必要时要做好记录,留下对方的联系方式,注明客人的要求,及时给出答复。

(3) 引荐客人。对有预约的客人,秘书在征得上司同意后,及时引荐给上司。

(4) 及时介绍。当上司与客人初次见面时,秘书应负责为双方做介绍。介绍的顺序是:先将本公司的人员介绍给客人;先将职位低的介绍给职务高的;先将男士介绍给女士。

(5) 倘若客人依约前来,恰巧遇到上司仍在与前一位客人会谈,秘书首先应当请来客稍等,或安排合适的位置请客人坐下,然后在一张便条纸上写下来客姓名、来意以及可能要等的时间,将这张便条纸送到会客室给上司。秘书去给上司送便条纸时,要先敲门,然后向来客及上司打招呼,并说:"抱歉,打扰了!"之后将便条纸交给上司,在一旁等待答复。

(6) 若预约的客人提前到达了,首先,请客人到接待室休息,可向客人表示将请示上司可否提前会面;其次,准备茶水及书报杂志,让客人打发时间;最后,若上司无法提前与客人见面或有事情耽搁,秘书应不时地与客人说两句客套话,如"经理马上就来了,请稍候",不要让客人呆坐在接待室而无人招呼。

(7) 若预约的客人迟到了,应做到以下两点:第一,亲切地表示问候及关心,也可适时为对方找个借口,表示体贴与谅解之意;第二,最好请客人稍作休息,以缓和匆忙的情绪或整理散乱的仪容,不要在客人上气不接下气的时候立刻带去与上司会面。

(8) 礼貌送别。客人离开时要起身微笑相送,秘书视具体情况送至电梯口或门口。

3. 客人未预约的接待工作

(1) 热情问候。要主动上前问候,礼貌欢迎。

(2) 了解来意。及时了解客人的来意,看看被访的部门和人员是否方便。若方便,则按照预约客人的接待程序接待;若不便,则请对方留下联系方式,并保证将留言递交给被访者。

(3) 耐心倾听。秘书在接待未预约客人时,要耐心倾听客人的需求。

(4) 学会挡驾。对于上司不愿见或者暂时没有时间见的客人,秘书要学会巧妙地挡驾,找借口委婉拒绝。

4. 亲属来访的接待工作

(1) 亲属来访应根据公司要求来处理。一般员工的亲属在工作时间不安排见面。

(2) 上司的朋友来访,可以根据客人接待程序处理。

(3) 上司的家人来访,可以先告诉对方上司当前是否正忙。如果上司有时间,告诉上司所处的位置,并询问上司家人是否知道路线,如果知道,秘书可不做引导,否则,要做引导。

5. 同时到达多位客人的接待工作

(1) 对于同时到达的客人,先判断他们是否属于同一个单位,如果都是一个单位的,重点接待他们的负责人即可。

(2)如果这些客人分别来自不同的单位,先接待先进来的客人,并对后进来的客人说声"对不起,请稍等。"

(三)接待预约客人和未预约客人的注意事项

1.接待预约客人的注意事项

(1)帮助预约客人确定一个准确时间。预约来访时间一般安排在上午10点到下午4点。

(2)接待客人时语言表达要得体。客人依约前来时,正确的表达是:"是×先生/女士吗?我们经理正在等您,请往这边走。"

(3)询问客人是否预约要讲究方法。对一位不认识的客人,应先得体地问道:"事先预约好了吗?"客人如果说:"约好两点钟见面。"便可知这是已约好的客人。这时,一定要赶紧道歉:"啊,真对不起,失礼了。"向对方道歉可以让客人感到舒心。

2.接待未预约客人的注意事项

(1)对未预约客人无法安排约见时,语言表达要得体,可以询问客人的来意,再依当时情况,采取适当的应对方法。假如上司在开会,你便可以告诉对方:"×经理正在开会,请您在会客室中稍等一会儿。"若是上司正在会见另一位客人,你便可以说:"抱歉,×经理现在正好有客人,不知您是否介意在这里稍等一会儿,我去通知经理一声。"

(2)应按先来后到的规则安排会见。不能为较熟的客人提前安排会见,否则会使初次见面的客人感到不满,影响公司的业务或上司的人际关系。

(3)对没有预先约定、突然来访的熟悉客人,应先向上司禀告,如果上司说不能会见,你可以请示上司是否派人代理接见来客。如果可以,则安排代理人接见。如果不行,则找理由拒绝。你可以告诉来客:"我们经理很想见您,可是,现在他正在会客,会客以后,又与人约好了要出去。所以,麻烦您留下电话,我请经理与您另外约个时间见面,好吗?"如果这时客人坚持要见上司,秘书应遵守上司的指示,对客人说:"非常抱歉,因为经理与人约好了,等一下要出去,所以今天实在没法见您。如果您有紧急事情,我请×主管与您谈,好吗?"不过,当身份、地位特殊的客人有此要求时,需另当别论,应将客人的要求再次禀告上司,请上司决定。

(四)挡驾的艺术

1.拖延法

当确定上司不想见客人时,可以采取"拖"的方法来应对。比如,你对来访者说:"我也很希望能给您安排,但×经理近来公务繁忙,安排见面可能需要一段时间,您最好与他先进行邮件或微信联系。"

2.不违反规定法

对于请求赞助的客人,可以用无法改变公司的规定为借口来拒绝。比如,可以做如下答复:"我们公司每年都有不少团体要求捐款,×经理很乐意做这些事,可是公司的捐助预算有一定的金额,不能超过,你可以把资料留下,我想×经理很乐意在下一年度捐款预算中将贵团体列入考虑范围。"

3.转移法

如果秘书发现客人的事情应该找公司的其他人交涉,可以这样答复:"这件事应该由×先生处理,我很乐意为您安排约会。如果他现在不忙,我相信他会很高兴马上见您。""×先生今天事情比较多,他问您明天上午9点是否可以?"

4.牵引法

有些客人固执任性、胡搅蛮缠、不听任何解释,对于这种客人,秘书应该毫不妥协、不失礼貌地反复进行解释。同时,秘书应引导这类客人接受自己提出的意见,比如,向客人建议写信给上司,并向客人保证会把信送给领导。

5.平静法

如果客人情绪激动,秘书应首先学习倾听,让他们平静下来,然后再采取正确的方法来完成接待工作。

6.撤退法

如果客人进行威胁,秘书可以悄悄地告诉上司,或者给公司保安部门打电话,让其他人来应付,千万不要与客人直接发生冲突。

二、实训

(一)任务描述

××公司是一家经营纺织品进出口贸易的民营企业,公司现有职工50多人,年销售额达3.5亿元。李嘉玲刚从一所高职院校的文秘专业毕业,现被聘为公司的前台秘书,负责接待客人。今天她上班不久,一位客人走了进来。客人是××公司重要客户,××服装有限公司的业务经理马宏,他昨天与公司张总预约好9:30见面。今天他来××公司时,一路顺畅,提前20分钟就到了。李嘉玲刚把马经理送到会客室,一位穿着时尚的中年妇女和一个背着斜挎包的小伙子先后走了进来,李秘书先向那位中年妇女问好,并询问她找谁,她说她是张总的爱人,然后径直走了进去。李嘉玲只好接待后面这个小伙子,他自我介绍是一家策划公司的业务员,前来联系业务,希望能见到张总,但是他没有预约。

(二)要求与指导

实训任务:接待来访的客户。

实训成果:

本任务为小组项目,课堂展示接待的过程。

实训指导:

1.学生4人一组,其中1人扮演秘书,2人扮演初次来访的客人,1人扮演经理。

2.讨论案例中三位不同身份客人的接待方法,讨论同时来了多位客人的接待方法。

3.先简单布置前台和接待室,准备好道具。秘书接待客户前要做好两方面的准备:一是物质方面的准备,包括清洁的台面、桌椅和水杯等;二是心理方面的准备,接待时,秘书应充满热情,保持积极良好的心态。

4. 演练一位客人到达时的接待。秘书看到客人时要做到"3S",即微笑、注视、站立。一般说来,5步内要站着来迎接,3步内要微笑问好。如果是认识的客人,问好时,应称呼他的身份。客人到达后,需要询问他是否有预约,如果是预约客人,应及时安排会见,若预约客人提早到达,应做好接待工作。

5. 演练两位客人同时到达时的接待。对同时到达的客人,先判断他们是否是同一个单位的。如果是,就重点接待他们的负责人;如果不是,则先接待先进来的客人,并让后进来的人稍等。如果是未预约客人,先询问被访人是否有时间接见,如果没有时间,可以另约,并让客人留言。对于被访人不想见的人应委婉谢绝。对于蛮不讲理的客人,应义正词严给予警告。

6. 演练上司家属到达时的接待。秘书要熟悉上司的家人与朋友,并事先与上司约好,是否可以允许他们直接进入上司的办公室。

7. 演练引领客人。引领客人时,秘书首先要正确站位,行走时,要边走边以手势示意。转弯、上下台阶时要提醒客人,见到上司时,把上司介绍给客人。

8. 演练送别客人。秘书要起身微笑说声"再见"或"欢迎下次光临"。

(三)反思与总结

反思与总结见表 2-1。

表 2-1　　　　　　　　　　反思与总结

序号	评价	评价(最佳☆☆☆☆☆)
1	我在迎接客人时能做到"3S"	
2	我能接待好预约和未预约的客人	
3	我能接待同时到达的多位客人	
4	我能较好地接待上司的朋友与家属	
5	我能引领客人,并做到礼貌送别	

实训体会(记录完成的过程,分析自己的成败得失):

三、相关链接

(一)重要贵宾接待的基本程序

1. 收集客人资料

秘书要收集客人的资料包括客人的国别或地区;客人代表的机构或组织;客人的姓名、性别、人数、年龄、身份、民族;客人的抵达时间、地点及离开时间、地点等。

2. 制订接待计划

接待计划是整个接待工作的依据,主要包括接待方针、接待规格、接待日程、接待人员等内容。秘书在制订接待计划时要充分考虑各方面的需要,做到具体、详尽、实用。

3. 做好接待准备

秘书在客人来到之前要检查接待工作所需的文件、资料、交通工具是否到位，接待室的照明、空调、音像等设备是否齐全，环境卫生是否干净。

4. 迎接客人

核实客人乘坐的飞机、车、船抵达的具体时间、地点，准备好车辆前往迎接。

5. 安排宴请

事先通知客人宴请的时间、地点和赴宴人员。在宴请时，秘书应先在门口迎接，引导客人进入宴会房间并安排入座。

6. 安排会见、会谈

在会见、会谈前，秘书要做好资料的收集工作，做到知己知彼。

7. 组织参观娱乐

在具体安排参观游览时，秘书要结合客人的兴趣爱好和当地的实际情况，有针对性地选择游览项目，制定好游览路线。

8. 送别

视客人的需要决定是否预订返程票，提前准备送行车辆。

(二)案例

接待效应

××贸易公司是从事服装出口贸易的公司，现在正处于销售淡季，而且服装市场竞争越来越激烈，销售部的王经理近些日子一直为订货越来越少、销售额下降发愁，想打开新的销售渠道，又无从下手。一天下午，王经理突然接到法国某公司的订单，而且是一笔数额不小的买卖，这让王经理喜出望外。他连忙拿了订单到总经理办公室。总经理一看就明白了，站在一旁的秘书林梅更是露出了会心的微笑。总经理的举动让王经理摸不着头脑，总经理说："我来告诉你这个事情的经过吧。"

"一个月前，一对法国夫妇来中国旅游，在北京机场下了飞机后，还要去杭州。因为初次来中国，觉得一切都很陌生，就翻了翻名片夹，看到了我们曾在法国一个服装展会留给他们的名片，于是就在机场给我们贸易公司的总经理办公室打了一个电话，接电话的正好是林梅。林秘书从电话里得知对方的身份和困难，她马上请示了我，然后用英语回答对方：'请不要着急，我们会帮助二位安排好行程。'随后立即派车到机场，把这对夫妇送去宾馆安顿下来，又陪他们在北京游玩了两天，帮他们订了去杭州的机票，并把他们送到机场。这一切，林梅做得非常真诚、得体，令两位外国客人极为感动。看来这笔大买卖正是被接待的法国夫妇促成的，当然这也要归功于林秘书的接待艺术，为我们公司塑造了良好的形象。"

王经理这才恍然大悟，深有感触地说："看来做好接待工作真的很重要呀。"

·点 评· 本案例中，××贸易公司的秘书林梅接待外宾时，真诚热情，行为得体，做到了秘书接待工作中的礼仪要求，为公司树立了良好的形象，给公司带来了良好的声誉，促使订单成功签订，这充分说明了秘书接待工作的重要性。

四、拓展训练

××集团的李经理吩咐张秘书,让她早上9点开车到机场去接前来洽谈合作事宜的××公司的黄总经理一行三人,因双方从未谋面,所以李经理再三叮嘱一定要热情接待。李经理也简单向张秘书说了一下接待当天的安排:接到黄总经理后先送他们到宾馆,下午再接他们到公司三楼接待室会谈,晚上安排宴请,并由张秘书陪同。

问题 根据李经理的吩咐,请具体安排在机场、接待室、宴会厅的各项接待事宜。

任务二 与客人沟通

一、理论知识

(一)与客人面对面沟通的过程与方法

1. 与客人面对面沟通的过程

(1)问好。秘书遇到客人前来时,应先向客人问好,为接下来的沟通营造一个轻松的氛围。

(2)耐心倾听。秘书与客人沟通时,应先认真倾听,了解客人的意图,对不清楚的地方可以通过提问、复述的方法,了解客人的真实意图。

(3)表达观点。秘书与客人沟通时,要用简洁礼貌的语言表达自己的观点,与此同时,认真细致地观察客人的表情、姿势和举止,以判断其理解程度。

(4)更换表述方式。如果客人对自己的观点不能完全理解,秘书应采用客人可以理解的语言来表达,如果条件允许,在口头表达的同时,用其他的直观方法来辅助表达自己的观点,以便让客人准确理解自己的意思。

(5)继续、转换或终结话题。如果客人已经理解自己的观点,秘书可以继续刚才的话题,或转换话题,或终结话题。

2. 与客人面对面沟通的方法

与客人面对面沟通的方法有:选定正确的主题,找寻适当的时机,用其他方式代替难以启齿的内容,积极地倾听,注意听出客人的言外之意。

(二)电话沟通的过程与注意事项

1. 电话沟通的过程

(1)接听。对于秘书来说,如果桌上的两三部电话同时响起,那么应该优先接听长途电话、外部电话。要注意,最好在电话铃响不超过三声的时候接听电话。如果超过三声,应先表示歉意。

（2）自我介绍。拿起电话后要先通报自己的公司名称和姓名，之后要有礼貌地询问对方的单位、姓名以及职务。对从未见过的客人，要把客人的信息记录下来，以备核实。

（3）热情通话。接听电话要热情，这样便于拉近彼此的距离。要学会微笑着打电话，用"微笑"的语调、语气跟客人说话。

（4）商谈事宜。在电话交流中要保持正确的姿势；要养成复述的习惯，避免出错；电话旁要准备笔和记事本，随时把商谈的事宜记录下来。

（5）礼貌结束。结束通话时，应礼貌与客人说再见，要等客人挂断电话后，自己再轻轻地挂断电话。

2.电话沟通的注意事项

电话是现在很多公司与客人的沟通工具，使用电话与客人沟通时，应注意以下事项：

（1）及时接听。

（2）报出姓名，比如"您好，我是张丽，有什么可以帮到您？"如果秘书负责公司全部电话的接听，就报出公司名称。

（3）不要让客人长时间等待，如果秘书手头有急事要处理，可以告诉对方等会儿将电话打过去。

（4）如果中途需要找一些资料，秘书可以跟对方说明情况，并告诉对方等待的时间。

（5）如果秘书负责公司总机的接听，在转接分机时，应将来电人的信息告诉接听分机的人。

（6）如果接听的电话是对方打错了，应礼貌处理。

（7）如果是秘书主动打电话与客人沟通，应事先将需要与对方沟通的事宜写在纸上。

（三）QQ或微信的沟通技巧

1.设置技巧

为了给客人留下一个好的印象，需要对自己的头像进行设置，最好选用自己的个人头像或公司的LOGO作为QQ或微信的头像。另外，为了增加客人对你的信任，需要丰富你的资料，比如签名、介绍等。

2.QQ或微信沟通的注意事项

（1）对方向你打招呼，应立即给予回应，如果没有时间，可以让对方稍等。

（2）采用规范的文明用语。不可以使用粗话、脏话，否则会让人觉得你没有涵养。另外，使用不规范的语言很容易让人产生误解。

（3）在商务活动中最好选用默认字体设置，不要太彰显个性。

（4）有事离开时，可以设置自动回复。不过自动回复的语言要礼貌，比如可以设置为"对不起，我已经离开，回来后我会第一时间联系您"。

（5）对于问题的解答，如果有时间，可以一步一步地说，并可以用图文并用的方式进行。这样会让对方了解得更透彻。

（6）有时说明的文本很长，可以将文本放在Word文档中，然后将文件传输给对方。

3.营造QQ或微信沟通氛围的技巧

良好的沟通氛围有利于促进沟通效果。在QQ或微信沟通中可以使用对话框下的表情、插图图片和屏幕截图等工具来营造沟通氛围。另外,在商务沟通中偶尔还可以使用网络语言,如使用凡客体、淘宝体语言等来拉近彼此的距离。

二、实训

(一)任务描述

王莉是××电子公司的秘书,该公司主要业务为生产播放器。一天,一位客人拿了一部播放器到公司,说这部播放器只用了一天,播放视频时声音就出不来了,要求退货。王莉认真看了客人带来的发票,产品不是公司直售的,而是由代理公司售出的,根据代理产品合约,产品退货应由代理公司办理。另外,产品已经售出 15 天,按规定不能办理退货。王莉先与售后服务部联系,可是售后服务部没有人。王莉将这些情况告诉了这名客人,同时表示愿意帮助他处理这件事,最后商定等售后服务部的人一回来,就电话通知他。王莉接待完这名客人后,又有一名客人打来电话询问她网购的播放器为什么还没有到货,可是销售部的人说,产品已经寄出一周了,客人要求王莉查查到底在哪里出了问题。刚放下电话,QQ 系统提示一名来自湖南的客户要加自己为好友,申请理由是:"了解贵公司新产品。"

(二)要求与指导

实训任务:与客人面对面、电话、QQ 或微信沟通。

实训成果:

小组项目,提交小组模拟视频或截图。

实训指导:

1.4 人一组,先讨论如何与客人进行面对面、电话、QQ 或微信沟通,然后写出模拟表演脚本,确定角色。

2.演练面对面沟通。秘书接待要热情、符合礼仪要求。面对面沟通时先要认真倾听,了解客人到来的意图,秘书可以通过询问的方法了解客人的目的,然后复述客人的需求,让客人确认。

3.与客人达成协议。先对退货客人提出的要求表示理解,并对产品质量给对方造成的不便表示歉意。如果客人提出的要求在公司规定范围之内,应及时帮助处理。如果超出公司规定,说明理由,并提出替代方案。送别客人时,要对客人的到来表示感谢,给客人留下联系方法,表示今后有问题可以及时联系。

4.演练电话沟通。秘书接听电话应遵守电话接听礼仪:保持端正的姿势、面带微笑,铃响三声内拿起电话接听。电话接通后,先向客人问好,然后通报自己的单位名称和姓名,接着认真倾听并记录电话内容。沟通时,关键内容要向客人复述一遍,以便得到客人准确的信息。如果接到的是投诉电话,更应认真倾听,记下客人投诉内容。如果投诉的客人情绪激动,秘书不要与客人辩驳,先认真倾听客人诉说,等客人的情绪恢复平静后再就投诉问题进行沟通。

5.安抚客人的情绪并结束通话。安抚客人情绪的方法:把自己的处理方法告诉客人,并表明自己会及时处理,让客人产生被尊重的感觉。正式谈话结束后要礼貌地和对方说再见,等对方挂断后自己再轻轻挂断。

6.使用QQ或微信沟通时,要先将对方加为好友。当系统显示"××想加你为好友"时,要接收客人的邀请,加对方为好友,并把对方放在相应的分组中。双击客人用户名,打开与客人的交流界面,向他致意,然后了解他的需求。

7.演练QQ或微信沟通。如果是视频沟通,需要调整好摄像头和麦克风,然后采用面对面的沟通方式与客户进行沟通。如果使用文字沟通,要做到规范正确,不要打错别字,可以图文并用进行沟通。为了营造良好的沟通氛围,可以使用一些流行的网络语言和表情。如果内容很多,可以向客人传输文件。

(三)反思与总结

反思与总结见表2-2。

表2-2　　　　　　　　　　反思与总结

序号	评价内容	评价(最佳☆☆☆☆)
1	在面对面沟通中,我能认真倾听,会复述关键信息	
2	在面对面沟通中,我能注意对方的表情、姿势和其他动作	
3	在电话沟通中,我能自报家门,向客人问好	
4	在电话沟通中,我能完整了解客人的意图,并做好电话记录	
5	我能通过电话安抚客人的情绪	
6	我能通过QQ或微信与客人沟通	

实训体会(记录完成的过程,分析自己的成败得失):

三、相关链接

(一)抱怨电话的处理

1.倾听对方述说

秘书经常会接到投诉或抱怨电话,一定要耐心听对方讲完,千万不要在对方不停抱怨的时候打断对方。秘书要在倾听中把握对方所要表达的内容,以便及时给出回复。

2.稳定对方情绪

客人在抱怨时往往语气比较急促,言语非常激烈。这时,秘书应该尽量用温和的语调,说些"您先别急""请慢慢说""我们一定尽力为您解决"之类的话,来安抚对方的情绪。秘书不能表现出不耐烦的感觉,否则只会激怒对方,火上浇油。

3.真诚表达歉意

无论是谁的错,秘书都要秉着"客户至上"的原则,向对方表示歉意。要代表公司向客人表示真诚的歉意,可以说:"对不起,给您造成了麻烦""造成您的困扰真是不好意思"这样的话。

4. 做好记录转达

接到抱怨的电话,秘书应一边安抚对方,一边做好记录,并将记录的内容转达给相关人员或上级主管。转达时,要守正。不要带有个人的感情色彩,应客观叙述客人抱怨的事件。

5. 及时回复信息

接到客人抱怨的电话,需要很明确地告诉对方何时才能回复。回复的时间当然是越及时越好。

6. 控制自己情绪

秘书如果经常接到或处理抱怨电话,自己的心情难免会受到干扰。因此,秘书要及时地调节好自己的心态,控制好自己的情绪,不要影响其他工作的处理。

(二)案例

繁忙电话

下午快下班时,客户部的马经理决定让办公室的人员第二天上午到商学院听讲座,第三天的下午才能回来,他安排前台秘书林景来顶班。

第二天9点刚过,电话响了起来,林秘书在电话响第三声之前迅速用左手拿起电话,因为是内线电话,她接起电话后说:"你好,客户部办公室,我是林景。"右手顺势拿出电话记录本和笔准备做记录。电话是技术部的小王打来的,要找张强询问上次客户退回的设备是否运到。林秘书回答说:"张强今天上午去听讲座了,明天下午三点才能回来,你那时再打过来吧。"对方说:"那好吧,谢谢。"林秘书说:"别客气,再见。"并把这次电话的信息记录在电话记录本上。

林秘书刚写完,电话铃又响了,这次是外线电话。她迅速拿起电话说:"你好!××公司,这里是客户部办公室。"对方说:"你好!我是××公司的,想咨询你一下。"林秘书说:"请讲。"对方说:"我们公司想购买你们公司的PVC设备,能否报一下价格。"林秘书边听边记录。等对方说完后,她回答说:"我们公司的PVC设备有很多型号,价格也不一样,不知您需要哪一种型号呢?"对方说:"我们都想知道一下,然后做个比较。"林秘书说:"对不起,我这里是客户部,对产品不是都清楚,我们销售部可以提供全部产品的报价,请您记录他们的电话号码,×××××××。"对方说:"我记下了,谢谢。"林秘书说:"别客气,欢迎您来电。再见。"

林秘书放下电话后,自言自语地说:"客户部的电话还真多!"话音未落,桌上的内线和外线电话同时响了起来。林秘书先拿起内线电话,问候后,得知电话是生产部小张打来的,林秘书就请她稍等,说自己先接外线电话。然后林秘书迅速拿起外线电话说:"对不起,让您久等了。"对方要咨询关于发货到北京要多长时间的事情。林秘书把大概的时间告诉对方,后来客人又问其他一些有关产品的事情,林秘书一听这个电话不能在短时间内结束,就跟对方说:"对不起,请稍等一下,有另一个电话在等候,我处理一下。"

• 点评 • 林景电话处理方法很得体,做到了及时、热情、礼貌,符合电话沟通礼仪。

(三)沟通中指路的方法

客人要前来公司时,经常会询问公司所在的位置。那么,秘书如何在电话中帮助客人指路呢?

1. 为客人建立方位坐标

客人找不到路,主要是因为对周围失去了方向感,所以秘书首先要为客人建立起方位坐标,描述时应用"东南西北"来代替"前后左右"。

2. 根据客人的交通工具选择恰当的参照物

选择参照物要注意两个方面:一是参照物不宜过小,过小的参照物让人难以注意到;二是要考虑客人所使用的交通工具。

3. 用公众所知的建筑和单位代替不知名的建筑和单位

当秘书告诉客人途经的建筑和单位时,应尽量使用公众所知的建筑和单位,如汽车站、火车站、某机关、某学校、某医院、某特色建筑等,告诉客人公众所知的建筑和单位,即使找不到,他也可以向路人询问。

4. 掌握指路的表达顺序

指路时,如果秘书的表达颠三倒四,跳跃性大,很容易让客人糊涂。所以,秘书应确立一个正确的表达顺序。

如果对方有微信,使用共享位置是最方便和快捷的方法。

四、拓展训练

请使用微信与客人沟通。

胡颖所在公司是一家代理国外品牌化妆品的贸易公司。一名客人通过网站购买了一套护肤品,但用了一周后,发现颈部有红点出现,而该产品以前从来没有出现过这方面的投诉,现在客人使用微信来询问原因。

问题 你扮演胡颖,另找一位同学扮演客人,通过微信相互沟通。

项目三 处理邮件与快递

知识目标

- 能描述电子邮件、传统信件、快递的处理程序。
- 能描述处理不同邮件的注意事项。

能力目标

- 能收发、回复、归档电子邮件。
- 能对办公室传统信件进行分拣、回复、存档。
- 能准确、高效率地寄发快递。

价值塑造

- 在学习电子邮件处理知识时，培植自身与时俱进的创新意识。
- 在处理各类邮件的实训过程中，锤炼自身精益求精的工匠精神。

思考与感悟

位于深圳CBD的××公司，从去年开始开了网店，做起了网络销售的业务。令公司想不到的是，网上的业务量是传统销售业务量的两倍。现在公司每天会接到大量的咨询电话、QQ或微信留言、电子邮件。身兼秘书、销售两职的王靖每天要处理近50个电话，回复70个QQ或微信咨询，近100个电子邮件，发送30多个快递。遇到促销时，她要处理的电话、QQ或微信咨询、电子邮件和发送的快递还会成倍增加。工作了一段时间后，王靖总结出了经验：对于只是咨询，还不想购买的邮件，她先回应，后回复。比如，她常常采用的回应语："信已收到，已读过，过两天细读后回信。"对于QQ或微信咨询，她将客户经常问的问题，用表列出来，并写好回复，保存在一个文档里，当客户询问时，她只要将这个回复复制过来即可。填写快递单，她按照快递单的规格，制作了一个模板，现在她只需要从网店的后台将订货客户的地址导到本机上，然后用复制、粘贴的方法将地址与姓名贴到模板上，然后打印出

项目三　处理邮件与快递

来贴在快递专用盒上就行了。现在虽然她还是很忙,但是不会感到有很大压力。她还想通过努力,在做好秘书本职工作的同时,将销售量再增加30%,这样她的收入也会相应增加。

▶思 考◀

邮件、快递处理不仅不能出错,而且要讲效率。王靖通过总结,找到一些工作技巧,你还有什么经验可以提供给她呢?可以结合自己的生活经验去思考。

任务一　处理电子邮件

一、理论知识

电子邮件又称 E-mail,是一种运用计算机终端通过互联网进行信息交换的现代通信手段,是目前互联网上使用最为广泛的一种信息服务。

电子邮箱的地址由一组字符串组成,该字符串被"@"分为两个部分,前面部分为邮箱的用户名,后面部分是电子邮件服务器名。

电子邮件的优点:通信费用低、速度快;可同时多向发送信息;不受时间、地点限制;多媒体、多功能。

(一)电子邮件的发送、接收、保存与删除

收发电子邮件有两个途径,一是使用浏览器直接上网收发;二是利用邮件软件收发。

下面以使用浏览器直接上网为例介绍电子邮件的收发。

1. 电子邮件的发送

进入免费电子邮箱后,单击页面左侧的"写信"按钮,如图 3-1 所示。打开撰写电子邮件页面,如图 3-2 所示,用鼠标单击相应的文本输入框,输入相应的内容。

收发电子邮件

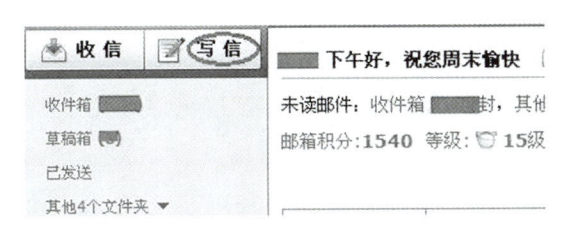

图 3-1　免费电子邮箱操作页面

图 3-2　撰写电子邮件页面

(1)在"收件人"文本框中输入收件人的电子邮箱地址,如有多个收件人,可同时输入多个收件人的电子邮箱地址,每个电子邮箱地址之间可用英文逗号隔开,例如"××××@sina.com,××××@163.com"。

(2)在"主题"文本框中输入该邮件的主题,这样有助于收件人阅读和分类。

(3)在"抄送"文本框中输入用户的电子邮箱地址,如有多个用户,方法与"收件人"文本框的写法相同。在"密送"文本框中输入用户的电子邮箱地址。

(4)在"内容"编辑文本框中输入邮件正文,就像平时写信一样。在邮件中应包含对方的称呼、写信的主要事由,最后是签名。如果信件内容较长,用户可以先在 Word 文档中编辑好,然后复制并粘贴到"内容"文本框中。

(5)电子邮件除了可以用来传递文本信息外,还可以采用"添加附件"的形式发送编辑好的文本或其他类型的信息,例如声音文件、图像文件,甚至是可执行文件。

邮件写好后,如果希望添加上附件,单击"添加附件",如图 3-3 所示,在弹出的对话框中,选择需要发送的附件文件,然后单击"打开"按钮,该附件就添加到邮件中了。

图 3-3　"添加附件"页面

(6)当把邮件的所有栏目都输入完毕以后,单击"发送"按钮,立即发送该邮件,若操作正确,邮件系统会提示"邮件发送成功"。

2.电子邮件的接收

(1)登录电子邮箱,进入免费电子邮箱。

(2)单击"收信"按钮,即可打开收件箱,浏览电子邮件。

(3)文件夹中以列表形式按照收到电子邮件的时间顺序排列显示用户收到的电子邮件,

并分别列出邮件的发件人和主题等内容,如图 3-4 所示,单击邮件"主题",即可查看收到的电子邮件内容。如果收到的邮件中含有附件,可按需要点击"下载""打开""在线预览""保存到网盘"等相应链接。

图 3-4　查看邮件

(4)单击"回复"按钮,则可以给发件人回信;若单击"全部回复"按钮,则表示给发件人和所有原件副本收件人回信;若单击"转发"按钮,可将邮件转发给第三方。

3.电子邮件的保存与删除

如果通过浏览器收取的电子邮件,可以按照如下方法保存(以网易邮箱为例):
(1)打开"收件箱",单击要保存的邮件;
(2)打开"编辑"菜单,选择"复制"命令,或按"Ctrl+C"组合键。
(3)打开"记事本",在"编辑"菜单中选择"粘贴"命令,即可保存文件。
(4)此外,可以点击邮箱工具栏"更多"中的"导出邮件",将邮件下载到本地电脑中。
如果删除电子邮件,可以单击要删除的邮件前的复选框,然后单击"删除"按钮即可。

(二)办公室电子邮件使用礼仪

1.电子邮件格式方面

通常电子邮件采用无背景图片的格式。对文字的要求是:中文使用宋体,英文使用 Times New Roman 字体。尽可能保持邮件页面的简洁大方。

2.电子邮件主题方面

电子邮件必须要有主题,而且主题必须简单明了,方便收件人及时处理。应注意不要在电子邮件中使用政治敏感性词语,以免被当作垃圾邮件过滤掉。

3.电子邮件内容方面

回复电子邮件时要附上对方的来信,方便对方对信件的理解和处理。发送较大的图片、文本时,要压缩后以附件的形式发送,同时在正文中告知对方。

4.电子邮件落款方面

在电子邮件最后的签名中,如果是英文名字,建议一并附上中文名字以及在公司里的职务,建议一个公司统一使用一种签名格式。

二、实训

(一)任务描述

张晓萌是××公司的前台秘书。一天,行政人事部经理姜红要求她给上海、深圳分公司发去一份总公司 2023 年的工作计划。上海分公司邮箱地址：××××shanghai@sitt.com.cn，深圳分公司邮箱地址：××××shenzhen@sitt.com.cn。姜红要求张晓萌用公司邮箱发送，并要求使用重要文件形式。张晓萌发送后，开始处理她自己的邮箱。邮箱中有大量的垃圾邮件，也有些其他公司发来的邮件。

(二)要求与指导

实训任务： 发送和整理电子邮件。

实训成果：

给老师和小组成员发送一封有签名和附件的电子邮件，并对收到的邮件进行整理。要求提交截屏图片。

实训指导：

1.申请电子邮箱。要发送电子邮件，必须先申请电子邮箱，可以选择较大的门户网站（如网易）申请免费电子邮箱，并对电子邮箱进行基本的设置。

2.写邮件。申请电子邮箱之后，可以登录网站，进入电子邮箱，单击"写邮件"，然后按要求逐栏填写收件人的电子邮箱地址、邮件主题和抄送人的电子邮箱地址。如果邮件发送多人，电子邮箱地址间用英文逗号隔开。如果邮件要抄送其他人，在抄送栏写出收件人的电子邮箱地址，抄送多人时，电子邮箱地址间也同样用英文逗号隔开。主题栏主要填写邮件内容的关键词或中心意思，应简洁、明了。填完这些内容后，就可以在"内容"栏开始写信。信的格式与传统的信件格式相同。

3.添加附件。如果需要发送附件，点击"添加附件"，在弹出的对话框中添加附件。

4.发送邮件。写完内容后，再次检查邮箱是否正确，如果没有错误点击"发送"即可。

5.利用邮件软件发送电子邮件。首先要下载收发电子邮件的软件，安装之后，新建一个"账户"，就可以写邮件。

6.为了避免邮件被当作垃圾邮件，在主题栏可以写上自己的真实姓名，或者写上"本公司文件"等字样。

7.电子邮件正文的格式与传统信件相同，如果要附加其他文件，可以使用"添加附件"功能，将文件附于信后。

8.删除垃圾邮件。首先确定垃圾邮件的标准，非法的广告、与业务无关的广告都可列为垃圾邮件。对于垃圾邮件可以直接彻底删除，同时将发送地址列入黑名单。

9.下载邮件。打开邮件，然后点击"下载"，可以将文件下载到本地电脑。下载的邮件可以根据是否需要办理分别放在"无须办理邮件""待办邮件""需要回复邮件"三个文件夹中。

10.需要办理的文件，可以使用邮箱的转发功能，将邮件转给办理人。如果是由上司办理，转发时，可以附上办理建议，给上司参考。办理后需要归档的邮件，根据公司的要求分类存放，可以按时间顺序存放，也可以按发件单位存放，还可以按办理部门存放。

(三)反思与总结

反思与总结见表 3-1。

表 3-1　　　　　　　　　　　反思与总结

序号	评价内容	评价（最佳☆☆☆☆）
1	我会申请自己的电子邮箱	
2	我会同时给多个人发送电子邮件	
3	我发送的邮件主题清楚、明了，会上传附件	
4	我会借助邮件软件发送邮件	
5	我会整理电子邮件	

实训体会（记录完成的过程，分析自己的成败得失）：

三、相关链接

(一)电子邮件的时间管理技巧

以下一些小技巧，可以在阅读和接收电子邮件的过程中节省一些时间。
1. 限制工作时处理个人邮件。
2. 使用垃圾邮件过滤工具。
3. 使用文件夹来存储电子邮件。
4. 修改邮件的标题来概括其内容。
5. 限制处理邮件的次数，控制在每天 2～3 次。
6. 制定规则，将处理电子邮件作为一项独立的任务来完成。
7. 将电子邮件以接收日期的方式排序。
8. 定期定时清空收件箱。

(二)案例

史上最牛的女秘书

4 月 7 日晚，EMC 大中华区总裁陆纯初回办公室取东西，到门口才发现自己没带钥匙。此时他的私人秘书瑞贝卡已经下班，陆纯初试图联系后未果。数小时后，陆纯初还是难抑怒火，于是在凌晨 1 时 13 分通过内部电子邮件系统给瑞贝卡发了一封措辞严厉且语气生硬的"谴责信"。

陆纯初在这封用英文写的邮件中说："我曾告诉过你，想东西、做事情不要想当然！结果今天晚上你就把我锁在门外，我要取的东西都还在办公室里。问题在于你自以为地认为我随身带了钥匙。从现在起，无论是午餐时段还是晚上下班后，你要跟你服务的每一名经理都确认无事后才能离开办公室，明白了吗？"（事实上，英文原信的口气比上述译文要激烈得多）陆纯初在发送这封邮件的时候，同时转给了公司几位高管。瑞贝卡知道此事后，恼怒万分，随即将陆纯初的所有"负面信息"以群发的方式发给公司的每一位同事。

面对大中华区总裁的责备,一个小秘书应该怎样应对呢?一位曾在GE和甲骨文服务多年的资深秘书认为,正确的做法应该是:同样用英文写一封回信,解释当天事件的原委并接受总裁的要求,注意语气要温婉有礼,同时给自己的直属领导和人力资源部的高管写信说明,坦承自己的错误并道歉。

点评 秘书瑞贝卡在处理邮件事件时过于冲动,不能因为总裁的专横而采取以牙还牙的做法——用群发方式将总裁的"负面信息"公之于众。

四、拓展训练

××公司下周一要召开各部门经理会议,会议内容主要是总结公司上半年工作,计划公司下半年的工作目标和内容。总经理要求秘书张晓萌在公司内网上发布会议通知,并将会议的具体内容发送到各部门经理的电子邮箱中。

问题 假如你是秘书张晓萌,请你起草会议通知,并以电子邮件的形式发送给各部门经理。

任务二 收寄传统信件与快递

一、理论知识

(一)收到信件的处理

1.签收信件

单位信件的送达一般有三种情况:

(1)传达室收取信件后,由传达室工作人员将信件送到秘书办公室。

(2)邮局工作人员将信件送达单位信箱,秘书开启信箱并取回办公室。

(3)专人送达。一些重要的信件有时会派专人送达,然后由秘书负责签收、处理,或者分发给其他部门及有关人员,秘书收取后,要及时交予收信人,并请收信人签收。

如果外部送达的信件是由单位收发部门负责的,当信件到达办公室时,秘书应从其中挑选出必须交给上司的信件,公务往来的信件需记录在信件接收单上。信件接收单见表3-2。

表3-2 信件接收单

年　月　日

收件编号	收件日期	收件种类	发件对象	收件名称	收件对象	收件人签名	备注

2.初步分拣

信件分拣时可以按照下列方式进行:(1)按照收件人分拣;(2)按照收件部门分拣;(3)按照收件的重要性分拣。

秘书可以从两个方面判断出信件的重要性:一是来信人的姓名或来信单位的名称;二是看信封上是否有"挂号邮件""保价邮件""快递邮件""机要邮件"和"带回执邮件"等特殊的邮寄标记。

3.及时拆封

信件的拆封,应事先和上司达成协议。除此之外,还应注意以下几点:

(1)不能拆开有"亲启""保密"等记号的信件,除非上司授予秘书这样的权力。

(2)如果无意中拆开了不应该拆的信件,应该立即在信件上注明"误拆"字样,并签上自己的名字,封上信口,把信件交给收件人并向其道歉。

(3)拆信件时,要在信件底部轻轻敲击几下,使信件内的物件落到下部,以免信件在拆封时遭到损坏,拆信封要用剪刀拆信封右侧。

(4)公务信件是不允许用手撕的,如果需要拆封的信件很多,可以用手动或自动拆封机,拆封后仔细检查里面的物件是否全部取出。

(5)信件上若注明了有附件,必须核对清楚。如果缺少附件,应该在信件上注明,最好将附件用环形针或订书钉固定在信件上。

(6)不能丢掉信封,也不能损坏信封上的文字、邮戳和其他标志。应该用回形针把信封与信纸或附件等附在一起,以供以后查阅、佐证之需,这也是归档的要求。

(7)信件拆封后,首先要取出里面的所有东西,然后核查附件与信件内容是否一致。如果发现名称和数量不一致,要与寄信人联系,争取事情妥善解决。

(8)秘书应该把信件分成最急件、次急件和普通件。属于"优先考虑""紧急"的信件尽快呈送给领导;而一般的公务性信件可以经秘书处理后呈送。

4.如实登记

最好为信件建立一个登记簿,既可作为收发信件时的核对依据,也可作为回复信件的提示。

5.分发信件

信件经过分拣后,基本上可以分成两大类:需要呈交上司的信件和需要交给他人的信件。

上司亲收件应立即呈送;归不同部门办理的文件、信函要及时送交各相关部门;需由多人阅办的文件可按常规程序传阅或分送复印件;同事的私人信件可放入指定信袋或顺便送交。

秘书查阅文件、信函应仔细认真。重点部分可用红笔画出,以提醒上司注意,如注意参阅某日来信、某文件等。内容复杂的长信应做摘要,甚至提出拟办意见置于信前。

每份信笺、信封及附件等应平整装订在一起,然后分送上司或有关部门处理,以便办理完毕后保管备查。

(1)把信件呈送给上司时应注意的事项

①应尽量赶在上司进办公室之前把收到的信件准备好;

②如果以前保存在档案中的信件与手头上的信件有很大关系,要把两者放在一起;

③要询问上司是否要打印收到的亲笔信;

④根据重要程度整理上司的信件,最重要的放在最上面。由于广告商也经常使用快速传递手段,因此必须把广告商的信件与特别紧急的信件分开;

⑤询问上司的意见:是否使用不同颜色的文件夹存放不同种类的信件;

⑥询问上司的意见:是否需要对信件进行评述。

(2)交给他人的信件

秘书应该把无法处理的信件以及应该转交给其他人的信件分开放好。需要转交他人信件时,可以附上预先制作好的留言条,根据实际情况在相应的内容上做标记。留言条如图3-5所示。

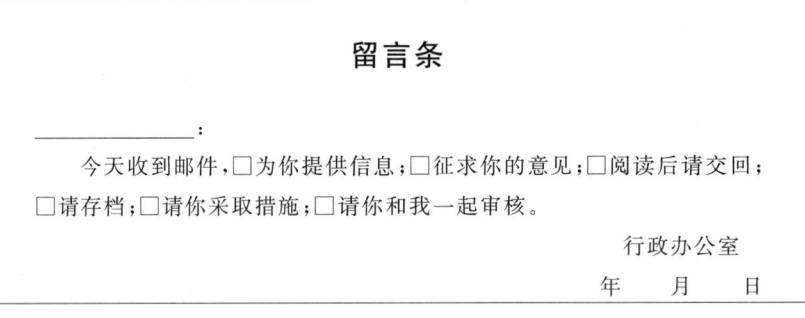

留言条

_____:
今天收到邮件,□为你提供信息;□征求你的意见;□阅读后请交回;□请存档;□请你采取措施;□请你和我一起审核。

行政办公室
年　月　日

图 3-5　留言条

6.传阅信件

如果信件要给几个人看,可使用传阅顺序提示条,见表3-3。

表 3-3　　　　　　　　　传阅顺序提示条

序号	传阅人	阅信人签名	阅信日期
1		(签名)	
2		(签名)	
3		(签名)	

请签上姓名、日期后,传给下一个人,最后请交还秘书××

7.回复信件

以上司、秘书或公司、部门名义寄发出的信件,在寄发之前,要做好以下几项工作:

(1)根据信件的重要程度确定发出顺序,发出之前请上司确认,并把有关信件复印、存档。

(2)写好信封,检查并核对收信人的姓名、地址,确保准确无误。

(3)检查邮寄标记是否准确,如挂号信、保价信、机密信等的特殊标记。

(4)信件中如有附件,应对照信纸上列出的附件名称和数量,一一予以仔细检查,确保准确无误。

(二)信件的寄发

1.信件内容的核对和签发

秘书要做好寄发信件的准备和核对工作。信函起草完毕后,秘书应该按照正确的格式进行打印,并保证字句、用词及标点符号的正确使用,同时核对附件等信息是否完整,尽量保持信件的整洁、字迹的清楚,防止疏漏。

请上司在信件上签字时应该注意以下几点:

(1)在请上司签字时,要把其他信件和需要上司签字的信件区分开来,以提高工作效率。

(2)送信件给上司签字时,要根据上司的喜好决定是否将信件和附件一起给他,这样可省去不必要的麻烦。

(3)在没有修改和签字之前一般不要复印,避免反复修改复印件。

2.信件的查核

在信件封装寄发之前,需要仔细查核。查核的内容包括以下方面:

(1)查核附件。秘书一定要注意查对信件后面所注明的全部附件是否齐全。查对附件时应注意:如果附件比信件小很多,可以把它订在信件的左上角;如果附件不能订,则可以用胶带粘在一张卡片上,或者放在一个有标记的小信封里,然后把卡片或小信封和信订在一起;如果有两个以上的附件,则把最小的放在最上面。如果附件比信件大,比如小册子、说明书等其他印刷材料或物品,则不能使用一般的商业信封,应使用较大的信封。

(2)查对信封。信件装封前,要对所发信件进行查对,检查信封上的收信人姓名、地址与信笺上的收信人姓名、地址是否一致。

(3)查核信件标记。有两类信件标记需要打印在信件上:一类是信件性质标记,如"私人""保密"等;另一类是邮寄方式标记,如"挂号信""急件"等。

3.信件的装封和折叠

信件装封之前,秘书应该注意将信纸上的小夹子或其他装订用具取下。信纸的折叠应该根据信封和信纸的规格而定。

将折叠好的信件装入信封,除了整齐美观外,还要考虑方便收件人拆阅。因此,信纸不能撑满信封,上下左右应各留出大约0.5厘米的距离。信件装入信封后,要仔细封好开口,并贴上邮票。这一环节的工作需要注意:给邮票和封口涂胶水时避免玷污信封。

4.信件的汇总

(1)检查需要签字的信件是否已签字。

(2)确认所有附件是否都已放进信封中。

(3)确认信封上的地址是否与收件人的地址一致。

(4)确认上司进一步修改后的信件是否需要加进原件或复印件。

5.信件的寄发方式

信件的寄发可以采取邮局邮寄、机要通信、专人送达等多种方式。信件的寄发要考虑时间、经济、便利等因素。

(三)快递的处理

快递(Express),又名速递(Courier),兼有邮递功能的门对门物流活动,即指快递公司通过铁路、公路和空运等交通工具,对客户货物进行快速投递。

1.快递的寄发

寄快递先要认真填写快递单。主要填写收件人姓名、地址和电话。寄往国外的快递还要写清楚邮编号码,因为很多国家是以邮编号码进行投递的。如果物品价值较高,可以选择保值。目前大多数快递服务公司提供上门收件服务,寄发时,可以打电话让服务人员上门取件。

随着移动办公的兴起,现在快递公司也开通了网上接单,寄件人只要通过应用程序(APP)或小程序下单就可以完成快递的寄发。大部分快递公司会在客户下单成功后,派快递员上门揽件。

寄快递

2.快递的查询

快递寄出后,如果想了解快递投递情况,可以通过电话或官方网站查询。

3.快递的签收

依据快递管理办法,收件人可以先验货再签字。验货主要查验物品与投递单上的标记是否一致,数量是否相符,物品是否破损。遇到不让查验物品的情况时,收件人可以拒绝签单或将签单全部收走。如果遇到物品不符或数量不对或有破损时,要在签单上注明。

4.快递的处理

快递的物品或文件往往较重要,时间紧急,因此需要及时处理。

二、实　训

(一)任务描述

张晓萌是××公司深圳市分公司前台秘书,一天早上,她提前20分钟进入办公楼。她到公司租用的信箱中把信件取了出来,用专用信袋装好,提着走进了自己的办公室。在整理好办公室环境后,就坐在自己的办公桌前开始工作了。

张晓萌先把公函和私人信函分开,把有密级要求的、标有"××亲启"的信件和普通信件分开。然后她根据收件部门的名称分类:有5封是人事部的;7封是销售部的;1封是财务部的;1封写着总经理亲启;另外2封是总经理办公室的。张晓萌把总经理亲启的那封信放在总经理的办公桌上,把其他信放在各个部门的专用信格里,留下了2封总经理办公室的信。

在拆信前,张晓萌先把信拿到光亮地方照了下,一封信的信纸折得几乎与信封一样大小,她只好把信在桌上磕了几下,然后取出剪刀,小心翼翼地剪开信口。她把信封内的信纸拿出来,用回形针把信纸和信封别在一起。然后,张晓萌拿出收文登记簿,将收到的2份文件登记在收文登记簿上。

拆开信封后,张晓萌发现其中一封是总公司发来的一份文件——《××公司关于开展上半年财务工作检查的通知》。从文件上得知总公司将于7月22日对分公司进行财务工作检查,并要求分公司先提交一份自查报告。自查报告要求用快递方式寄回总公司。

(二)要求与指导

实训任务: 收寄传统信件或快递。

实训成果:

1. 提供一段收寄信件或快递的视频,要求包括信件或快递的收发与登记。
2. 填写快递单并寄出、查询快递。

实训指导:

1. 传统信件的收取过程为:签收、分拣、拆封、登记、分发、传阅、回复(寄出)。
2. 信件的签收。签收时应查清信件是否有破损。
3. 信件的分拣。选取其中一种分拣方法进行练习。
4. 信件的拆封。拆封时尽量借助专用拆封刀,不要拆烂信封。
5. 信件的登记。为方便日后查找和核对,要做好信件的登记工作,设计一个接收信件登记表,内容包括:收件时间、来信单位、办理情况等。
6. 信件的分发。信件分拣后,需要呈交上司或相关部门的信件,应立即呈送;同事的私人信件可放入指定信箱或发短信要求其前来取回。得到授权的信件,秘书送给上司前要做预处理,比如画重点,或做摘要,或提拟办意见。信件呈送时应将信笺、信封及附件等平整装订在一起,重要的信件放在最上面,另外有时需要将相关的信件一并呈送,手写信件询问上司是否要打印出来。秘书请求他人转交信件时,最好在信件上附上留言条。
7. 信件的传阅。如果信件需要传阅,需要设计一个信件传阅顺序提示条。
8. 信件的回复(寄出)。单位信件回复(寄出)的过程为:撰写、审批、复印存档、填写信封、寄出。
9. 重要的信件应得到上司批准并在信件上签字,上司签字后,将信件归档。然后,再打印一份信件的副本,找到信件寄达的地址,认真填写信封,再将信件及附件全部装进信封,并进行核查。再次核对地址和邮编,无误后封信封口,最后通过邮局寄出。
10. 填写快递单。目前市场上没有统一的快递单,不同快递公司有不同的标准,寄快递时,可以向你所选的快递公司索要快递单,并按要求填写,然后将信件装在快递公司提供的信封里。如果寄出的是包裹,要事先用纸箱或木箱装好物品,然后将快递单贴在箱子上。
11. 寄出快递。寄快递前还需要做好快递登记工作。寄快递可以到所选快递公司最近的办理点办理。不过目前大部分快递公司都会上门收快递。
12. 快递的查询。快递寄出后,可以通过快递公司的官方网站查询快递处理情况以及抵达时间。

(三)反思与总结

反思与总结见表3-4。

表3-4　　　　　　　　　　反思与总结

序号	评价内容	评价（最佳☆☆☆☆）
1	我设计的信件登记表项目清楚	
2	我完成的信件登记准确，要办理的文件能提供处理办法	
3	我拆封信件或快递时没有损坏内件	
4	我至少能按一种方法分拣信件	
5	我寄出信件或快递时会检查信件是否漏装，核对地址与邮编	

实训体会（记录完成的过程，分析自己的成败得失）：

三、相关链接

(一)正确分拣、处理领导无法及时处理的信件

领导不在，秘书处理信件的方法如下：

(1)将公司和外来的信件分开，并把内容大致记录下来。

(2)主动与上司联系，告诉上司需要亲自处理的信件。

(3)把信件交给公司有权处理的人。

(4)把寄给上司的信件连续编号。

(5)把需要上司亲自处理的信件保存下来，并在通知发件人已收到的信中告诉对方何时可以得到回复。

(6)把积压的信件分别装入纸袋中，标上"需要××处理"的字样。

(二)案例

信件的处理

秘书李晓上班刚一周，上司让她负责处理公司的信件。早上第一批信件到了，李晓正忙着打电话，她让送信者把信堆放在已有一些信件的办公桌上，一边打电话，一边拿过笔签了字。打完电话，心不在焉地把所有的信都剪开了，其中一封信被剪掉了回信地址的一角，她也没有注意。她抽出所有的信纸，放在一边，把所有的信封放在了另一边。李晓拿起一封信看了看，又把信塞回信封，用胶水粘了起来（但是外表还是留有痕迹）。

她又看了几封信，其中有一封是急件，她觉得应该由上司回信，于是，她把几封信混在一起放在上司的办公桌上。这时，上司拿来一张写有美国地址的英文名片，让她打印一个寄往

美国的信封,李晓按照以往写信的习惯,把收件人地址、姓名打印在信封的上部,把本公司的地址打印在右下角。

· 点 评 · 李晓在信件处理过程中出现了很多问题:第一是工作态度不认真;第二是缺乏信件处理的知识与能力,如分拣不及时、发往美国的信封地址写错等。

四、拓展训练

××公司是一家大公司,每天都会有大量的文件、邮件需要处理。张晓萌是这家公司销售部的秘书,她每天都要帮助领导整理和处理很多的文件和邮件,稍有粗心就会产生疏漏,因此她在上班前,要对自己工作中例行处理的问题和可能遇到的问题做一个简单的记录,并在工作结束后进行整理。

今天,上司让她马上给上海的一家公司寄去一台压榨机的样品。

· 问题 ·

张晓萌应采取什么渠道邮寄样品?如何保证快速寄到?请写出工作流程及注意事项。

第二编

办公室秘书（文员）

项目四　管理办公室环境

知识目标

- 了解办公室环境基本概念及分类。
- 能用事例说明办公室环境管理的原则。
- 掌握办公室安全管理的基本内容。

能力目标

- 能设计并布置好个人办公桌。
- 能维护好办公室的办公环境。
- 能发现并处理办公室安全隐患。

价值塑造

- 在办公室环境维护实训中,形成团队合作的精神。
- 在办公室环境设计中,领悟中华民族法道自然、天人合一的生态文明观。
- 在办公室清洁实践中,领会劳动光荣的价值观。

思考与感悟

钟青青是一个独生女,进入深圳××科技有限公司做文员,由于刚从学校毕业,还没有树立端正的职业态度,上班时间总是三心二意,领导吩咐的工作也常不放在心上。一天钟青青正在上网浏览美食网站,总经理打电话询问××公司客户部的电话号码。由于桌面堆了很多东西,资料又没有归类摆放,钟青青找了十多分钟还是没有找到总经理需要的那份通讯录。当钟青青回过头看电脑时,发现自己选中的那款产品团购时间就要结束了,她赶紧下单,可能是公司网络的原因,提交几次都没有成功,急得她使劲拍鼠标。总经理等了很久,没有接到钟青青的电话,于是他来到行政办公室。钟青青看到总经理来了,赶快按下"老板键",站起来说正在找。由于紧张,钟青青翻找通讯录时又打翻了放在桌上的茶水杯,将桌上很多文件弄湿了,她只好将文件一份份清理出来。又找了十多分钟才找到领导需要的文件。

当钟青青准备将××公司客户部的电话号码写给总经理时,笔和告示贴又找不到。等找到时,告示贴已经渗了水,钟青青只好从抽屉里翻找新的告示贴,可是她又发现抽屉中告示贴与双面胶缠绕在一起。钟青青最后转身从同事小何处取来了告示贴,把总经理要的电话号码写了下来。总经理走时说:"青青,你该把办公桌整理一下了。你看看小何,桌面多整洁,而且有条理。"等总经理走后,钟青青看了一下小何的办公桌,确实很整洁,桌面东西不多,很有条理。钟青青知道今天总经理没有批评自己是碍于情面,如果自己不改,肯定会在全公司员工会上受到点名批评。钟青青虽然不喜欢这份工作,但她也清楚,现在要找一份薪水这么高的工作也不容易。钟青青花了两个小时才整理好桌面,尽管不如小何的桌面那样赏心悦目,但钟青青感觉还是顺眼多了。钟青青下班准备走时,正巧接到了男朋友打来的电话,约她吃晚饭。她一高兴,匆忙关了灯,锁了门就走了。想不到第二天一上班,发现电脑鼠标不好用,接着办公室主任来找她,质问她为什么不关空调就走。钟青青无言以对,心情很沮丧。

思 考

1. 请你说说钟青青的桌面到底存在什么问题?(可以从物品摆放位置、桌面可摆放哪些物品、物品摆放对工作影响来分析)

2. 钟青青该如何做才不会再被批评?先分析她受批评的原因,再找出对策。

任务一　设计办公室环境

一、理论知识

(一)办公室环境管理

1. 办公室环境概述

办公室环境是相对于户外环境而言的,它是指为实现某项功能,由办公场所、办公设备、办公人员等构成的有机整体。它包括办公室自然环境与办公室人际环境。

办公室自然环境又包括空间环境、视觉环境和空气环境等。空间环境是指办公室空间的大小、家具的布置以及办公室建筑位置等;视觉环境是指办公室整体色调、办公室光线等;空气环境是指办公室温度、湿度、空气流通等。

办公室人际环境是指办公室人员在人际交往过程中形成的各种关系的综合。办公室人际环境既包括本办公室人员之间在人际交往过程中所形成的环境,也包括办公室人员与其他部门人员以及上司交往过程中所形成的环境。

办公室环境直接影响着秘书的身心健康,进而影响着秘书的工作效率。因此,对于秘书来说,必须对办公室环境进行管理。

2.办公室环境管理的原则

办公室环境管理是对办公室环境进行合理设计与布置、优化选择与调整,使其符合秘书工作的需要。办公室环境管理总的原则是方便、舒适、和谐、安全。

(二)办公室环境设计要求

1.办公家具与设备应根据办公室大小和结构来布置。一般来说,办公家具与设备尽量利用墙边、墙角的位置,中间留出行走空间。员工之间的办公桌不要面对面摆放,以免两人视线相对影响思考。此外,常用设备的摆放要坚持方便性原则。

2.办公室采光尽可能采用自然光线,但要注意避免光线过强,或光线直照人的双目,如遇这种情况,应用窗帘或百叶窗来调节光线。采用照明光线,要避免光线过暗或过亮。

3.尽量保证办公室安静。嘈杂的声音会让人心烦意乱,影响工作效率。

4.办公室色彩的选择要与公司文化相适应,同时也要考虑到色彩对人的心理和生理的影响。

5.现在很多办公室都安装了空调,使用空调时,要注意以下三个方面:

(1)不要让空调风口正对着人吹。

(2)在室内放置温度计和湿度计,随时根据测试数据进行调节。

(3)不能整天使用空调,在一定时间内应打开窗户换气,保持室内空气的清新。

6.办公室绿化对改善办公室环境、提高工作效率大有裨益。但绿化也要根据办公室空间来设计,如办公室较大,可以摆放大的绿色植物;办公室较小,则最好选用盆景。

7.办公室不整洁主要是办公室物品乱堆放造成的,因此办公室物品应整齐放在物品架上或收纳箱中。

(三)个人办公桌桌面的设计

1.办公桌桌面力求简洁、整齐

一般说来,办公桌桌面主要放置电脑显示器、电话机、文件夹、文具用品盒、常用参考书等,切记不可放置个人非办公用品,如化妆盒、背包等。办公用的零散物品如笔、胶水、剪刀、回形针等应分门别类放在文具用品盒中。文件夹应装在文件盒中,个人用的水杯尽量放在茶水间或茶水柜上。

2.办公桌抽屉物品要井然有序

办公桌抽屉物品应分类摆放,不要放得太满,不要将胶质物与文件等放在一起,避免两者粘在一起。办公桌抽屉最好有一个锁,以便放些要求保密的文件。

3.个人办公设备放置有讲究

电话机应放置在左边,这样方便用右手做电话记录。电脑显示器可以放在键盘的中轴线上,略低于人的视线,如图4-1所示。手机最好放在包里,不要放在办公桌上或挂在胸前,这样可以减少不必要的辐射。在办公室给手机充电时尽量利用电脑的USB接口来充电,如果使用充电器充电,充电器不可放在办公桌桌面。

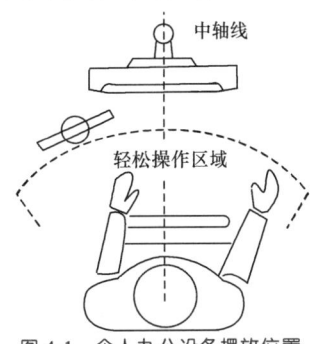

图 4-1 个人办公设备摆放位置

二、实　训

(一)任务描述

一年的前台工作,让郭小彤褪去了稚气,多了一份沉稳与干练。对秘书这份工作,郭小彤也不再感到无奈与痛苦,而是发自内心地喜欢与热爱。由于工作努力,她不仅赢得了客户的好评,还得到公司领导的肯定。前两天公司行政部办公室文员周仪刚好辞职,公司总经理决定调郭小彤来顶这个缺口,同时工资加两级。郭小彤是一个很感恩的人,她决定进入行政部后好好干,虽然前期与周仪进行了交接,了解了行政办公室的工作内容,但她还是有点忐忑。周五,郭小彤将自己的一些个人物品搬到了周仪的座位上,可能是周仪走得匆忙,桌面很零乱,杂乱地摆放着台式电脑、电话机、文件夹、笔筒、签字笔、装订机、电话本、客户资料册、水杯、包装袋、剪刀、铅笔,抽屉里也塞满了胶水、透明胶、双面胶、化妆盒、防晒霜等物品。郭小彤环视周围,整个办公室物品也不整齐,过道狭窄,给人压迫之感。

(二)要求与指导

实训任务:

Visio 操作

1. 借助 Visio 软件,为一间办公室设计布局。
2. 请根据老师提供的物品完成个人办公桌物品摆放与布置。

实训成果:

1. 提供办公室布局设计图。
2. 要求每组同学提供一张布置后的办公桌照片。

实训指导:

1. Visio 软件是 Office 办公软件的组件之一,在设计办公室布局时,需要熟悉这个软件。

2. 办公桌的摆放要考虑员工彼此间的合作交流及信息保密等因素,办公家具的摆放要注意色彩的和谐。办公设备最好集中摆放,尤其避免电源线、数据线外露。复印机等易产生废气的设备应放置在通风处,并摆放有序。办公室最好使用自然光,同时注意通风。另外,可以在办公室布置绿色植物,有利于营造良好的办公室氛围。绿色植物不可放在过道处,要保证绿色植物不影响工作。

3. 先将老师提供的物品进行分类,区分哪些是使用频率高的,哪些是使用频率低的,哪些是工作必需品,哪些是私人物品。电话机摆放在左手位置,以便用右手做电话记录。私人的非办公用品不可放在办公室桌上,比如茶杯,可以放在办公室茶水柜上;护肤品、背包等个人用品可以放在抽屉中。

4. 留出空余地方。秘书经常有许多文件要同时处理,因此桌面必须要留有较大空间。一般来说,桌面空余面积至少应有两张 A3 纸并排摊开所占的面积。常用办公用品的摆放首先考虑使用的便利性,一般放在伸手可及的位置,使用频率不高的物品可以不放在桌面,或放在常用物品的后面。

5. 小的零散的物品最好使用收纳盒,胶水等有黏性的物品最好不要与纸张类物品摆放在一起。电脑的屏幕尽量背光,椅子位置高度要适当,以保证自己坐着舒服。

(三)反思与总结

反思与总结见表 4-1。

表 4-1　　　　　　　　　　反思与总结

序号	评价内容	评价（最佳☆☆☆☆☆）
1	我能用 Visio 软件设计办公室布局	
2	我的电脑屏幕没有强光照射	
3	我的办公桌留有足够空余地方	
4	我的私人物品没有摆放在桌面上	
5	我的桌面整洁有序,物品能分类摆放	
6	我抽屉里的物品摆放整齐	

实训体会(记录完成的过程,分析自己的成败得失):

三、相关链接

(一)办公室布局设计

办公室布局主要有两种方式:一种是开放式布局,一种是封闭式布局。

开放式布局是指在较大的工作间中摆放较多的工作位。每个工作位为一个相对独立的办公单元。这种布局多是按任务来确定,形式比较灵活。它的优点是可以降低建设成本,提高空间的利用率,有利于员工交流;缺点是领导层没有了单独办公的空间,噪声大,不利于保密。

办公室布局设计

封闭式布局是指按照不同的任务,设计若干独立的小房间,一个部门占用一间,一个或几个员工在其中上班,每个房间有独立的办公设备。这种布局的好处是利于保密,员工有自己的私人空间,便于办公室人员集中注意力办公;不足之处在于非办公空间占用率较大,费用较高,不利于员工的交流以及领导对员工的监督。

各单位应根据办公室现有的条件和功能定位办公室布局,设计的原则是:充分利用空间、方便工作联络、适度注意保密。

(二)办公桌设计技巧

1. 藏

有些办公室空间小、物品多,各种设备的接线东拉西扯。对此,可以用藏的方法来让办公室显得整齐。

2. 扩

有些单位的办公桌是成套的,除了办公桌外,在桌面下还配有活动的拖柜。个人可以根据办公条件,将拖柜拉到桌外面,扩大自己放置物品的面积。

3. 并

并就是把相同属性的东西归整到一起。

4. 创

创就是利用现有一些物品，加以改造或转变功能，达到使办公室整洁的目的。比如，用常见的文件夹来固定数据线等。

(三)案例

1. 办公室布局

某办公室面积为132平方米，采用封闭式布局，办公室分为两部分，主任室单独一间，另一间安排有5个办公人员。这种布局结合了办公室布局的原则，如图4-2所示。

图4-2 办公室布局

·点 评· 领导与员工分开，可以保证领导办公不受干扰，前台设置在领导门口，可以起到"挡驾"作用。

2. 办公桌桌面布置

办公桌桌面布置要求整洁有序，尽量不放与办公无关的物品，如图4-3所示。

办公桌桌面布置

图4-3 办公桌桌面布置

四、拓展训练

××文化传播公司最近搬到一幢新写字楼办公。公司考虑到行政办公室承担着客户服务职能，就分配给行政办公室两间房间，该办公室主任1人，秘书3人，客户服务人员1人。两间办公室结构如图4-4所示。

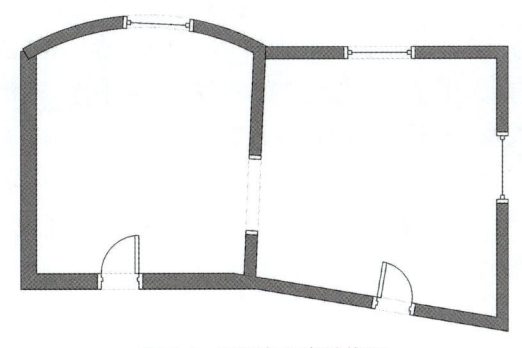

图 4-4　两间办公室结构图

> **问题**

请你根据办公室布局的基本原则,考虑办公室的功能,对两间办公室进行合理布置。画出此办公室布局设计平面图。

任务二　维护办公室公共区域环境

一、理论知识

(一)公用区域物品的整理

(1)办公室文件,应全部放进文件柜,并将文件贴上标签,分门别类摆放。保密文件应放在保险柜中,以防泄密。

(2)办公室物品应尽量放在带门的物品柜中,小而零散的物品应先装进收纳箱,然后再放到物品柜中。放置物品时要注意安全,一般来说,大的、重的物品放在最下面一层,化学液体、墨水、油墨等也放在底层。较小的物品集中装在盒子中,然后放在物品柜的中间几层,并贴上标签。较轻的、不常用的物品可放在物品柜的上层。

(3)现代办公用品接线较多,如电脑、打印机、复印机、传真机、碎纸机等都有接线。如果不注意整理,"蜘蛛网"式的接线,不仅让办公室显得零乱,而且也会带来安全隐患。为了减少设备接线,可以将需要相连的设备放置在同一区域。

(二)公用区域清洁标准

1.会议室的清洁标准

会议室的清洁标准:会议室的门、窗户把手的表面、缝隙无尘土、无污渍;桌椅摆放整齐,干净无尘土,椅子表面干净无污渍、无头发、无尘土;电话无污渍,摆放整齐;墙面、布面无尘土、无污渍,悬挂摆放的各种饰品无尘土,摆放整齐;白板干净无尘土、无墨迹;垃圾桶内外干净,垃圾及时清理;地面上无尘土、无头发、无杂物、无污迹;空气清新,无异味;各种设备、设施完好无损。

2. 办公区域的清洁标准

办公区域的清洁标准：各办公设施完好无损；办公桌桌面干净、无污渍、无尘土，电脑、电话外观无污迹，文件柜干净无尘土；屏风板完好整齐，布面干净、无污迹、无破损，玻璃、窗框无手印、无尘土，窗帘悬挂整齐；椅子布面干净无污迹、无尘土，椅子腿干净无尘土，摆放整齐；垃圾桶干净、无污迹，垃圾及时清理，垃圾袋及时更换；墙面、踢脚板、消火栓完好无损，无污迹、无尘土；文件柜、展示柜、书架、复印设备无尘土、无污迹；地毯干净无污迹、无尘土、无杂物、无破损；花盆内无杂物，盆体无尘土、无污渍。

3. 接待室的清洁标准

接待室的清洁标准：物品摆放整齐；沙发、茶几干净、无污渍、无尘土；屏风板完好整齐，布面干净、无污迹、无破损；窗帘悬挂整齐，玻璃、窗框无污渍、无尘土；茶具干净、无手印，茶叶罐无破损、无尘土；饮水机干净、无污迹；文件柜、书报架无尘土、无污迹，摆放整齐；地毯干净无污迹、无尘土、无杂物、无破损；绿色植物、花盆内无杂物，叶子无尘土、无污渍。

二、实　训

(一)任务描述

马萌来到单位上班的第一天，看到办公室零乱的样子，感到非常惊讶。后来，她从同事那里得知，前任秘书就是因为连基本的环境卫生都管理不好才被解聘的。

马萌正在熟悉环境时，分管领导过来让她先把办公室整理一下。

(二)要求与指导

实训任务： 整理并清洁办公室、接待室。

实训成果：

提供办公室整理前后的照片各一张或者对比视频。

实训指导：

1. 秘书要负责的办公室公共区域主要包括办公室自己参与的区域（如文件柜、茶水台、文印室等）、接待室、上司办公室、小型会议室等。

2. 公用文件柜应每天打扫，清除灰尘；同时要经常整理文件柜中的文件盒和文件夹等物品；柜子的把手要定期消毒，可以使用消毒液。

3. 打印机、复印机等设备表面可以用湿抹布擦拭，但应避免让水进入机器内。复印机、扫描仪的玻璃面板，要使用精细棉纱或专用的镜头纸擦拭。

4. 电话机的按键和听筒要经常进行消毒，废纸篓和垃圾桶内的垃圾应在每天下班前清理，使用过的拖把应放在较隐蔽但能晒到阳光的地方。

5. 如果秘书分管接待室、会议室和上司办公室，应在接待完客人或开完会议后立即进行清洁与整理。清洁时要注意桌面无水迹，地面无弃物。茶具要在使用后立即进行消毒。上司的办公室应在上司上班前完成清洁工作。

6. 办公室如果使用空调，在上班之前，应打开窗户让新鲜空气进入，保证办公室的空气清新无异味。

7. 秘书应经常整理公用区域的物品,保持物品整齐美观,摆放物品时能考虑到其安全性。

8. 实训时可以两个同学一组,联系学院一间办公室,做长期的环境维护。

(三)反思与总结

反思与总结见表 4-2。

表 4-2　　　　　　　　　　　反思与总结

序号	评价内容	评价(最佳☆☆☆☆☆)
1	我了解了办公室环境维护的内容	
2	我能正确使用消毒液	
3	我整理办公用品柜时注意了安全性	
4	我清理的办公室有了明显的变化	
5	我能理解经常清理办公室的重要性	

实训体会(记录完成的过程,分析自己的成败得失):

三、相关链接

(一)营造良好的人际环境

1. 不要背后议论别人、传播小道消息

背后议论别人或传播小道消息,很容易在办公室形成"小集团"。这样"圈外人"就会觉得自己被排除在外,受到伤害,必然会造成同事之间的不信任。为了维护一个良好的办公室人际环境,别人跟你谈论他人的事情的时候,要告诉他找当事人当面去谈或者向上级报告。当听别人散布小道消息时,一定不要沉默,要善意地提醒。沉默就意味着你默认他的意见。

办公室人际关系处理

2. 融入团队

当你的团队确定某种工作目标并且全力以赴的时候,即使你不赞同或者不喜欢,也要做好份内工作,这样才能融入这个团队。没有人喜欢在一个团队里总有人天马行空,独来独往。不要自以为是,也不要热情有余行动不足,如此行为只能让你永远游离在团队之外,你就永远不会有团队归属感。

3. 坦诚

在办公室需要向同事们敞开心扉,让人觉得你愿意倾听别人的意见,愿意跟别人讨论他们的想法。要做一个好的倾听者,要学会提问题;千万不要自以为是,更不要固执己见。

4. 积极鼓励

当一位同事工作出色的时候,要支持他的工作,不论你是不是他的上司,都不要摆出高高在上的样子,更不能对他的优异表现视而不见。如果没有更多的时间给他鼓励,仅仅说上一句"嗨,你做得真棒"也是不错的,这样他会很高兴。相互鼓励的工作氛围能提高工作效率。

5. 形成合力

营造良好的办公室人际关系,使办公室人员形成合力,有了合力,才能在遇到困难时,踔厉奋发、勇毅前行,保持锐意进取的奋斗姿态。

(二)案例

公用区域的环境维护

秘书小赵一上班就打开办公室窗户,然后整理办公桌和文件柜。等整理完毕后,她发现饮水机上没有水了,于是她将桶装水装上饮水机,由于水太重,小赵安装水桶时没有安好,导致水喷出,流得满地都是。小赵装好水桶后,找来拖把擦干地面。她擦完地面放好拖把后,打开电脑,开始准备于总第二天的发言稿。由于窗外光线太强,小赵将电脑屏幕的亮度调得高些,可是过了不久,她感觉到眼睛不舒服。当她准备休息一下时,电话铃响了,是上司打来的,要小赵送一份资料到他办公室。由于文件柜很乱,小赵找了很久才找到。小赵复印后,把原件放回了文件盒,将文件盒随手放在文件柜的最上层。上午10:00,预约的客人张总要来公司,上司让小赵到楼下去接一下。小赵提前2分钟到楼下迎接,10:05,张总到达。小赵把张总送到接待室,可是门一打开,虽然室内摆设很整齐,但空气中有股难闻的烟味。小赵只好向张总道歉并赶紧打开窗户。当上司走进来时,闻到这股刺鼻的烟味,只好把张总迎到自己办公室商谈。

点评 小赵在维护公用区域环境方面还不够主动,虽然能做一些清洁工作,但对于公用区域环境(如文件柜、接待室)的维护还不到位。

四、拓展训练

宫丽是刚分到公司的文员,办公室的绝大部分工作由她一人承担。由于工作努力,宫丽多次得到上层领导的肯定。宫丽毕竟没有多少社会经历,得到几次领导表扬后,她开始有点飘飘然,办事开始我行我素,听不进别人劝告。前天,办公室主任要宫丽写一份总结,宫丽不到一个小时就写好了,但办公室主任将她写好的总结修改得面目全非,还对宫丽进行了指导。宫丽觉得主任能力不如她,对主任的这种做法感到十分不平衡。于是,她开始常在同事面前说主任能力一般,根本配不上这个位置,同时也开始抱怨主任分配给她的任务太多,说主任不存好心。过了一段时间,她发现很多同事不太愿意接近自己,就连原来关系最好的小晶,也对她不冷不热。宫丽想不明白为什么,甚是苦恼。

问题 宫丽如何改善办公室的人际环境?

任务三　检查与处理办公室安全隐患

一、理论知识

(一)办公室安全隐患的特点

办公室安全隐患主要包括两方面:一是有碍健康的安全隐患;一是办公室信息安全隐

患。前者是指办公室工作环境中所存在的会给人身体带来不利影响或伤害的各种因素,后者是指造成办公室的保密信息被盗、被损坏或被无意透露的各种因素。如办公室工作人员保密意识不强,单位保密制度不健全等。

办公室安全隐患有以下两个特点:

1. 不易察觉性

例如,有的办公室在地上布线,行人稍不注意就可能被绊倒。

2. 作用的持续性

例如,办公桌椅过高会对人产生危害,时间一长,容易让人患上颈椎病。

(二)办公室有碍健康和安全的隐患

1. 工作区环境隐患

工作区环境隐患主要有:门窗、天花板、地、墙的破损,办公室光线、空气、温度、噪声等对人的影响,空间过小,地面打滑等。

2. 办公家具与设备隐患

办公家具与设备隐患主要有:办公家具的破损,家具设备突出的棱角,办公家具设备摆放不当,办公家具中堆放的东西太多太高,办公家具不符合人体力学,设备过期使用,设备接线松开,绝缘不好或拖线太长,办公设备电荷过大,消防设施失灵等。

3. 工作人员行为习惯隐患

办公室工作人员安全意识不强或行为习惯不良,也会带来一些安全隐患,主要有:站在转椅上举放物品,乱扔烟头,将打开的抽屉伸到过道,离开办公室不锁门,下班时不关电源等。

4. 办公室物品堆放隐患

办公室物品堆放隐患主要有:重的或大的物品放在位置较高的地方,物品挡住消防通道,易燃物品放在电器旁边,大量废纸堆放在办公室等。

(三)办公室环境安全隐患检查的内容与记录

1. 办公室环境安全隐患检查的内容

(1)办公室门窗是否清洁、牢固,门锁、窗扣是否完好,天花板、墙面是否完好干净。

(2)办公室光线是否充足,灯光是否稳定,太阳光是否直射人的眼睛。

(3)办公室空气是否有异味,是否张贴有禁止吸烟的标志。

(4)办公室温度是否适宜,一般室温不低于16℃,不高于30℃。

(5)办公室空间是否足够,一般平均每人应有5平方米。

(6)办公室是否安静。

(7)办公家具是否符合安全标准,摆放是否安全。

(8)办公设备安装和操作是否符合要求,接线是否规范。

(9)消防设施能否使用。

(10)办公室是否准备了急救用品。

2.办公环境安全隐患检查的记录

秘书在检查办公室安全隐患时,应注意填写安全隐患检查记录表,见表 4-3。

表 4-3　　　　　　　　安全隐患检查记录表

检查时间　　　年　月　日　　　　　　　　　　　　　检查人

序号	地点	发现的隐患	造成隐患的原因	隐患的后果	负责处理人	预处理意见	处理结果
1							
2							
3							

(四)办公室安全隐患的检查及处置方法

1.秘书应定期对办公室环境和办公设备进行检查。

2.对于发现的安全隐患,如果属于自己职责范围,能够处理的,应及时处理,以减少危险的发生。如果自己无法处理,应通知相关人员并跟进,直到问题解决。

3.秘书应将隐患处理结果填写在安全隐患检查记录表中。

二、实　训

(一)任务描述

一年的工作磨炼,让陈琪成为上司肯定、同事喜欢的公司秘书,陈琪管理的办公室、会议室和接待室干干净净、整整齐齐。一天,办公室主任接到了一项接待任务:有个重要客户要到公司来参观,尤其要看生产车间。办公室主任决定让陈琪来负责生产车间办公室的整理工作。由于生产车间都是些男工程师,加上没有专职文员,三间办公室存在不同程度的脏、乱、差情况。陈琪接到任务后,首先看了这三间办公室,拍了一些照片,她发现这个办公室不仅脏、乱、差,而且还存在着大量的安全隐患,如图 4-6 所示。

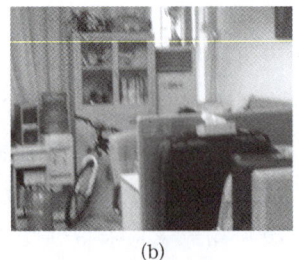

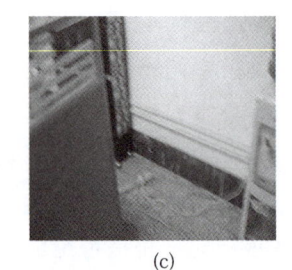

(a)　　　　　　　　(b)　　　　　　　　(c)

图 4-6　车间办公室

(二)要求与指导

实训任务:办公室安全隐患的检查与处理。

实训成果：

1. 检查一间办公室，找出其存在的安全隐患，并拍照提交。
2. 提交这间办公室安全隐患检查记录表。

实训指导：

1. 2人一组，选择学院内一个办公室或以图4-6为例作为安全检查对象。
2. 检查之前先制作安全隐患检查记录表，表中至少应包含检查时间、地点、发现的隐患，以及负责处理人、预处理意见、处理结果、检查人等。
3. 安全检查要注意细节。检查范围包括办公室的空间、采光、温度、通风、噪声、通道、桌椅、柜架和各种办公设备。
4. 安全检查时要重点放在防盗、防火和办公物品放置的安全性上。
5. 对检查出来的问题要准确、及时地填写在安全隐患检查记录表中。
6. 对自己能处理的安全隐患，应及时处理。如果不能处理的，应提交给有关部门或相关责任人。

（三）反思与总结

反思与总结见表4-4。

表4-4　　　　　　　　　　反思与总结

序号	评价内容	评价(最佳☆☆☆☆☆)
1	我掌握了办公室常见安全隐患的种类	
2	我能判断办公室在防盗方面是否存在安全隐患	
3	我能判断办公室在防火方面是否存在安全隐患	
4	我能判断办公室在办公用品摆放方面是否存在安全隐患	
5	我能设计与填写安全隐患检查记录表	

实训体会(记录完成的过程，分析自己的成败得失)：

三、相关链接

（一）办公室信息安全工作内容和保密措施

1. 办公室信息安全工作内容

从信息载体划分，办公室信息安全工作主要有口头信息保密、纸面信息保密和电子信息保密。口头信息保密就是保证不从口头上透露涉密的信息。纸面信息保密就是保证以纸、胶片等为载体的文字、图形、表格等涉密信息不被他人获得。电子信息保密就是保证以电子介质存储的保密信息不被盗、不损坏。这三方面的保密工作，简而言之，就是管住自己的"嘴"和"手"。

2.办公室信息安全工作保密措施

(1)口头信息的保密措施

秘书应养成不谈论公司保密信息的习惯。当有人要查询保密信息时,应核查并确认对方的身份。会议等信息应根据会议要求在规定的范围内传达。如果有人持合法手续来查阅保密信息,也应征得领导的同意。

(2)纸面信息的保密措施

接收保密文件或资料时应检查文件的密封情况,并做好登记;传送保密文件时,要将文件装在文件盒或文件夹中,并注明保密等级,保密文件送给被授权人时,要求对方签收;保密文件要装在防火的保险柜中,正在使用的保密文件,不用时应将其放进抽屉锁好,如果离开办公室,应锁好门窗;邮寄保密信息时,密封好,并在信封上注明"保密",另外最好通过保密文件邮寄专用通道邮寄。如果是高等级保密文件,最好专人送达;复印保密文件时,要注意将原稿带走,用传真机接收保密文件时,要有人在传真机旁等待;极为重要又不常用的文件可以保存在银行的保险柜中;不需要的保密文件要及时销毁。

(3)电子信息的保密措施

计算机显示器应放在别人看不到的地方,如果有人走近,应关闭显示器或迅速滚屏;应使用密码技术保护电子信息安全,并定期更换密码;计算机应经常杀毒,不要轻易安装网上下载或借来的软件;传送保密文件时,要确认传送的地址是否为被授权人地址,在传送时,人不离机;重要的文件要做备份,并存储在安全的地方,不要随身带出单位。

如果秘书管理的信息涉及国家秘密应按国家保密法执行,防止窃密者渗透。

(二)案例

材料一: 11月25日13时,高新区某司法部门6楼办公室。工作人员回办公室时,在门口碰到一个穿黑色夹克的中年男子,神色慌张地从办公室快步走出。工作人员发现,中年男子手中提着一个棕色挎包,与自己放在办公室的挎包一模一样。工作人员一下子警觉起来,当即喊住中年男子询问来意。"我找××",中年男子边说边走。"把你的包给我看看",工作人员一把抓住中年男子手中的挎包,打开一看,果然是自己的包,里面放着身份证、银行卡、手机以及用橡皮筋捆好的1万余元现金。中年男子见状,撒腿就跑。工作人员大喊一声,和同事追上去将其拦下,同时向辖区派出所报警。

材料二: 一天我刚上班,就看到赵姐痛苦地蹲在地上,我问赵姐发生了什么事,她说脚被桌子柜门撞了,我一看,桌子柜门由于折页螺丝钉脱落,一边斜伸到了过道上,而桌子又放在进门转角处,过道很窄,很容易绊倒人。

材料三: 一上班,办公室主任就到办公室告诫大家要注意办公安全。他说昨天公司接连发生两起安全事故,一起是质检办公室的小刘,站在转椅上取材料,不小心摔下来,导致腰椎错位,目前正在住院;另一起是公关部文员小钟,操作复印机时不慎手被夹伤。

点评 三份材料都涉及办公室安全。大部分人认为在办公室工作,环境好,无安全之忧。办公室也存在安全隐患,上述三个事例就表示处处都应讲"安全"。

四、拓展训练

秘书康晶上班的第一天,公司总经理让她去检查各办公室的安全工作。康晶检查后,发现了如下问题:

1. 总务办公室一盏日光灯坏了,不停闪烁,一个星期没有报修,让一个重要客户看见,直言公司的管理不到位。
2. 科研办公室的空调一直都是16℃,屋内长期不开窗,两个同事呼吸道感染。
3. 生产部办公室办公设备电线混乱,复印机安放在窗口,同时紧靠窗帘,使窗户无法打开。
4. 供应部物品柜顶层放着较重的过塑机。
5. 在客户部检查时,一个客户在办公室被绊倒,好在没有造成伤害。
6. 供电组办公室前天没有人上班时,空调一直开着。
7. 生产部小型会议室空气污浊。

问题

假设你是康晶,请你根据这些情况填写办公室安全隐患检查记录表交给总经理。

项目五

安排内部会议

知识目标

- 能描述内部会议的特点。
- 了解会议用品的名称。
- 能描述安排内部会议的工作流程。

能力目标

- 能安排好公司的内部会议。
- 能协调人员布置好会场。
- 能制作会议标识、文件,做好会议记录工作。
- 能完成会场物品与文件的整理工作。

价值塑造

- 在组织内部会议的实训过程中,弘扬新时代的会风。
- 在学习和策划大型会议的过程中,践行中华民族勤俭节约的传统。

思考与感悟

××公司准备召开年终总结大会,要求各分公司部分领导前来参加,会议将在两周后举行,张秘书负责这次会议的筹备组织工作。张秘书是第一次做这项工作,她认真地按照会议通知的格式和要求写了会议通知,在通知里她详细地写了会议名称、会议内容、参加人员、会议召开时间、会议地点、联络信息的相关事宜和要求,并将会议通知发到各相关人员的电子邮箱里。可是自从会议通知发出后,张秘书的电话就成了热线,电话一个接着一个,都是找张秘书的,电话的内容大体相同,都是询问会议地点如何到达,总公司有没有车接送,打车有多远等问题,张秘书觉得自己简直太失误了,于是赶紧给参会人员发了一份补充通知,写明了会议的具体地点、乘车路线以及总公司安排接站的时间等事宜。张秘书想幸好及时补救,否则分公司的人一定非常不满意。会议正式召开那天,总经理让张秘书负责会议记录工作。

在会上，总经理开门见山地说："我们各分公司去年一年成绩显著，请各位把自己的经验同与会的人员交流一下。"各分公司的人把自己公司的新做法、闪光点统统列了出来，可能是各分公司的人没有提前做这方面材料的准备，于是大家你一言，我一语，讲特色，说妙招。张秘书这下可忙坏了，她负责记录，但没想到今天的发言这么杂乱无章，为了提高记录速度，她把汉语拼音、数字、字母都用上了，但还是记得乱七八糟的。会后总经理让张秘书把会议记录整理好拿给他，张秘书看着自己的会议记录，真是欲哭无泪，找不到头绪。张秘书硬着头皮把自己整理的会议记录拿给总经理，总经理看了面色沉重，直摇头。总经理把会议记录递还张秘书，让她把会议的相关材料都整理归档，张秘书却只把会议记录归档了，其他会议的相关材料都没有整理归档。

思 考

1. 张秘书在这次会议的准备与服务中，存在哪些不足？（可以从会前、会中和会后的工作质量来考虑）

2. 张秘书应如何提高速记能力？你有哪些好的经验可以分享？

任务一　安排与服务日常工作例会

一、理论知识

（一）工作例会的概念、类型与特点

工作例会简称"例会"，是指按照惯例在一段时间内每隔一个期限召开的会议，其目的是实现有效管理，促进相互交流与沟通。例如，定期的中层会议、部门的小组会议、早会等，都可称为例会。一般来说，一个单位80%的会议是例会，秘书安排与服务最多的也是例会。

例会在各个单位会有不同的形式。按时间划分，有晨会、夕会、周例会、月例会等；按与会人员划分，有经理例会、员工例会、客户座谈例会等；按会议主题划分，有安全生产例会、销售例会、技术研讨例会等。

例会的特点主要有：

1. 周期性

周期性是例会最大的特点，例会往往每隔一段时间（比如一周或一个月）定期召开。

2. 稳定性

例会一般有相对固定的参与对象，会议流程、会议主持人相对固定，甚至有些例会发言人都是固定的。

3. 交流性

召开例会的目的主要是让大家在会议上交流工作信息，同时增进员工之间的感情。

秘书在安排例会时,要注意体现新时代会风的要求,做到严控会议数量与规模,少开会、开短会,没有必要开的会议坚决不安排。

(二)例会的准备与服务工作

1.会前准备

会前的准备工作主要包括会场准备、文件资料准备和会议物品准备。

(1)会场准备。秘书应根据参加例会的人数,提前申请相应的会议室。会议室确定后,提前半天打扫会议室,为会议室通风,检查会议室是否有足够的椅子,如果要用到会议设备,还需要提前调试好。

(2)文件资料准备。秘书在例会召开之前应询问会议主持人是否如期举行会议,需要准备哪些资料。如果会议如期进行,秘书应根据主持人的要求给与会人员发出会议通知,并准备会议资料。如果主持人要讲的内容较多,且比较重要,可以将这些内容做成PPT。如果会议不召开或延期召开,也应给与会者发出通知,告知本次例会取消或延期到哪天。通知里应讲清取消或延期的原因。

(3)会议物品准备。物品准备主要包括会议桌椅的准备,音响、投影等设备的准备。会议桌椅的准备,一要保证够用,二要根据会议需要按一定形式摆好。音响、投影等设备的准备,秘书应在会前进行调试,保证设备正常使用。此外如果会议时间较长,秘书还应准备茶水。

不过,很多公司为了节约成本,压缩会议时间,这样的例会并不要求做会前准备,比如晨会、夕会、周例会等,与会人员在规定时间主动聚在一起,就开会了。

2.会中服务

秘书的会中服务主要有以下几个方面:

(1)会议签到。例会的签到形式比较灵活,可以点名,也可以按名册排查,还可以让与会人员自行签到。签到后,秘书要将缺席与出席人员记录在会议记录中。

(2)会议记录。如果会议需要记录,秘书在会前应准备好会议记录本。会议记录格式主要由标题、会议记录头和会议内容三大部分组成。标题一般写"××例会记录"。会议记录头要写清楚会议名称、会议时间、会议地点、主持人、记录人、会议主题、出席人、缺席人等。会议记录的内容可以按会议进程进行记录。

(3)茶水服务。如果会议较长,秘书需要为会议准备茶水,并在会中续水。续水最好在与会者对面,这样不会影响与会人员做记录。如果不方便在对面续水,可以在与会者的旁边续水,续水前要做手势询问是否要续水。如果秘书在会中还要负责会议记录,可以在会前为每一位与会者准备好茶水,中途视情况决定是否续水。

3.会后工作

例会结束后,秘书应收拾办公室,清洗茶杯、整理桌椅、收集文件、恢复设备、关好门窗。另外完成会上交办给自己的事情。

(三)利用QQ、短信、微信和内部办公系统发送通知

发送会议通知是会前准备的一项重要工作。发送通知时,秘书除可以用张贴通知或电话通知等传统方法外,还可以用QQ、短信、微信等通信方式来发送通知。现代通信方式由于克服了张贴通知受众面有限以及电话通知成本高的弊端,受到了会议组织者的日益青睐。

1. 利用 QQ 发送通知

由于 QQ 具有在线聊天、视频电话、点对点断点续传文件、共享文件、自定义面板、QQ 邮箱等多种功能,所以受到大家的欢迎。如果要通过 QQ 发送会议通知,秘书首先要建立一个群,然后将与会人员的 QQ 号加入到群中。每次会议前可以在群里发布会议通知,与会者只要上线就能看到通知。新建 QQ 群的具体操作可以查看网上的相关教程。

2. 利用短信发送通知

手机是人们最常用的通信工具。秘书可以利用手机的短信群发功能,完成会议通知的发布。

3. 利用微信发送通知

由于微信发布信息只需要较少流量,所需费用相对于通信运营商的短信费用更低廉,受到广大用户的欢迎。利用微信发送会议通知操作如下:

(1)下载微信软件。

(2)点手机上的"微信"标志,注册后会显示"微信"首页界面。

(3)邀请"朋友"。打开"通信录",点击右上角的"+",会显示"添加朋友",选择与会者的微信号,然后将其添加到"通信录",只要对方通过了你的验证,那么对方的名字就会添加到你的"通信录"中。

(4)发送消息。选择发送对象后,编写信息就可以发送了。

4. 利用内部办公系统发送通知

目前很多单位有内部办公系统(OA 系统)。利用 OA 系统发送通知,先要登录到系统中,找到"发送通知"按钮,双击打开发送通知的页面,然后按照网页要求填写标题,撰写会议通知内容,选择收件人,最后点发送即可。

5. 使用 QQ、微信发送通知的注意事项

使用 QQ 发送通知时,最好使用较大号、颜色较突出的字体,并最好每天发一次,直到开会前一天;使用微信发送通知时,要注意文字不宜太多,最好不超过一屏,发送次数也最好是每天一次,直到开会当天。

二、实　训

(一)任务描述

××酒店管理有限公司是一家集酒店、餐饮、休闲度假于一体的合资企业,公司主要分为酒店管理部、餐饮管理部、财务部、物料部、休闲度假部、质量控制部、人力资源部、市场开发部、行政部等 9 个部门,目前有 200 名员工。每周一上午 9:00—10:00 是公司的部门经理例会时间,会议内容是总结上周公司的情况并对本周工作做出安排。与会人员主要是公司领导层和各部门的经理,共 14 人。为了提高工作效率,总经理要求各部门提早做好会议准备工作。公司例会的地点选在公司的小会议室,那里可以容下 30 人开会。

(二)要求与指导

实训任务: 安排与服务日常工作例会。

实训成果：

1. 提交会议通知与会议记录。
2. 提交一份会场准备的照片或视频。

实训指导：

1. 全班分为2~3组，每组20人以内，确定每个人扮演的角色，查询与本部门相关的职责资料，为发言做准备。

2. 拟发会议通知。内部例会通知的制文过程和格式要求较简单，但也要写清楚会议时间、地点及会议主题。通知写完后可以通过张贴、短信、微信或内部办公系统发给与会人员，一般要求至少用两种方式发送通知。

3. 全组准备会场。会场准备主要做好环境准备、文件准备、物品准备和设备准备。会议准备的具体内容可以参见"理论知识"的相关内容。

4. 全组模拟开会，秘书提供会中服务。会中服务主要完成会议签到、会议记录和茶水服务等工作。会议签到如果人少，可以让与会人员自行签到，也可以采用排查签到。在会议将要开始之前，如果发现还有没到的，秘书要再次打电话提醒与会人员参会。如果秘书在会议中要担任记录工作，最好会前将茶水准备好，中途视情况决定是否续水。

5. 会议记录要记录好会议时间、主持人、与会人员、缺席人员、会议主题和与会人员的发言。工作例会多是交流信息，一般无须给上司签字确认。

6. 会议结束后，秘书应清理会场并关闭会议设备。

（三）反思与总结

反思与总结见表5-1。

表5-1　　　　　　　　　　　反思与总结

序号	评价内容	评价（最佳☆☆☆☆☆）
1	我对工作例会的特点有比较深的理解	
2	我能把会议通知写好，并通过多种途径发送	
3	我能做好例会准备工作	
4	我能做好会议签到、会议记录等会中服务工作	
5	我能做好会议善后工作	

实训体会（记录完成的过程，分析自己的成败得失）：

三、相关链接

（一）常见的工作例会

1. 董事会会议

由公司董事会成员出席，定期召开，主要讨论公司发展的重大事项和战略、政策等。

2. 公司股东年会

每年召开一次，由公司的股东就重大问题进行讨论，表决董事会提交的事项，形成股东大会决议。

3. 管理层会议

由公司经营管理人员参加，讨论解决公司经营管理问题。

4. 工作总结会

不同层级的总结会，时段有长有短。作为全公司的总结会，多是一年一次，主要总结公司一年工作，同时表彰和奖励业绩突出的单位或个人。

5. 员工例会

这是公司最常见的会议形式，与会人员主要是员工，会议内容多是交流工作经验，检讨工作失误。

(二)各种发送通知方式的优缺点

秘书在工作中虽然可以选择多种方式发送会议通知，但每种方式都有优缺点，使用时要根据实际情况决定。

1. 公告栏张贴通知

这种发布方式最经济，操作也简单。秘书人员只需将通知张贴在单位公告栏即可。这种方式的缺点是无法了解与会者是否看到了会议通知。

2. 短信发送通知

这种发送方式的优点是速度快，操作方便，并且通过设置反馈功能，可以知道对方是否收到短信。这种方式的缺点是费用较高。

3. QQ发送通知

这种发送方式的优点是可以发布图片、图表等信息，与会者可以用手机接收。缺点是要求与会人员有QQ号，并经常上线。

4. 微信发送通知

微信发送通知具备了QQ发送通知的优点，费用少、速度快、操作方便。但没有办理移动网络业务或无Wi-Fi的地方无法上网接收信息。

5. 单位网站张贴通知

单位网站张贴通知可以不受时空限制，也省去大量费用。缺点是要求与会者定期关注单位网站信息。

6. 内部办公系统发送通知

利用内部办公系统发送通知，既经济又方便，但前提是单位实现了办公自动化，有OA系统平台，同时要求与会人员经常登录OA系统。

(三)案例

1. 会场布置

会场布置如图5-1所示。

图 5-1　会场布置

> **点评**　这是小型会议的会场,会议室清洁、明亮,根据需要将座位摆放成椭圆形,这样的布置形式可以使参加会议的人坐得比较紧凑,彼此面对面,消除拘束感。

2. 会议记录

表 5-2 是某公司经理例会记录表。

表 5-2　某公司经理例会记录表

会议类别	经理例会				
会议议题	本周需处理事项	时间：　年　月　日		地点：会议室	
		主持人：		记录：	
出席人员					
项目编号	内容	责任人	配合协助人员	完成时间	补充
1					
2					
3					
4					
5					
6					
7					
8					
9					
10					
11					
整理：		审核：		核准：	

> **点评**　这份经理例会记录表适用于管理层为下属布置工作。表格中包括内容、责任人、配合协助人员以及完成时间,对检查工作有帮助。

四、拓展训练

××科技公司是一家国有大型公司,公司青年员工较多,为了加强对他们的培训,公司规定每周五下午 4:00—5:00 召开技术解疑例会,时间为期一年。技术解疑例会由经验丰富的技术骨干主持。今天是周三,为了保证周五的例会正常进行,秘书已经安排好了会议主持人,也准备好了会议室。

> **问题**　现在请你拟一份会议通知,发给全公司入职半年以下的员工。

任务二　安排与服务临时性大型会议

一、理论知识

(一)会前准备工作

1. 制订会议方案

会议方案主要包括下列内容：会议的主题和议题、会议名称、会议议程、会议时间、会期、会议设备和工具、会议文件清单、与会人员、会务组人员及分工、会议经费预算、突发事件处理预案、会议筹备进度表等。

2. 下发会议通知

会议方案获准后，秘书要向有关单位下发会议通知，通知方式应视情况选择。有的会议还要向来宾发请柬或邀请书。会议通知的内容包括会议名称、目的、议题、会期、参加人员范围、报到时间与地点、开会时间与地点、接站及行车路线、需携带的材料、会议主办单位及其他要求。

3. 准备会议材料

会议材料大体上分两种：一种是直接反映和表现具体的会议议题的材料；另一种是反映会议议程特征的材料。常见的会议材料主要包括开幕词、闭幕词、领导讲话稿、主题报告、专题报告、会议简报、会议记录、会议纪要、新闻稿、会议通知、日程安排等。

4. 确定会议地点

日常会议地点选择，往往从以下几个方面考虑：远近适当，大小适当，设备齐全，不受干扰，租金合理，停车有场所。

5. 准备会议必备用品和设备

会议必备用品是指各类会议都需要的用品和设备，包括桌椅、茶具、照明设备、空调设备、投影和音响设备等。

6. 布置会场

大型会议的会场布置比较复杂，需要体现会议的主题，应注意会场内座位的布局、主席台的布置以及其他可以渲染和烘托气氛的装饰等。

(1)会标。大型会议都会使用会标，会标在设计上一般会体现会议的主旨。室内会议的会标一般用横幅的形式悬挂于主席台上方的沿口。

(2)会徽。会徽是体现或象征会议精神的图案性标志。比较庄重的会议通常将会徽悬挂在主席台的天幕中央，形成会场的视觉中心。

(3)标语。标语就是把会议口号用醒目的书面形式张贴或悬挂起来。标语必须是会议主题的体现，制作时一定要契合主题，体现会议的目标，具有宣传性和号召力。

(4)旗帜。旗帜包括主席台上悬挂的旗帜和会场内外悬挂的旗帜。

(5)花饰。会场内外适当布置鲜花，能起到衬托会议主题，烘托会场气氛，消除与会者疲劳的作用。

(6)灯光。会议场所的灯光应该明亮、柔和,既给人适宜的照明,也可减缓因会议时间过长而带来的身体或精神上的疲劳。

(7)会场座位。会场座位布局要根据会议的不同规模、主题、参加人数等选择合适的摆放形式。大型会议一般采用相对式摆放。

(8)主席台布置。主席台是会议的中心,也是会场礼仪的主要表现位置。主席台布置应与整个会场布置相协调。

①座位。主席台座位要满座安排,不可空缺;主席台座位若有多排,则以第一排为尊贵;第一排的座位以中间为贵,然后按先左后右、由前至后的顺序依次排列,如果人数正好成双,则最高领导在中间左侧,第二领导在中间右侧,以此类推;为了工作便利起见,会议主持人有时需在前排的边座就座;在主席台的桌上,每个座位的左侧放置姓名台签。

②讲台。讲台应设于主席台前排右侧台口,讲台上主要放话筒。

③话筒。发言席和主席台前排座位都应设有话筒,以便发言者演讲和会议主持人或领导讲话。

④休息室。一般在主席台的台侧或后台,应设休息室,以便安排领导候会。

会场的布置应该朴素、环保。

7. 准备会议其他用品

为方便会议进行,秘书应为会议准备各种工作用品,如纸、笔、投影仪、指示棒、黑白板、复印机、笔记本电脑以及投票箱等。

(二)会中服务

1. 签到和引领

秘书应热情地迎接与会人员,并引领与会者及时签到。要提前准备好签到用的登记簿、签字笔等用品,负责签到的人员要提前到岗。大中型会议,一般事先制作好各种座次标志用品(如主席台或会议桌上的名签卡片、座次图表、指示牌等),采取对号入座的方式,或将会场划分为若干个区域,以部门或地区为单位集中就座。

(1)签到

①簿式签到。常常用于各种庆典和仪式。

②表式签到。签到表一般包括会议名称、主办单位、会议时间、会议地点、应到单位或应到人员姓名及与会者签名等内容。

③电子签到。签到卡和电子签到机配合使用,系统会自动显示与会者的信息,并自动进行统计分析。

(2)引领

引领能给与会者提供很多方便,使他们感到亲切,秘书应做好引领工作。大中型会议报到及进入会场应当派专人负责引领。

2. 会议记录

会议开始前,要准备足够的钢笔、铅笔、笔记本和记录用纸;准备好录音笔,以便作为手工记录的补充;提前到达会场,了解与会人员的座位图,便于识别会议上的发言者;准备一份议程表和其他的相关资料与文件,以便核对相关数据和事实;在利用录音笔的同时,必须做好手工记录,以防录音笔中途出故障。如运用电脑记录,记录员应掌握速录技巧,提高记录速度。

3. 会中其他服务内容

会中秘书还要负责的工作有:报到、信息沟通、茶水服务和值班保卫等。

(1)报到。内部会议的报到相对简单,与会人员直接到会务组报到,同时领取相关资料袋。

(2)信息沟通。如果会议议程较多,会议时间较长,还要注意信息沟通。信息沟通的主要工作内容是收集、传递和反馈会议信息,使上司方便使用。

(3)茶水服务。会议茶水服务大致分为两种,一是提供瓶装水,一是提供热茶。如果提供瓶装水,可以在会前放在桌面上,会议中途不再提供水。如果提供热茶,则会中需要续水,续水时应避免将水洒在会议材料和桌面上。

(4)值班保卫。值班保卫工作的主要内容有:协助收集有关情况、文件和资料,传递各种信息;严控与会议无关人员随便出入会场;保证会议信息的畅通无阻;做好会议期间各项活动的协调工作。

(三)会议结束工作

1. 合理安排与会人员返程

秘书应根据会期长短、与会者住所、与会人数等实际情况,及早安排好外地与会人员的回程事宜,提前预订好飞机票、火车票、汽车票和轮船票,并编制与会人员离开的时间表,安排好车辆送行。

2. 协助与会人员及时做好各种物品的清退

秘书在与会人员离会前还要做好以下工作:提醒与会人员及时归还向主办方或会议驻地单位借用的各种物品;提醒与会人员及时与会务组清算各种账目,开好发票、收据;帮助与会人员检查、清退房间,避免遗忘各种物品。

3. 清理会场文件

清理散会后的会场,也是一项不容忽视的工作。无论是会务秘书还是会务工作人员,都要坚守岗位,善始善终,保证会议结束后会场环境的清洁整齐。清点文件剩余份数,做到数目清楚;内部文件、机密文件以及应回收的文件要及时清退收回。

4. 整理会议室

整理会议室具体包括以下方面:

(1)收拾并整理会议用的茶杯、桌椅、烟灰缸和其他用品。

(2)清理并取走所有剩余的与会议有关的文件。

(3)检查、归还各种试听设备,将会议室设备整理恢复到备用状态。

5. 总结会议

会议的总结要根据岗位责任制和工作任务书的内容,逐条对照检查,要检查会议目标的实现情况,明确会议工作的具体分工,将工作人员的个人总结和会议整体总结相结合。写会议总结的要求是:找出规律,揭示本质;有理有据,实事求是;突出重点,有所侧重。

6.整理会议材料,立卷归档

会议结束后,要及时做好会议文件的立卷归档工作。大型会议要注意收集以下文件:会议正式文件,如决定、决议、计划、报告等;会议参阅文件;会议安排的发言稿;会议上的讲话记录;其他有关资料。

二、实　训

(一)任务描述

××工程有限公司是一家承接各类桥梁建设的建筑公司,公司目前有500名员工,公司分为工程部、项目发展部、财务部、物料部、设计部、质量控制部、制图部、预算部、生产调度部、行政部10个部门,公司董事会5人,总经理1人,副总经理3人,每个部门设经理1人,副经理2人。2022年公司承接各类项目5个,完成3个。实现合同金额100亿元,实际收入40亿元,利润8亿元,利润增长率为80%。为了总结经验,鼓舞士气,公司决定在春节前隆重召开公司年度表彰大会。公司研究决定,这次会议的与会人员为中层以上干部、全体受表彰员工和各部门代表,一共有130人参加。公司有4间会议室,分别是大礼堂(1 000平方米,500个座位)、培训室(300平方米,150个座位)、业务谈判室(100平方米,50个座位)、小会议室(60平方米,30个座位)。因公司刚举行完元旦聚餐与会演,这次年度表彰大会不再安排表演与宴会。

(二)要求与指导

实训任务: 模拟举办员工表彰大会。

实训成果:

提供一份表彰大会的会议方案和过程图片。

实训指导:

1.全班10人一组讨论并撰写会议的方案,选择一组最好的方案作为会议执行的蓝本。

2.分组准备项目的前期工作。会前的主要工作有会场的申请与布置、会议材料的准备、会议物品的准备。

3.会场选择要根据人数来定,面积不宜过大也不宜过小,一般人均2~3平方米。会议室要保证有足够的座位且不受干扰。

4.会场的布置重点包括三个方面:会场外布置、主席台布置和会场座席布置。会场的布置应根据会议主题以及领导要求来进行,具体布置方法可参见理论知识的相关内容。

5.会议的材料主要有会议通知、讲话稿、签到表、表彰证书等。会议通知应写清楚会议时间、地点和主题。讲话稿包括领导的讲话稿与受表彰员工的讲话稿,领导讲话稿可以重点写公司取得的成就以及今后的发展蓝图,借此鼓励员工再接再厉。受表彰员工的讲话稿可以先表达感谢公司、上司、同事与家人的支持与帮助,然后写今后的打算与决心。签到表可以制成由"姓名""职务""单位名称""联系电话""电子邮箱""备注"等字段组成的表格。表彰证书中写清楚受表彰员工的姓名、表彰事项和祝福语。

6. 会议物品准备。会议物品包括会议标识板、横幅等物品,以及投影仪、照相机、录像机等器材。

7. 会议当天签到、引领工作。会议当天会务组的成员要提前到达,与会者前来时应有人引导与会者签到、领取会议材料。

8. 会议期间秘书需要提供茶水服务,倒水时要避免将水倒在杯外,正确的方法是一手拿茶壶,另一手拿一毛巾托住,倒水应从客人的旁边进行,动作要轻要缓。如果不小心茶水倒在桌面,应及时用毛巾擦干。

9. 会议过程中应安排值班人员,其职责是保持会场不被外来人员打扰,解决临时需要处理的事务。

10. 会议结束后,除了清理会场外,还需要完成费用的报销工作以及会议总结工作。

(三)反思与总结

反思与总结见表5-3。

表 5-3　　　　　　　　　　　反思与总结

序号	评价内容	评价(最佳☆☆☆☆☆)
1	我对活动方案贡献了想法	
2	我能完成制作会议标识、会议材料等会前准备工作	
3	我能完成会议签到、会议引领等会中服务工作	
4	我能做好会议的茶水服务工作	
5	我能对会议做出总结,并写出总结性报告	

实训体会(记录完成的过程,分析自己的成败得失):

三、相关链接

(一)会场布置样式

会场布置样式如图5-2至图5-7所示。

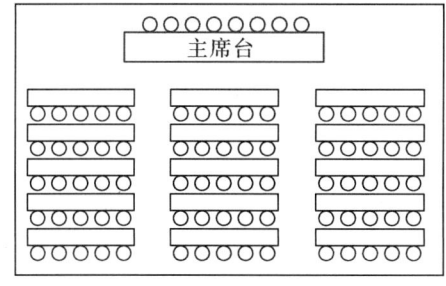

图 5-2　相对式布置

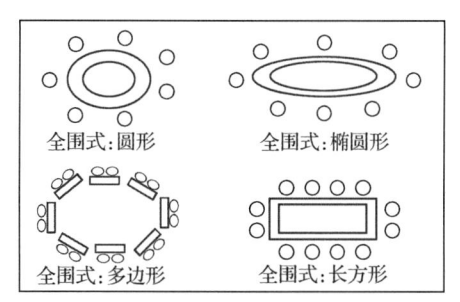

图 5-3　全围式布置

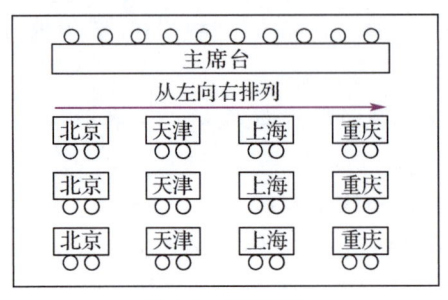

图 5-4　竖式布置

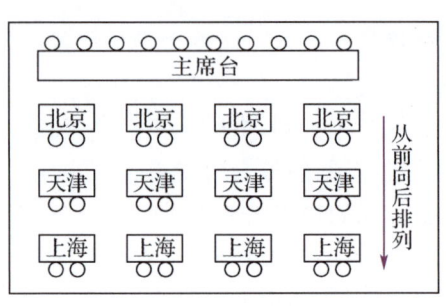

图 5-5　横排布置

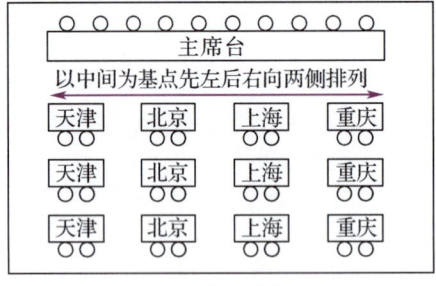

图 5-6　分散式布置

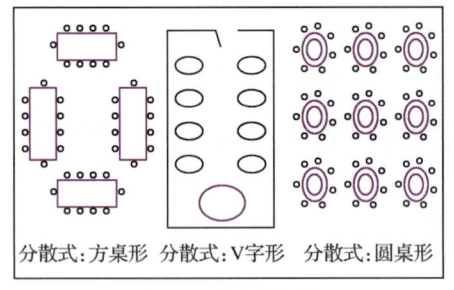

图 5-7　左右式布置

(二)会议文件的收集

1.会议文件的收集范围

收集会议文件,主要是为防止保密文件的泄密,也是为会议文件的立卷归档做准备。

需要收集的会议文件主要有:请求审批举办会议活动的文件;会议筹备工作的文件;会议内容的文件,如议程、讨论提纲、各种报告和发言材料、会议记录、议案、决定、决议、参考资料等;会议活动宣传报道的文件,如会议简报、新闻稿等;会议管理与服务方面的文件,如各种名单、票证、表格、簿册、承办合同、日程安排等;有关会议活动的照片、录音和录像等;会议文件的定稿、存本,以及重要文件的草稿和讨论稿等。

2.会议文件收集的方法

(1)确定收集清退的重点对象。文件收集的对象包括全体与会者和工作人员,但重点是会议领导人、小组召集人、发言人、记录人、拟稿人等。

(2)印发收集清退目录。规模较大的会议,可事先印发会议文件的收集清退目录,要求每位与会者在会议结束时,根据目录整理好应清退的文件,统一交至秘书处。

(3)现场收集清退。小型会议可由会议主持人在会议结束时要求与会者将需要清退的文件留下。

(4)个别收集清退。对提前离开的与会者或工作人员,如果他们手中有必须清退的文件,要及时进行个别收集清退。

(三)案例

秘书小钟所在的××公司是一家小型公司,她在办公室身兼多职,平时除了处理繁杂的办公室事务外,还要负责后勤和会议室的管理。周一上午11:30,经理例会如期结束,行政部经理走进来,叫小钟马上去收拾一下三楼会议室。小钟连忙放下手中的工作,去整理会议室。可是她走到二楼时,人事部经理让她把这个月的考勤报表送到总经理办公室,小钟接过报表后,先到了三楼的总经理办公室。总经理看到小钟进来,又让她复印资料,等复印完资料,已经是中午吃饭时间,小钟想反正下午没有人用会议室,就先去吃饭了。下午上班后,小钟来到会议室收集材料,等到 17:00 她对照会议材料清退单核对材料时,才发现缺少两份商业计划,她还以为总经理自己带走了。等到公司的客户流向竞争对手时,才知道两份商业计划内容被泄密了。

·点评· 由于钟秘书没有及时清理、收集文件,给公司造成了损失。在整理会议室时要注意清理并取走所有与会议有关的文件,保密文件要按会议文件的清退目录和发文登记簿逐人、逐件、逐项检查核对,以免出现疏漏。

四、拓展训练

××公司是一家生产光纤的公司,由于采用具有自主知识产权的新工艺,他们的产品质高价廉,受到市场的青睐,远销欧美国家,2021 年实现销售额超 20 亿美元。这家公司之所以能取得这么好的成绩,与重视产品的研发分不开。2022 年上半年,公司的产品研发团队又取得一项重大的科研成果。预计每年能为公司带来 2 亿美元的利润。为了表彰研发团队,公司准备于 7 月 30 日在××酒店召开表彰会议。

·问题· 请你写一份会议的执行方案。

任务三　准备与组织云计算视频会议

一、理论知识

(一)云计算视频会议的概念

云计算视频会议又叫远程云计算视频会议,它是通过基于 IP 的网络,采用"实时、可视、交互"的多媒体通信技术,让身处异地的人们共聚一处,通过图形、声音等多种方式交流信息、讨论问题。

随着计算机云技术的发展,基于云计算的视频会议系统受到广大用户的欢迎。云计算模式视频会议对客户的硬件要求较简单,还能保证高质量的视频和音频。云计算视频会议系统的硬件主要包括计算机、基于 IP 的通信网络设备、无线麦克的耳机、USB 视频摄像头。软件主要是视频会议系统。这种基于云计算的视频会议模式,需要客户向提供视频会议服务的公司租用会议终端点才能实施。

云计算视频会议相对于传统的会议具有下列优势:节约开会的时间与经费,提高会议效率,增加参加会议的人数,便于会务人员管理,与会人员交互性更强,支持移动模式会议。

(二)云计算视频会议的前期准备

云计算视频会议的前期准备工作主要包括:

1. 发布会议通知

会议通知要求告知与会人员云计算视频会议的调试时间与开始时间,会议需要准备的材料以及会议名称、会议ID号。如果是第一次使用还需告知对方登录云计算视频会议系统的账号与密码。

2. 租用云计算视频会议服务平台

基于云计算的视频会议,需要向视频会议平台供应商租用视频会议终端点。目前服务形式有包年制,也有包月制,有的也可以按单场收费。

3. 参与人员的培训

使用云计算视频会议需要对与会人员进行相应的培训,培训主要包括登录视频会议系统、进入会场、举手发言、共享资料、使用电子白板等。

4. 调试设备

开会之前秘书应对视频会议系统进行配置,将参会人员纳入本次的会议室,同时根据会议类型,安排好发言人。调试发言人的麦克风和摄像头。

(三)云计算视频会议过程中的工作

秘书在云计算视频会议过程中的主要工作有:

1. 告知与会者注意事项

在开会之前,秘书可以利用调试设备的时间告知与会人员进行视频会议的一些注意事项和会议纪律等。

2. 巡视会场

目前大部分的云计算视频会议系统具有会场巡视功能。秘书以会议管理者的身份登录后,可以在菜单中找到"巡视会场"按钮,点击后就能巡视各会场的情况。

3. 协助会议主持人或发言人操作共享文件

在会议中,如果需要板书或播放PPT,主持人或发言人不熟悉操作时,秘书应给予协助。

4. 录制会议

为了保留会议资料,可以启动"会议录制"功能,将整个会议录下来。与此同时,秘书还要做好会议记录,以便能及时提交书面的会议记录文件。

5. 排查会议

在视频会议中,可能会出现网络不通、视频黑屏、声音听不到或传不出去等故障。这时,秘书先进行简单的排查,如果能解决尽量自己解决,不能解决时可以联系相关技术人员。目前,视频会议平台供应商都能做到24小时技术服务。

(四)云计算视频会议的善后工作

云计算视频会议结束后,秘书首先要整理会议过程中产生的材料,视频会议的材料多是电子材料,秘书最好以会议的名称建立一个文件夹,将相关材料放入其中。然后退出系统,关闭本地设备,最后整理本地会场。

(五)视频会议过程中常见问题的排查

1. 网络无法连接

查看网线是否接好,交换机是否打开,询问网络供应商的服务器是否有问题。

2.听不到对方的声音

检查本机是否静音,耳机线与电脑是否插牢,耳机音量是否处于最小状态。

3.啸叫

询问对方发言人麦克是否离嘴唇太近,检查耳机线是否插错地方。

4.无法看到自己的头像

检查 USB 摄像头是否插牢,是否安装了摄像驱动器,摄像驱动器是否处于关闭状态。

5.看不到别人的头像

检查是否进错了会议室,是否得到授权,网络是否连接。

6.无法使用电子白板、共享文件

检查是否得到授权。

(六)移动云会议

移动云会议是指利用移动设备,借助会议应用程序(APP)开展的会议。召开移动云会议基本操作较为简单,具体操作可以扫码观看。

移动云会议

二、实 训

(一)任务描述

××公司是一家以研发、生产、销售保健品以及护理服务为主的公司,下有5个子公司及10个区域分公司。公司年营业额超过10亿元,有员工5 000人,管理层人员400余人。为了加强管理,公司每年要召开全体管理人员大会2~3次,由于公司分布国内外,召开一次会议直接成本在30万元以上。为了节约成本,公司于2014年启用了视频会议系统,现在每年的会议都通过视频会议进行,取得了较好的效果。随着经济的发展,公司决定调整经营策略,将公司主要销售市场由欧洲市场转向美洲市场,国内市场由以产品销售为主转为以护理服务为主。为了统一全体管理层的思想,公司决定于2023年6月召开分公司副经理以上的干部会议,会议仍然采用视频会议形式。位于广州的公司总部作为主会场,其他分公司作为分会场。会议由行政部负责。

(二)要求与指导

实训任务:准备与组织一次云计算视频会议。

实训成果:

提供一段云计算视频会议的视频录像。

实训指导:

1.本次会议必须安排在云计算视频会议实训室进行,至少有一个主会场、一个分会场,全班同学分为两组进行。

2.云计算视频会议的会务工作过程与现场实地会议的准备工作相似,也包括会前、会中和会后三个环节,只不过工作重点不同。

3.云计算视频会议的会前工作,包括会议通知发布、材料准备、设备调试、系统配置。云计算视频会议的通知在时间上要求较高,应具体到分钟。云计算视频会议材料准备主要包括领导讲话稿或单位的报告,所有材料应做成电子版或演讲 PPT,以方便传输。秘书应打开各种设备的电源,先检查调整好本地摄像头与麦克风,然后联系其他会场,查看信号是否正常。如果有问题,联系相关技术人员。系统配置主要是利用云计算视频会议系统建立会场,给与会人员授权。

  4.云计算视频会议的会中工作。在云计算视频会议过程中,秘书的主要工作是宣布云计算视频会议过程中的注意事项、监控会议过程、做好会议记录、处理常见问题。

  5.云计算视频会议过程中故障的处理。如果会议过程出现了故障,首先是将故障分类,云计算视频会议故障一般分为 4 类:网络故障、视频故障、音频故障和其他故障。在确定其类型后,用系统自带的检测工具进行检测,然后针对故障采取相应方法解决。秘书应能对会议过程中出现的相关问题进行排查。

  6.云计算视频会议的会后工作主要包括关闭视频系统、关闭电源和收集会议资料。

(三)反思与总结

反思与总结见表 5-4。

表 5-4   反思与总结

序号	评价内容	评价(最佳☆☆☆☆☆)
1	我能调试好云计算视频会议系统	
2	我能告知与会者在会中要注意什么	
3	我能做好会议的监控工作	
4	我能对会中出现的常见问题进行排查	
5	我能做好云计算视频会议的善后工作	

实训体会(记录完成的过程,分析自己的成败得失):

三、相关链接

(一)云计算视频会议会中的注意事项

秘书在组织网络视频会议时,应向与会人员说明以下注意事项:
1.严禁带电插拔所有电线和连接线;
2.在没有提示的情况下,严禁修改会议系统设置、网络 IP 地址和本机名称;
3.在会议期间不得随意摆弄或遮盖摄像头;
4.麦克风不要放在音箱后面,不发言时应关闭自己座位前的麦克风;
5.避免背景持续抖动、移动物体或人在背景前走动。

(二)案例

××公司的视频会议

  ××公司是一家以电镀为主业的公司,公司技术雄厚,拥有 1 000 多名员工,其中包括

30多名高级技术工程师和300多名品质管理人员。为了满足公司内部各部门的会议质量和效率,加快信息交流速度,提高办事效率,该公司组建了内部的视频会议系统。视频会议系统组建后,大大方便了公司领导召开下级各分公司、加工分厂、各区管理人员、各基层员工或各个职能部门的不同主题会议,实现了高效、便捷的沟通,降低了传统会议的差旅费等各种费用,同时使决策周期缩短,效率大大提高。领导也认为采用视频会议有利于促进企业管理方式的转变,有利于提高效率、降低成本、增加效益,有利于增强企业综合竞争力。公司行政部负责人表示,在日常业务及管理中引进先进的视频通信手段,在保留传统会议方式所具有的真实感、亲切感和临场感的前提下,通过使用视频会议系统大幅度地削减了用于差旅的时间和费用。

点评 运用信息化技术进行企业管理是现代制企业发展的趋势和必然选择。云计算视频会议的出现因其投入少、效果好受到了广大公司的欢迎。本例中的公司由于采用了云计算视频会议系统,取得了良好的收益。

四、拓展训练

请利用云计算视频会议系统,模拟召开一次小组讨论会。

项目六

处理文件

知识目标

- 能说出制发文件的程序以及国家文件制作的新标准。
- 能描述纸质文件办理、归档的流程。
- 了解文件电子化的优点。

能力目标

- 能按新标准熟练制发文件。
- 能完成纸质文件的处理和归档工作。
- 能按流程办理网络文件,并完成电子存档。

价值塑造

- 在拟制文件的实训过程中弘扬"短、精、实"的新时代文风。
- 在办理文件、归纳文件等知识的学习过程中,培植自己守法垂范的意识。

思考与感悟

秘书小琳今天有一份分公司年度总结要校对,但是办公室主任交给她一份文件,让她尽快缮印发出。小琳立即拿着文件到打印室缮印。缮印人员问小琳印多少份,小琳说:"我忘了问主任了,就印 50 份吧。"

文件印好后,小琳拿着印好的文件去盖章,印章管理人员看着小琳手中厚厚的文件说:"我只能按照批准的份数盖印,多余的文件不能盖章。"结果,多余的文件都没有用了。

回到办公室,小琳抓紧时间校对文稿,她觉得两个人校对更快一些,于是请办公室新来的小王与她一起校对,小琳读原稿,小王看校样,很快他们就把文稿校对完了。小琳高兴地拿着校对好的文稿给办公室主任,只见主任看着看着眉头便皱了起来,小琳连忙问:"主任,有什么问题吗?"主任说:"怎么有两个人名,音对字不对,这不是闹笑话吗?"小琳探过头去一看,果然是错的。

下午总部行政部的李姐给小琳QQ留言,要她上公司的OA系统,接收总裁给各分公司总经理的一份通知。小琳登录OA系统后,进入文件模块,查到总裁发来的通知,在选择框中选中"转发",可是在弹出的对话框中,她看都不看,就确认发送了,导致公司全体员工都看到了这份文件。后来她才发现发送对象列表的第一项是"全部员工",第二项才是总经理的名字。

思考

1. 秘书小琳在文件处理过程中出现了哪些错误?导致这些错误的原因是什么?(可以从工作程序和工作态度两方面来考虑)

2. 如果你是秘书小琳,今后该如何避免再发生类似错误?(可以对照你现在的工作习惯来思考)

任务一　拟制、办理、归档纸质文件

一、理论知识

(一)文书的概念、种类与格式要求

1. 文书的概念

文书是国家机关、企事业单位在管理活动过程中形成的具有法定效力和规范体式的文书的统称。它是传达、贯彻党和国家的方针、政策,发布法规和规章,实施行政措施,指导、商洽工作,汇报情况,交流经验的重要工具。

2. 文书的种类

一般来说,文书可分为三大类:(1)通用文书。如命令(令)、决定、公告、通告、通知、通报、议案、报告、请示、批复、意见、函和纪要等;(2)专用文书。如经济活动中的市场调查与预测报告、经济活动分析报告等。(3)常用事务文书。如计划、总结、调查报告、演讲稿、慰问信、情况说明等。

3. 公文的基本结构与格式

根据国家质量监督检验检疫总局、国家标准化管理委员会2012年6月发布的《党政机关公文格式》国家标准(GB/T 9704—2012)规定,组成公文的各要素为版头、主体、版记等部分。

制发文件的格式

(二)文件拟制

根据《党政机关公文处理工作条例》,文件拟制包括起草、审核、签发等程序。

1. 起草

起草要求体现发文机关的意图,从实际出发,语言简洁,符合公文格式要求。

2. 审核

文件签发前要求对文件进行审核,审核的内容主要是行文的理由是否充分,是否符合政策、符合法规,是否与现有公文相衔接,是否完整体现机关意图,涉及职责范围的事务是否意见统一,格式是否规范等。

3. 签发

文件签发由本机关负责人审批签发。

在文件拟制过程中,秘书要完成缮印、校对、用印、登记、分发等工作。

(三)文件办理

文件的办理一般要经过以下环节:

1. 签收

签收指对收文的鉴别、清点、核对、检查与履行签注手续并接收文件的活动。要求认真核对文件的收文机关、文件数量、检查文件封装的情况以及是否按规定时限送达等,在确认无误后签字(盖章)并注明收文时间。

文件办理流程

2. 登记

登记是指登记文件的主要信息和办理情况,登记方式有簿式、卡片式、联单式及电脑登记等。

3. 初审

初审内容包括:是否应当由本机关办理,是否符合行文规则,文种、格式是否符合要求,涉及其他地区或者部门职权范围内的事项是否已经协商、会签,是否符合公文起草的其他要求。初审不符合规定的公文,应当及时退回来文单位并说明理由。

4. 承办

承办是指机关有关部门或人员按照来文的要求进行具体工作或办理复文。阅知性公文应当根据公文内容、要求和工作需要确定范围后分送。批办性公文应当提出拟办意见报本机关负责人批示或者转有关部门办理;需要两个以上部门办理的,应当明确主办部门。紧急公文应当明确办理时限。承办部门对交办的公文应当及时办理,有明确办理时限要求的,应当在规定时限内办理完毕。

5. 传阅

根据领导批示和工作需要将公文及时送给传阅对象阅知或者批示。办理公文传阅应当随时掌握公文去向,不得漏传、误传、延误。

6. 催办

催办是指及时了解公文的办理进展情况,督促承办部门按期办结。

7. 答复

公文的办理结果应当及时答复来文单位,并根据需要告知相关单位。

(四)文件归档

文件归档的过程如下:

1. 判断文件价值

只将有保存价值的文件归档。

2. 归档文件分类

归档文件分类主要有年度分类法、机构分类法、问题分类法、保管期限分类法等。在实践中更多采用复合分类法,如机构—年度分类法、年度—问题分类法等。

3. 归档文件排列

归档文件排列是指在分类体系的最低一级类目内,按照一定的原则和方法排列归档文件的先后顺序的过程。如保管期限—年度—机构分类法,"机构"为最低一级类目,即文件应在机构下进行排列。

4. 归档文件编号

归档文件的编号包括件号和档号。件号即文件的排列顺序号,它又分室编件号和馆编件号。室编件号是最低一级类目内排列顺序号,按文件排列顺序从"1"开始标注。馆编件号的设置主要是出于馆室衔接的需要。档号是以字符形式赋予档案实体的用以固定和反映档案排列顺序的一组代码,包括全宗号、年度、保管期限、件号。归档文件编号方法是在文件首页上端的空白位置加盖归档章。归档章设置的必备项目有全宗号、年度、保管期限、室编件号、馆编件号。

5. 归档文件编目

归档文件的编目是指编制归档文件目录。目录一般应有件号(室编件号、馆编件号)、责任者、文号、题名、日期、页数、备注等项目。

6. 归档文件装盒

归档文件的装盒包括将归档文件按件号顺序装入档案盒、填写备考表、编制档案盒封面以及盒脊项目等工作内容。装盒要按顺序装,不要错装其他盒中,档案盒封面应标明全宗名称。档案盒应根据摆放方式的不同,在盒脊或底边注明全宗号、年度、保管期限、起止件号、盒号等必备项。备考表放在档案盒文件最后,说明盒内文件的状况,如该盒内文件缺损、移出、补充、销毁以及其他需要说明的问题。

二、实 训

(一)任务描述

××食品公司从 6 月 18 日至 8 月初,先后完成了清洁生产工程、污水处理工程、车间扩建工程、食堂改造扩建工程。在整个基建工作过程中公司涌现出了许多值得表彰的人和值得学习的先进事迹。最突出的是曹全,他在基建处工作以来起早贪黑,兢兢业业,整天奔走于施工现场,对工作认真负责。为了各项工程的顺利完工,他勤于思考,多方请教,加班核算成本和用工费用。各项工程结束后用料几乎没有剩余,最大限度地降低了公司成本和用工费用。

为了表彰先进,激励员工,公司决定对他进行表彰和奖励,行政部张经理要秘书郭静完成表彰文件的制发。上午郭静用2个小时完成文件制作与分发。正当她准备休息的时候,快递员送来一份快递,里面装的是消防局给公司的信函,要求公司在9月底前完成消防通道的整改工作。公司消防工作由后勤科负责。郭静必须先给领导签字后,再送到后勤科。9月底,公司完成了整改工作,郭静写了一份整改报告送到消防局。10月中旬,办公室主任让郭静把消防通道整改材料归档。

(二)要求与指导

实训任务:

1. 按国家公文处理工作条例制作一份表彰文件。
2. 签收、办理文件。

实训成果:

1. 每组提供一份规范文件。
2. 文件办理稿。

实训指导:

1. 4人为一组,同学先讨论表彰文件的写作思路,然后将草稿输入电脑。
2. 阅读《党政机关公文处理工作条例》,按照条例制发文件。
3. 由一名同学对文件进行审核,审核的重点是:

(1)是否需要行文,发文的名义是否恰当;发文的方向是否正确;文种是否恰当;是否存在多头主送、滥抄滥报、随意越级行文的现象;文稿内容是否真实,是否符合法律、法规与方针政策。

(2)语言表述是否准确、简明、得体,是否符合语法、逻辑;人名、地名、时间、数字、引文是否准确,标点是否正确,字迹是否工整规范,文件材料是否耐久等。

(3)检查文件格式是否正确、规范;是否层次清楚,详略得当。

(4)是否经过会商或履行了必要的讨论、审批手续等。

4. 审核完之后,由一个或两个同学在文件上签字。
5. 对公文用印要注意以下几个方面:

(1)公文用印时,必须以机关领导或部门负责人签发的公文原稿为依据,经核对无误后才可用印。签发手续不完备的,在未补办完手续之前不得用印。

(2)公文用印要端正、清晰,不得歪倒模糊。盖印的位置要正确。要端正地盖在成文日期上方,做到上不压正文,下要骑年盖月。

(3)两个以上的机关或部门联合下发的公文,各机关部门都要加盖印章。

(4)公文用印一定要与制发公文的机关、部门或单位相一致。

(5)公文用印要核实份数,超过份数的不能盖印,要防止将印章错盖在漏印的空白纸上。

6. 制作收文登记表、文件传阅表、文件批办表、文件请办表、文件催办表。

（1）收文登记表一般包括文件名称、文件编号、发文单位、收文日期等项目。

（2）文件传阅表要列出文件名称、每个部门传阅的天数、阅件人签名、日期等项目。

（3）文件批办表与请办表则要列出文件名称、来文机关、来文号、拟办意见、领导批示等项目。

（4）文件请办表和催办表要列出办理事项、承办单位、文件签收人、交办时间、应办时间、办理情况、分管领导意见、领导意见等。

7.填写各表,在模拟过程中重点练习根据文件写出拟办意见。拟办意见大体上有两类：一类是对请件的办理程序提出意见,称为"程序性拟办意见";另一类是对请示事项进行综合研究并答复来文单位的,称为"办结性拟办意见"。

（三）实训反思与总结

反思与总结见表 6-2。

表 6-2　　　　　　　　　　反思与总结

序号	评价内容	评价（最佳☆☆☆☆）
1	我对国家党政机关公文格式很熟悉	
2	我能按制发过程完成文件制作	
3	我制作的文件格式符合国家新标准	
4	我了解文件用印手续和用印标准	
5	我能审核出文件中的错误	
6	我能制作收文登记表和文件传阅表等	

实训体会（记录完成的过程,分析自己的成败得失）：

三、相关链接

（一）案例

混乱的文档管理

丁傅大学毕业后来到××街道办事处负责文档管理工作,1月上旬,办公室主任让丁傅打电话通知各社区办,要求他们在1月31日前把各社区办事处的档案材料收齐移交。有几个社区打电话来问需要移交哪些档案。丁傅不知道哪些档案要移交,哪些不要移交,于是说:所有档案材料都拿来吧。一周过后,各个社区办事处都交来了档案材料,材料堆满了3个办公桌。面对堆积如山的材料,丁傅觉得按社区立卷比较好找,于是他将这些档案材料分成5叠装订,然后装进档案盒。2月的一天,街道办事处书记要找一份2010年的档案,丁傅找了半天也没有找到,书记找来办公室主任,办公室主任一看就明白发生了什么事,丁傅归档的材料不仅重复材料多,而且很多没有必要归档的材料也放进去了。以前街道办事处的档案都是按"时间"顺序来分类,而丁傅则按"部门"来分类,找不到材料也就正常了。办公室主任只好向书记道歉,答应明天帮他找到材料。

· 点 评 · 文件归档首先应搞清楚哪些文件需要归档,然后根据以往逻辑顺序来整理。丁傅的问题是他没有弄清楚哪些材料应该归档,而将所有的材料都归档了,这必然造成使用时的不方便,另外,丁傅编排顺序也没有参考惯例。

(二)文件办理表样例

文件传阅表样例见表 6-3,发文登记表样例见表 6-4。

表 6-3　　　　　　　　文件传阅表样例

文件名称		涉及内容	
来文单位		收文日期	
经理批示			
传阅意见			
处理结果			
经办人		日期	

表 6-4　　　　　　　　发文登记表样例

来文单位		来文号		份数	
来文标题					
收到日期		发出日期		承办单位	承办人
发文范围	份数	发文范围	份数	发文范围	份数

四、拓展训练

××公司总经理指示行政部季主任:查一下去年给锻接车间的批复件中规定他们今年减少生产××组件的具体数字是多少。季主任吩咐文档室查找,结果工作人员查找了去年所有文件也未找到,仅查到锻接车间"要求减少生产××组件"的请示。据工作人员回忆,当时移交文书时,就曾提出过未见批复件,但时间一长,也就不了了之。因该文件最后一直未能查到,有关人员包括办公室主任,都受到了处分。

· 问 题 ·

分析问题出在哪一个环节。

任务二　网络办理、归档电子文件

一、理论知识

(一)电子文件的概念

在《电子文件归档与电子档案管理规范》中,电子文件的定义为:国家机构、社会组织或个人在履行其法定职责或处理事务过程中,通过计算机等电子设备形成、办理、传输和存储的数字格式的各种信息记录。

(二)电子文件的收集

1. 电子文件的收集要求

电子文件要求收集具有参考价值的文档与资料。收集的电子文档与资料如果与纸质的内容完全相同时,这两者之间要建立起标识联结。

收集无纸化办公环境下产生的文件时,应保存为无法修改的格式,比如目前普遍采用的PDF格式。

收集到的电子文件尽可能转换为通用标准与算法,如果无法采取通用标准与算法,那么要连同打开电子文件的软件一起收集。

2. 电子文件的收集方法

电子文件易损坏,收集电子文件要注意及时做好备份,并且备份件应保存在脱机的硬盘中。另外对收集到的电子文件要做好电子登记,并将它与电子文件放在一起。同一类文件可以打包,保密文件设置密码。

(三)电子文件的整理

电子文件的整理首先要对电子文件分类,分类标准可以是电子文件涉及的主题、来源部门、时间、类型、作者、重要程度等。

其次要对电子文件进行电子编码,常用的编码代码为:R——草稿性电子文件;U——非正式电子文件;O——正式电子文件;N——无纸电子文件;T——文本文件;I——图像文件;G——图形文件;V——影像文件;A——声音文件;M——多媒体文件;P——计算机程序;D——数据文件。

(四)电子文件的管理

为了便于电子文件的查找,可以借助一些文档管理软件来管理电子文件。随着网络技术的成熟以及云计算的兴起,目前很多单位采用云存储技术来管理电子文件。在一些实施无纸化办公的单位,所使用基于网络的协同办公系统,一般集成了电子文档管理功能,秘书在办公过程中可以充分利用这一功能,管理本单位的文件。它的操作过程如下:

1. 系统设置

系统设置由系统管理员来完成,主要完成的设置有:用户设置、流程设置和公文管理设置。

(1)用户设置。用户设置主要给每个用户分配登录账号、登录密码以及用户拥有的权限。

(2)流程设置。点击"流程管理",可以制定发文与收文的工作流程。

(3)公文管理设置。公文管理设置分为 5 个部分:类型设置、模板设置、字段设置、稿纸设置和红头设置。类型设置主要设置公司常用的文件类型,如请示、通知、报告等。模板设置主要设置公司使用的公文样本,可以对文件格式进行设置。字段设置主要设置文件的文号、密级、紧急程度等。稿纸设置主要设置文件的稿纸样式,包括页眉、页脚等。红头设置主要设置所发文件的文件头。

2. 收文管理

收文管理主要有:收文登记、收文查询和收文管理。

(1)收文登记。先进入"公文管理"下的"收文管理",然后点击"收文登记"。在"收文登记"中分别有"流程标题""收文类型""秘密等级""紧急程度""来文标题""来文单位""来文编号"等项目。流程标题是指收文登记流程环节,可以通过点击"流程图"来查看。文件可以通过"添加"放在附件中,也可以放在显示窗口中。收文类型、秘密等级、紧急程度可以通过下拉列表来选择。来文标题、来文单位、来文编号等按收文的实际情况填写即可。完成收文登记后,点击"下一步"可以进入审核环节。如果文件需要审核,应在"下一步"对话框中将姓名添加在右边,并写出拟办意见。

(2)收文查询。收文可根据开始时间、结束时间、收文编号、登记人、来文标题、来文单位、来文编号、秘密等级、紧急程度、主题词与来文类型等进行查询。查询到的文件会以文章列表的形式呈现,每个文件包括 7 个字段。操作方法:先进入"公文管理"下的"收文管理",然后点击"收文查询"即可。

(3)收文管理。收文管理就是对收到的文件进行删除、打印等操作,方法是:在"收文管理"中点击"文件管理"。

3. 发文管理

(1)发文拟稿。点击"发文管理",进入"发文拟稿"。文件的附件可以通过"添加"导入到系统中。填写所有项目后,点击"下一步",可以将文件转给审核人员。

(2)发文查询。点击"发文查询"可以对所发的文件进行查询。

(3)发文管理。先输入需要管理的文件,方法是:在条件框中输入关键字,然后点击"查询",查询结果列在表单下部。然后选择要管理的文件,进行删除或打印,查看审批状态等。

4. 文件归档

(1)查询待归档文件。系统提供了文件类型、文件标题、开始日期、结束日期、文件字号、紧急程度、秘密等级等查询条件。可以选择其中一个或多个条件查询需要归档的文件。

(2)归档。在列出的文件中选择需要归档的文件,点击"归档",文件将按提供的类型归档。

(3)新加档案。点击"案卷管理",可以将归档的文件所组成的案卷组织成新档案。

二、实　训

(一)任务描述

××公司是一家经营汽车的大型公司,代理一些品牌汽车的销售与售后服务。公司业务涉及全国20个城市,设有50家4S店。为了提高办公效率、节省成本,公司在2007年建设了网络办公系统(OA)。目前公司所有文件收发都是通过OA系统来完成的。宋嘉丽去年到公司行政办公室工作,目前在办公室担任文员,负责办公室日常接待、文件收发、员工考勤以及午餐采购等工作。她每天一上班就习惯打开公司的OA系统,查看当天的工作日志、浏览同事的留言、收取当天的文件,然后认真负责地落实每件事。今天她打开OA系统,收到员工张强的休假请示,汽车协会的两份通知(一份通知法人参加协会近期的活动,一份提醒完成今年的注册),街道关于统计暂住人口的函,销售代表张强国请求借阅西南片区的客户资料,主任王历平让她把9月份的三份文件归档,完成组卷工作。

(二)要求与指导

实训任务: 利用网络办公系统,完成文件办理及归档。

实训成果:
提交网上办理、归档文件的电脑界面截图。

实训指导:

1. 每组4～5名同学,确定各自的角色,登录网络办公系统,每组根据任务背景材料,准备4份电子文件。

2. 分析老师发来的文件是否需要领导审批,如果需要领导审批,先点击"流程图",查看收文的流程。

3. 收文登记。如果你的收文需要让部门经理和领导审批,点击"公文管理"中的"收文管理",将相应的信息输入对话框中。点击"下一步",写出文件办理意见,等待上级领导的审核。

4. 点击"收文查询",可以查看收到的文件;点击"收文管理",可以打印或删除收到的文件。

5. 发文。点击"发文管理",进入"发文拟稿",先填写相应的信息,然后通过"添加"将写好的文件添加到系统中,点击"下一步",发送给上级领导审批。

6. 发文查询与管理。可以按不同检索要求查看本人所发的文件。使用"发文管理",可以删除或打印所发的文件。同时,也可以看到自己拟写的文件办理到哪一步了。

7. 文件归档。点击"档案管理"进入"待归档文件"。在相应的对话框中填写要查询的条件,点击"查询"后,需要的文件会陈列在列表中。然后选中文件,点击"归档"即可。

(三)反思与总结

反思与总结见表6-5。

表 6-5　　　　　　　　　　　　　反思与总结

序号	评价内容	评价(最佳☆☆☆☆☆)
1	我对 OA 系统及结构比较了解	
2	我能熟练使用 OA 完成收文工作	
3	我能熟练使用 OA 完成发文工作	
4	我能熟练使用 OA 完成归档工作	
5	我能很好地完成至少 2 个角色的工作	

实训体会(记录完成的过程,分析自己的成败得失):

三、相关链接

(一)电子文件归档与电子档案管理规范

《电子文件归档与电子档案管理规范》(GB/T 18894－2016)由国家质量监督检验检疫总局、国家标准化管理委员会发布。该规范于 2016 年 8 月 29 日发布,2017 年 3 月 1 日实施。

电子文件归档与电子档案管理规范

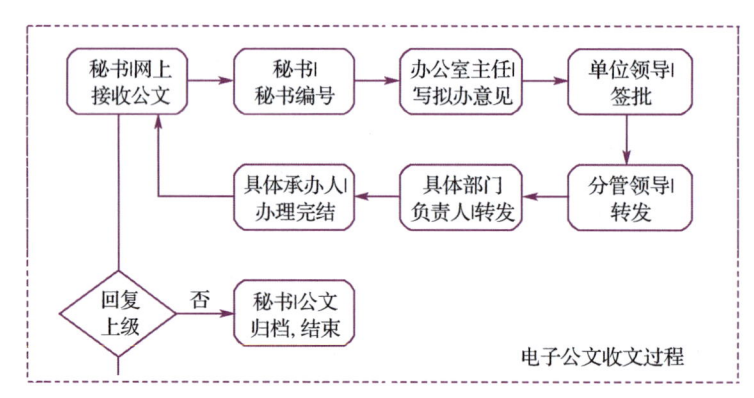

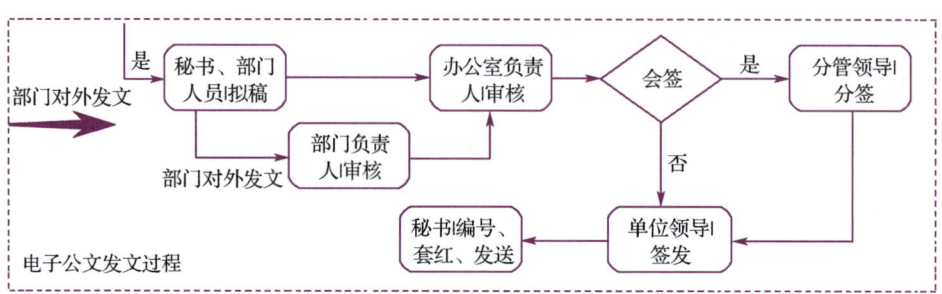

(二)电子公文收发常用流程

电子公文收发常用流程,如图 6-1 所示。

图 6-1　电子公文收发常用流程

四、拓展实训

××公司 3 月初收发的文件如下：

3 月 1 日发的公司任免通知；

3 月 1 日发的公司第二季度计划；

3 月 1 日发的关于安全生产的通知；

3 月 1 日收到的市信息产业局关于市申报高科企业经费扶持的通知；

3 月 3 日发的公司电子邮箱管理规定；

3 月 3 日收到的市公安局关于 2021 年计算机病毒统计报表；

3 月 4 日发的公司关于调整出差补助的通知；

3 月 4 日发的公司关于表彰上海分公司的决定；

3 月 4 日收到的市消防局关于企业消防员培训的通知。

问 题

请将这些电子文件进行归档。

第三编

助理秘书

项目七

安排商务约会与宴请

知识目标

- 能描述商务约会与宴请的主要内容。
- 能描述商务约会与宴请的程序。
- 能描述商务约会与宴请的原则。
- 能描述商务约会与宴请的基本要求。

能力目标

- 能熟练安排商务约会活动。
- 能熟练安排商务宴请活动。

价值塑造

- 在服务商务宴请的实训过程中,感悟中国传统的宴请文化。
- 在安排和模拟商务约会过程中,养成细心耐心的职业态度。

思考与感悟

张秘书:"你好,这里是××公司,我是秘书张景,请问有什么事?"

赵经理:"你好,我是××进出口公司经理赵东,我想约你公司李总谈谈2021年秋季环保产品出口欧洲的有关事宜,能请李总周五晚在××酒店吃个饭吗?"

张秘书:(停顿)"想约李总吃饭,周五晚上?"

赵经理:"是的。请你安排一下。"

张秘书:(停顿)"那我查一下李总的工作安排表。(翻开记事本)对不起,周五晚上恐怕不行,李总要参加一个同学会。下周四、周五李总都有空,要不然安排在下周五?具体时间我们再联系,好吗?"

赵经理:(停顿)"嗯!好的,我安排好后会通知你的。"

张秘书:"好的,那我等您电话,再见。"

> **思考**
>
> 张秘书这次约会安排有合理的一面也有不足之处,你能说出来吗?(可以从秘书对上司的时间管理和被动约会的要求来思考)

任务一　安排商务约会

一、理论知识

(一)约会安排

约会也称约见,是指在事先约定的时间、地点与别人会面商量工作,解决问题,交流信息,联络感情等。约会分为主动约会和被动约会。主动约会是指己方作为主人主动提出会见要求;被动约会是对方主动约见我方,提出会见要求。

1. 区分轻、重、缓、急,合理安排约会

秘书要在上司频繁的约会活动中,分清轻、重、缓、急,根据约会的性质及重要性妥善予以安排。一般来说,重要而紧迫的约会,应安排在最近的时间;重要但不紧迫的约会,应酌情留时间安排;不重要的约会或礼貌性拜访,可适当插入上司工作空隙中,或者取消;不必要的约会,坚决不约,但必须说明原因。

2. 选择合适的约会时间

秘书要根据上司的工作习惯和生活习惯来安排约会。一般情况下,安排约会不能打扰上司的常规工作,应当遵循上司的时间表。

秘书应当在上司时间比较充裕、精力比较充沛的情况下安排约会。在上司外出开会或出差刚回来、连续召开重要会议、身体状况不是太好、刚上班、快下班等时候,都不要安排约会;尽量不要在每周一的早上和周五的下午以及节假日前安排约会;如果约会安排在上午,时间应该在上班后半小时左右。

安排上司的约会时,在时间上一定要留有充分的余地,这种弹性包含两个方面的内容:一是约会时间要错开,不可太紧或太松,每次约会之间应留出10～15分钟的机动时间;二是早期安排的约会,时间不能太确定,要留有回旋的余地。

3. 选择合适的邀约方式

如果是主动约见,秘书要协助上司做好联系工作。如果是被动约见,秘书也要及时通知上司,依据上司的意愿做出合适的安排。

处理来电提出的约会要求。秘书首先要确认对方身份和约见原因。属于上司愿意见面的,如重要客户、上级等,秘书应当及时安排约会。对于不确认上司是否愿意见面的邀约,秘书要告诉对方还需和上司确认,请对方留下联系方式,再行安排。对于已经谈定的约会,秘书应记下来电者的姓名、地址和电话号码,以备将来因故改变安排,需要与来电者联系时使用。

通过来往信件安排约会。在处理信件时,要记录好约会信息。在用信函答复对方邀约之前,要先得到上司的确认。上司确认后,可以根据实际情况列入约会日程表。

(二)约会日程表

约会日程表是安排约会的必备之物,其内容简单清楚,便于查阅。约会通常会在一周前安排好。约会日程表的内容要简明、清楚,便于查阅。重要的约会日程表具有一定查考价值,可作为文件保存。如果会见地点不在上司的办公室,则要注明确切的地点。约会日程表一式两份,一份办公室留存,一份交给上司,以备查考。约会日程表,见表7-1。

表 7-1　　　　　　　　　　　约会日程表

××××年×月××日

约会起止时间	地　点	对方人员名单	主要参加人员	备　注

(三)约会服务

1. 收集信息,充分准备

无论是主动约会还是被动约会,秘书在安排上司的约会时都应做好准备工作。越是重要的约会,越要做好充分准备。秘书协助上司收集有关信息,使上司心中有数。如果是对方前来我处会见,秘书还要落实布置会见场所、准备会见所需资料和茶水、安排车辆接送等工作。

2. 细致周到,做好服务

无论是主动约会还是被动约会,秘书都应在约会前一天再次提醒上司,以免遗忘。如果出现临时改变约会的突发情况,秘书要及早通知对方,说明原因,并向对方道歉。特别重要的约会,应在接近约会的时间提前与对方再次联络,确保约会的顺利进行。早上上班时,秘书可以在上司办公桌上放置一份打印好的当天的约会时间提示表,见表7-2。也可以在前一天下班前将第二天的约会事项填进约会时间提示表,一张送交上司,一张交给司机,一张自己保存,以供提醒。

表 7-2　　　　　　　　　　　约会时间提示表

××××年×月×日　星期×

约会时间	约会地点	约会事由	所带资料	随行人员	备注
10:00	公司会议室	会见付××,商谈新项目合作问题	新项目相关资料	项目部经理何××、工程师孙××	
14:30	××公司	与吴总会见,商谈新产品销售问题	新产品样品,新产品相关资料	销售部经理苏××、研发部经理赵××	

二、实训

(一)任务描述

B公司是A公司的重要客户。最近,A公司的李总想约B公司的王总见个面,商量一下两个公司新项目的合作事宜。这天刚上班,李总就把安排此次约会的任务交给了秘书张晓萌。

(二)要求与指导

实训任务: 安排一次约会。

实训成果:
每组提交一份约会安排计划和一份模拟安排约会的视频。

实训指导:

1.安排约会主要完成下列工作:准确传达约会事项;选择合适的约会时间、地点;选择合适的邀约方式;制定约会日程表;做好信息收集与服务工作。

2.要准确告知双方赴约者的姓名、职务、目的、时间、地点、方式、所需时间、所需资料等。

3.时间安排上应尽量有弹性,让对方有选择的余地。如果约会取消或改变计划,要马上告知对方,说明原因,并向对方道歉。

4.合理选择约会的时间和地点,充分考虑双方的便利因素。

5.选择好时间、地点后,要马上向上司汇报,征得上司的同意。

6.落实细节工作,如布置会见场所、准备会见所需的资料、安排车辆接送等。

7.约见前夕,秘书应适时提醒上司,以免忘记。

(三)反思与总结

反思与总结见表7-3。

表7-3　　　　　　　　　　反思与总结

序号	评价内容	评价(最佳☆☆☆☆☆)
1	我清楚安排约会的过程	
2	我在确定约会时间与地点时会考虑双方的便利因素	
3	我知道约会方案需要经过上司审定	
4	我能准备好约会前的准备工作	
5	我细致周到,能做好约会服务工作	

实训体会(记录完成的过程,分析自己的成败得失):

三、相关链接

约谈有讲究

张小佳是 A 公司的秘书,上班刚满 3 个月。一天刚到公司,上司刘总告诉她在下周约一下 B 公司的张总商谈共同开发新产品的问题。张小佳及时将这件事记在备忘录中,下午刚好有空,她就打电话给张总的秘书,告诉对方刘总想与张总会面商谈的事。张总的秘书第二天回复说,张总下周都有时间,哪天都行,张小佳将约会安排在周一上午 9:00,然后把时间告诉了刘总,刘总同意了。当张小佳把时间告诉张总时,张总虽然觉得周一不太合适,但还是答应下来了。张小佳把约会地点定在××酒店会客厅,双方都没有意见。一周时间很快过去,周一上午 9:00,张总来到××酒店,等了 15 分钟,看到刘总还没有来,他就给刘总打电话问他什么时候能到。原来刘总因周末很忙,把约会给忘了。刘总匆匆叫张小佳开车来接他。在车上,刘总狠狠批评了她。走到半路,刘总问新产品的资料准备了没有,张小佳又是一阵紧张,上周定好约会时间与地点后,她刚要去准备约谈的资料,生产部就打来电话,要一份档案,然后把准备约谈资料的事给忘了,这时张小佳只好让同事小周帮忙找。好在后面约谈效果很好,刘总才消了气。

·点 评· 张小佳由于缺乏工作经验,对约会工作没有系统性和全局性认知,导致约会时间安排不当,另外约会的前期工作也没有做好。

四、拓展训练

A 公司李总经理将于明天上午 10:00 与 B 公司赵总经理见面,商谈新项目的合作事宜。秘书林依已做好了双方的约会安排。不料,下午快下班的时候,秘书林依接到李总经理的电话:明天上午临时有个重要会议要参加,与赵总经理的约会要取消。

·问 题·
林依接下来应做哪些工作?

任务二　安排商务宴请

一、理论知识

(一)宴请的准备

1. 确定宴请的对象、规格、形式

确定宴请对象:一要考虑邀请哪些人出席,具体名单要让上司过目;二要考虑请多少人出席,范围不宜过大或太小。总的原则是在照顾各方面关系的前提下,尽量控制范围,减少人数。

(1)根据宴请的目的,认真列出被邀请的宾客名单。以"主客身份对等"为原则,确定己

宴请管理

方人员和拟邀请的客方人员名单。

（2）根据宴请的目的和宾客的社会地位、职务身份，确定宴会的规格。

（3）确定宴请的形式。宴请有宴会、招待会、茶会、工作餐等几种形式，根据宴请的目的来选择。

招待会

（4）午宴与晚宴的着装要求：午宴可以根据邀请函上的着装要求准备，如果没有要求，采用"保险"的穿着——西装套装和皮鞋。中式晚宴，男士可以穿中山装，女士穿旗袍。西式晚宴或商务晚宴，男士可穿整套深色西装，如能穿着黑色准礼服更佳，领带可选用较正式的银灰色；女士须穿着晚礼服，不需要有极长或极大的裙摆，但最好是正式的款式。

茶话会

2. 确定宴请的时间、地点

（1）确定宴请的时间时，应先征求上司和主宾的意见，具体注意事项如下：①避开禁忌日；②给对方宽裕的准备时间，应至少提前一周发出邀请，以便对方安排好各方面工作；③特定节日、纪念日的宴请，只能在节日、纪念日之前或当日举行，不能拖到节日、纪念日之后。

（2）宴请地点可依据宴请目的、规模、形式和经费能力以及客人的背景、身份、人数、饮食喜好与禁忌、餐厅菜肴的风格特点、卫生状况、环境氛围等因素做综合考虑。落实宴请地点时应注意：按客人数量、宴请类型、宾主熟悉程度、来宾的意愿和地方特色来选择宴请地点。

3. 正式发出邀请

正式宴请大都需要向宾客发出正式请柬，事先口头约定的或电话通知的也要补发。发出邀请，确认实际参加人员名单。

以一定时间为限，收到对方"是否同意赴宴"的意见之后，确定赴宴者名单。对于重要人员，应列出其姓名、性别、职务、称呼、电话、是否带助手出席、饮食喜好与禁忌等各项信息，以便做好接待事宜。

4. 预订宴席，布置场地

（1）根据饭店要求不同，预订宴席可采取多种方式，如电话预订、面谈预订、信函预订、传真预订、网上预订等，最后达成口头协议或书面协议。

（2）预订时要说明赴宴的人数，主要宾客的饮食习惯、喜好和禁忌食品，宾客的特殊要求，费用标准与付费方式等。

（3）预订完毕之后，选择合适的时间布置场地，适当点缀装饰品，如桌花、盆景等。

5. 确定菜单

大型宴会可预先商定好菜谱。高规格的小型宴会应等贵宾到达后再商议点菜。点菜时应注意宴请规格、客人身份、客人的饮食习惯等。

点菜程序与方法：

（1）认真阅读菜单，对于一些容易误解的菜名，要询问清楚。

（2）按上菜顺序点菜。中餐可以按"开胃菜—主菜—点心"的顺序。

（3）参考他人意见。点菜时，可以参考来过这家饭店的同事的意见，也可以参考餐厅服务员的意见。

（4）确认所选的菜品。

(二)宴请的席位排列

1.桌次排列

中餐通常使用圆桌。桌数为两张以上时,首先要对桌次进行排列。以面门方向为准,排列桌次的原则为:以右为上(国际惯例为以右为上,部分中国传统人士习惯以左为上),居中为上,面门为上,远门为上;各桌同向,平行者以右桌为高。排列的形式有横排、竖排、正排、花排,具体可按以下方式排列:

(1)两桌横排时,右高左低(右侧桌子的排序高于左侧),如图7-1所示;两桌竖排时,远门为上,如图7-2所示。

(2)三桌横排时,居中为上,右高左低,如图7-3所示;三桌竖排时,居中为上,远门为上,如图7-4所示。

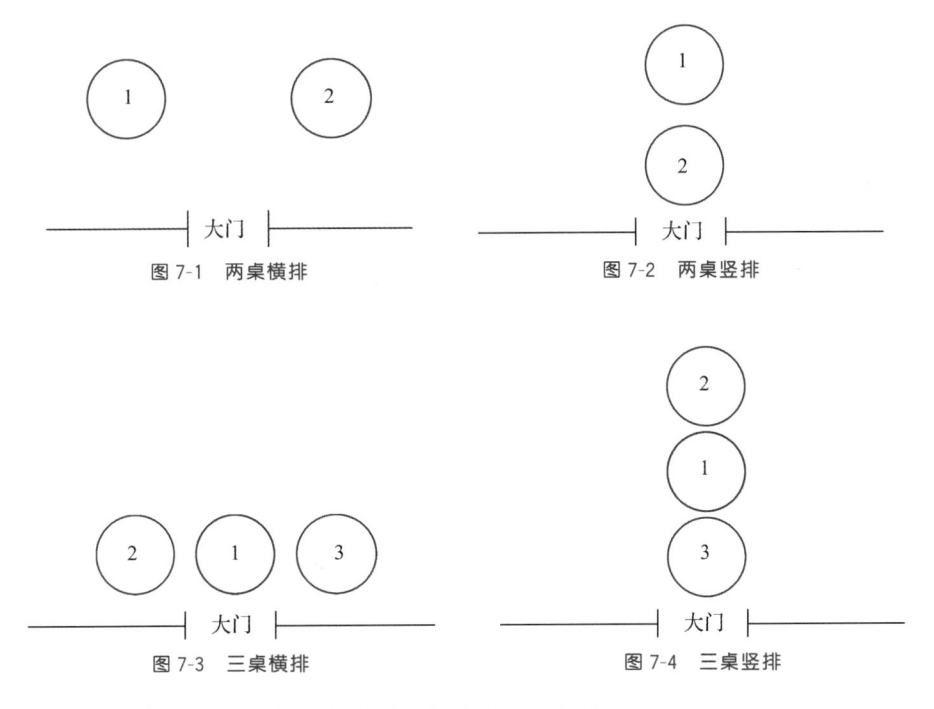

图7-1 两桌横排

图7-2 两桌竖排

图7-3 三桌横排

图7-4 三桌竖排

(3)五桌正排时,居中为上,远门为上,以右为上,如图7-5所示。

安排桌次时,要注意除主桌可以略大外,其他餐桌的大小和形状都要一致。

2.位次排列

宴请时,每张餐桌上的具体位次也有主次尊卑的分别。总的原则为:面门为主、各桌同向、近上远下、右高左低。

面门为主:是指在每一张餐桌上,以面对宴会厅正门的正中那个座位为主位,通常应请主人在此就座。若宴会厅无正门,则一般以面对主屏风的正中的那个座位为主位。

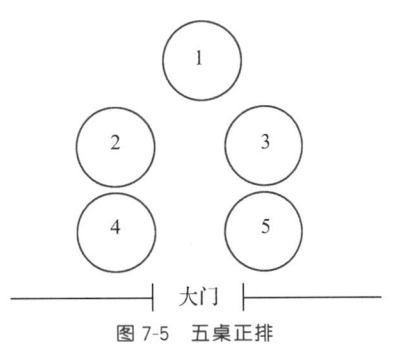

图7-5 五桌正排

各桌同向:是指在举行大型宴会时,其他各桌的主陪之位,均应与主桌主位保持同一方向。

近上远下：是指各桌位次的尊卑，以距离该桌主人的远近而定，以近为上，以远为下。

右高左低：是指以该桌主人为中心，在主人右边为尊。

(1) 只有一位主人时，面门为上，以右为上，如图7-6所示。

(2) 有两位主人时，两位主人相对而坐，宾客有两种排列方法，如图7-7所示。

(3) 如果女主人也在场的话，作为第二主人应坐在第一主人对面的位置。第二主宾（即主宾夫人）坐在其右侧，如图7-8所示。如果主宾身份高于主人，为表示尊重，也可以安排其在主人的位置上，而请主人坐在主宾的位置上。

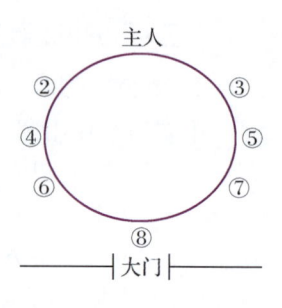

图7-6　一位主人位次图

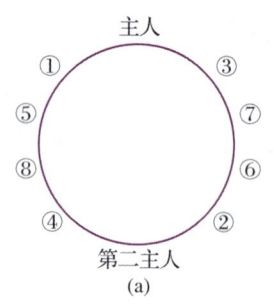

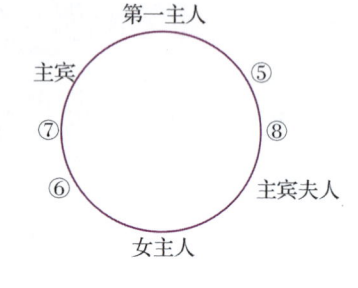

图7-7　两位主人位次图

图7-8　主人与主宾位次图

(三)主方设宴的程序

1. 迎客

秘书要提前到达宴会场所，检查相关设备和准备工作。主人一般在大门口迎接客人，视宴会重要程度，可安排其他主要人员陪同主人排列成行迎接客人；也可以由秘书代替公司领导在大厅门口迎接客人，领导在餐厅等候。大部分客人到齐后，秘书仍要留在大厅门口等候迟来的其他客人。

2. 入席

主人陪主宾进入宴会厅，全体人员落座，宴会开始。人数较多时，要事先在桌上摆放名牌。入座时，背对门口的座位一定要由秘书来坐，方便进行催菜、买单等一些具体事情。入座的时间应听从本公司领导的安排。男秘书应帮助其右边的女宾挪动椅子，待女宾入席坐下时，再帮助她将椅子往前稍推，使其身体离桌边半尺左右较为合适。

如果双方参加宴会的人数差不多，最好互相间隔着坐，有利于私下交流。进餐时，身体要坐正，不要前俯后仰，也不要把两臂横放在桌上，以免碰撞旁边的客人。

3. 敬酒与致辞

入席后，主人应招呼客人进餐，率先致辞并给客人敬酒。敬酒时可依序逐一敬遍全席，可以不分地位、身份高低。在敬酒时，通常要讲一些祝愿、祝福类的话，公司的领导和主宾还要发表专门的祝酒词。祝酒词的内容要短，感情要热烈。

致辞要事先准备好,一般本公司领导先讲,客人致答词。祝酒词适合在宾主入座后、用餐前开始,也可以在吃过主菜后、甜品上桌前进行。

4. 就餐与交流

就餐夹菜时,要用公筷,不可以站起来夹菜,更不可以挑菜。喝汤时要把汤匙放在盘子的右边,不要发出呼噜声。席间要引导客人愉快地参与交谈,巧妙地选择话题,使席间充满和谐愉快的气氛。

5. 散席

正式宴会,吃完水果,主人与主宾起立,宴会即告结束。主宾告辞,主人送至门口,主宾离去后,原迎宾人员按原迎宾顺序排列与其他客人道别。

二、实 训

(一)任务描述

××公司是一家中外合资企业,这一天,李总经理告诉秘书周婷,公司的一个重要合作伙伴——加拿大××公司总经理约翰先生带领一行三人,应本公司邀请将于7月8日来公司洽谈业务。李总经理要周婷找一家富有特色的中式餐厅宴请约翰先生一行。

(二)要求与指导

实训任务一: 订餐与排定座位。

实训成果:

1. 提交一份座席示意图。
2. 提交一份本地有特色的中式餐厅清单及其介绍。

实训指导:

1. 收集本地餐饮信息,包括餐饮环境、菜式特点、消费标准、停车情况等。
2. 全面了解客人的信息。要重点考虑客人的风俗习惯、生活禁忌、特殊需要,了解客人的人数,是否有司机等信息。客人的信息可以向上司咨询,也可以向客人所在公司的秘书询问。
3. 订餐方式主要有电话订餐、面谈订餐、信函订餐、传真或电子邮件订餐、网络订餐等。订餐时可以选择多种方式进行,用餐当天应做好确认工作。
4. 订餐时询问的信息要全面,通常要询问是否有满足规定人数和席数的宴会厅、菜肴内容、消费标准、能否自带酒水、环境装饰、费用结算方式,以及是否有停车位等。
5. 向上司介绍选好的宴请餐厅,征求上司的意见,如果上司满意,给餐厅打电话要求留位。
6. 宴请座位排列要根据宴请性质来决定,中餐与西餐习惯有所不同。宴请座位排位先排桌次顺序,然后排座位顺序。
7. 人数较多时,要提前在桌上摆放名牌。

实训任务二：点菜。

实训成果：

1. 以当地菜系为主,列出一份宴请宾客的菜单。
2. 了解本地用餐的禁忌。

实训指导：

1. 点菜之前要了解客人的口味。点菜时不仅要考虑主宾的要求,还要照顾到每位成员的喜好。

2. 点菜时,要考虑就餐人的年龄,年龄不同,点的菜也应不同。如果中老年人居多,应选质地软嫩、口味清淡的菜,不要大鱼大肉。如果是青年人,荤菜可以多些,并且量要大。

3. 无论是中餐还是西餐,按顺序点菜可以保证菜肴的合理搭配。中餐的点菜顺序为:开胃菜—主菜—点心。西餐则是:头盘—汤—鱼类—主菜—蔬菜—甜品—咖啡或茶。在点菜时还要考虑到数量,一般来说冷菜加热菜是人数的两倍就可以,冷菜一般4~6道即可。另外,中国传统还认为偶数为吉利数,豪华宴主菜达16道或32道。

4. 点菜要考虑客人的禁忌,主要包括宗教、职业、地域、国际禁忌。

5. 点菜要注意搭配,保证膳食平衡。点菜时应注意荤素搭配、软硬搭配、菜色搭配、口味搭配、冷热搭配。

6. 酒与主食要和宴会规格相一致,同时根据季节的不同,选用适当的酒与主食。

(三)反思与总结

反思与总结见表7-4。

表7-4　　　　　　　　　　反思与总结

序号	评价内容	评价(最佳☆☆☆☆☆)
1	我收集了至少5家有特色的中餐厅,并了解他们的特色	
2	我在确定餐厅时考虑了宴请的目的、客人的特点等因素	
3	我对适合宴请的餐厅做了全方位了解	
4	我能安排好主宾的宴请座位	
5	我能有条理地向他人介绍餐厅的情况	
6	我确定的菜单考虑了用餐人员的口味、年龄、禁忌等因素	
7	我确定的菜单注意了各种搭配	
8	我选择酒水时考虑了季节与个人喜好	

实训体会(记录完成的过程,分析自己的成败得失):

三、相关链接

(一)点菜的"三优四忌"

1."三优"

(1)有中餐特色的菜肴

宴请外宾的时候,可以点上这些菜肴:炸春卷、煮元宵、蒸饺子、狮子头、宫保鸡丁等。这些菜具有鲜明的中国特色,深受外国人的喜爱。

(2)有本地特色的菜肴

宴请外地来的客人时,应搭配本地的特色菜肴。比如:在西安,可点羊肉泡馍;在湖南,可点毛家红烧肉;在上海,可点红烧狮子头等。

(3)本餐馆的特色菜

很多餐馆都有自己的特色菜,点上一份本餐馆的特色菜,能说明主人的细心和对被宴请者的尊重。

2."四忌"

在安排菜单时,还必须考虑来宾的饮食禁忌,特别是要对主宾的饮食禁忌及偏好高度重视。饮食方面的禁忌主要有四条:

(1)宗教饮食禁忌。

(2)健康饮食禁忌。某些人出于健康的原因,对于某些食品有所禁忌。

(3)地区饮食禁忌。不同地区,人们的饮食偏好往往不同,在安排菜单时要兼顾。

(4)职业饮食禁忌。有些职业,出于某种原因,在餐饮方面往往有各自不同的特殊禁忌。

(二)西餐的座次安排

中西方请客礼节上有很多差异,其中较为明显的就是座次的安排不一样。西餐讲究的是主客间隔而坐、男女间隔而坐、夫妻分开而坐。西餐的座次礼仪主要有以下几个方面:

1.西餐通常使用方桌。有时根据场地等条件使用马蹄形桌。

2.西餐的桌次与座位的排序原则:女士优先,以右为上,居中为上,面门为上,远门为上,男女穿插排列。男女人数不等时,优先排列女士,男士按照尊卑顺序排列。看得见美丽风景、视野好的座位也为上座。

3.西餐的座位排序中习惯将主宾安排在女主人的右方,将主宾夫人安排在男主人的右方。

4.常见的座次排列方法:

(1)长桌座次排列方法一:男女主人分坐于长桌的两端,客人坐在长端,如图7-9所示。

图7-9 长桌座次排列方法一

(2)长桌座次排列方法二:两端不坐人,都坐在长端,男女主人居中而坐。这样排序时,一般不把客人安排在长桌的末端,而把主方人员安排在末端,如图7-10所示。

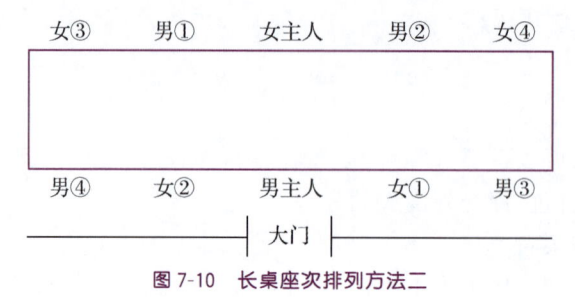

```
女③    男①    女主人    男②    女④
┌─────────────────────────────────────┐
│                                     │
│                                     │
└─────────────────────────────────────┘
男④    女②    男主人    女①    男③
              └─── 大门 ───┘
```

图7-10 长桌座次排列方法二

(3)女主人们不参加时,主宾坐在主人对面(即原女主人的位置)。如果主宾的地位高于主人,则可坐在主人的位置,主人坐在主宾的对面。

(4)马蹄形桌的座次排列方法:男女主人坐在一起,如图7-11所示。

```
                女 男
                主 主
                人 人
   ⑤   ③   ①        ②   ④   ⑥
 ┌──────────────────────────────────┐
 │⑦                                ⑧│
 │                                  │
 │⑨        ┌──────────┐          ⑩│
 │         │⑪        ⑫│            │
 │⑬       │          │           ⑭│
 │         │⑮        ⑯│            │
              └─── 大门 ───┘
```

图7-11 马蹄形桌的座次排列方法

四、拓展训练

完成一次宴请准备工作

××公司的重要合作伙伴——美国××公司总经理劳拉女士带领一行三人,应本公司邀请将于9月16日来公司洽谈业务。李总经理知道劳拉女士喜欢吃中餐,吩咐秘书马琪安排一家中餐厅为劳拉女士一行接风。

·问题

假如你是秘书马琪,请完成以下任务:

1.请你制订宴请计划。

2.请你设计宴请位次。

3.请拟一份中餐菜单。

项目八

安排商务出行

知识目标

- 能说出安排上司商务出行准备工作的内容。
- 能举例说明陪同上司商务出行的注意事项。
- 能说出办理护照和签证的相关知识。

能力目标

- 能制订合理的商务出行计划和行程安排。
- 能为上司出行准备必备的随身物品及清单。
- 能根据上司的要求预订酒店、安排交通工具。
- 能做好上司旅途中的各项工作。
- 能完成差旅费用的报销工作。

价值塑造

- 从出行交通工具的变化中,感悟社会的发展变化。
- 从服务领导与同事的过程中,培植一视同仁、服务他人的职业精神。

上司外出管理

思考与感悟

××公司总经理刘向准备下个星期到昆明参加"家用电器展销会",同时约访公司的重要客户昆明××公司的历总。办公室主任让秘书王丽群负责此项任务。王丽群虽然不是文秘专业毕业,但通过两年的工作与学习,秘书的日常工作她都能应付得来。不过自从她成为总经理秘书以来,她感到很多工作要求都不一样了,有许多工作以前都没有接触过,比如,上司的商务出行,以前最多也就打个电话预订酒店或通知分公司安排接站。这次要全面负责上司的商务出行,对她来说还是头一次。王丽群赶紧找了一本专业书来看,才知道安排上司商务出行需要做的工作真多。王丽群首先制订了刘总的商务出行计划:

10月8日8:00,刘总从公司到达广州机场。

10月8日11:00,刘总到达昆明机场。

10月9日,休息。

10月10日—11日,参加"家用电器展销会"。

10月12日,上午拜访昆明××公司历总。下午返回。通知司机接机。

刘总看了这份旅行计划,摇了摇头,让王丽群回去重新做,同时告诉她要她一同前往昆明,去时乘坐火车。

修改后的计划得到刘总确认后,王丽群马不停蹄地打电话到代办点订了两张火车票。然后准备了刘总的讲话稿、名片、出差用品、公司宣传单等。10月7日取到火车票时,发现两张都是上铺票。她询问代办点她要的是上、下铺各一张票,为什么现在拿到的全是上铺。代办点的工作人员告诉她因为现在可以提前10天订火车票,所有的下铺票早卖光了。王丽群只能将情况告诉了刘总,刘总一脸不高兴。好在上了火车后,王丽群通过与其他人交换要到了一个下铺。

10月9日凌晨5点,火车到达昆明站,晚点1个小时。王丽群和刘总出站后找不到酒店来接站的车,打电话到酒店,酒店说接他们的车4点到了火车站,等了1个小时,没有等到人,司机接其他人去了,要他们再等半个小时。他们只好自己打车到酒店。

9日上午刘总在酒店休息,王丽群也在酒店睡觉。到了下午,刘总说要去中国银行办事,他们走了几个街口才找到一家中国银行,可是在他们返回时,发现酒店后面就有一家。

10日—11日王丽群陪同刘总参观"家用电器展销会",这天参观者很多,王丽群与刘总进场不久就走散了,到中午时才找到对方。

12日上午王丽群陪同刘总去拜访历总。到达历总公司后,王丽群发现应给历总准备的资料找不到了,资料袋里只剩下交换来的各参展商的资料。

12日晚上,王丽群与刘总乘飞机返回广州,由于王丽群忘记告诉后勤部的人有多少件行李,后勤部只派了一辆小车来接站。由于行李太多,王丽群与刘总只能挤着回家。

一周后,刘总要王丽群把出差的后续工作完成,王丽群一脸迷茫,不知道该做些什么。

■ 思考

王丽群在安排这次商务出行中有哪些地方应改正?出差回来后应做哪些事?

任务一　安排本地商务出行

一、理论知识

(一)随从或准备本地商务出行

本地商务出行,一般指本市或本市周边地区的外出,多为检查工作、洽谈业务或与客户沟通感情。它的特点是：距离短，可利用本单位交通工具或市区公共交通，无须带额外的私人物品，准备的材料相对单一。

(二)本地商务出行的准备工作

上司经常为了考察业务、交流会议内容、参观访问、洽谈业务、维护客户关系、检查工作等商务活动进行近距离出行。秘书要为上司的本地商务出行做好准备，主要的准备工作有：

1. 制订本地商务出行计划

如果上司出行时要进行的商务活动较多，秘书应为上司制订本地商务出行计划。制订出行计划前，秘书要与上司沟通，了解上司出行的目的、要从事哪些商务活动，然后根据活动的轻重缓急和行走路线安排各项商务活动。秘书在安排商务活动时，要在时间上给每个项目留有余地，尽量不在上下班高峰期出行；在线路上要避免走"回头路"，避免走正在维护的路段。计划表的项目要详细。

2. 准备出行资料

秘书应根据上司商务活动的项目有针对性地准备资料，每个项目的资料最好装在一个文件袋里，然后制作一份文件清单交给上司。文件清单除了列明文件外，还要说明装在第几号袋里，这样上司使用起来就较为方便。

3. 物品准备

秘书要根据上司的出行目的准备物品，物品不宜太多。业务考察、参观访问只要带上摄影摄像器材即可，洽谈业务、参加会议一般带基本的文具即可。参加礼仪性活动，带上名片即可。维护客户关系的休闲活动，需要带的物品较多，除了用于活动的工具外，还要带一些个人生活用品。

4. 车辆安排

本地商务活动多是自行开车或租车，秘书安排车辆时要从三方面考虑：上司出行的目的、随同出行的人数和前往地点的路况。

5. 酒店安排

本地商务出行一般不安排酒店，如果要安排酒店，秘书要根据上司的习惯与公司要求提前订好。

(三)制订本地商务出行计划的注意事项

1. 合理安排时间

制订上司本地商务出行计划，要考虑这几方面：时间安排要留有余地，不能排得过满，每个项目前后可以安排10~15分钟的机动时间；要保证上司有休息的时间，特别是有午休习惯的上司，在出行计划中要安排上司午休的时间。

2. 注重效率

秘书在安排出行时，尽量不走"回头路"，避开维修路段。在时间安排上要应尽量避开上下班高峰期。

3.突出重点

上司出行可能有较多项事务要完成,秘书在制订计划时,要突出中心工作,对中心工作要优先安排。

二、实　训

(一)任务描述

××有限公司是一家销售礼品的贸易公司,专门为各类企业的促销活动供应小礼品。周三一上班,总经理把助理庄嘉玲叫到他办公室,告诉庄嘉玲周五上午他要到位于宝安区的工厂检查礼品的生产情况,并与工厂管理人员商谈改造生产线的事宜,在工厂的员工食堂用午餐,让技术部的钟工程师随同前往。下午到南山区,拜访××公司的钱总,并与他商谈国庆节假期活动小礼品发放的方案。庄嘉玲考虑去工厂的路不好走,给总经理安排了公司的商务车。

(二)要求与指导

实训任务: 为上司本地商务出行做前期准备。

实训成果:

提供一份本地商务出行的计划与物品清单。

实训指导:

1.接到任务后,要与上司充分沟通,了解上司本地商务出行的目的、时间、地点以及随行人员等情况,了解上司本地商务出行要参与的活动,然后根据活动的轻重缓急以及途经线路制订本次的出行计划。

2.商务出行计划最好用表格的形式制作,应包括日期、时间、交通工具、到达地点、入住酒店(如果需要)、事项安排、温馨提示等项目。

3.本地商务出行计划制订后,提交给上司确认。待上司批准后,确保上司及随行人员人手一份。

4.通知随同上司出行的人员做好出行的准备工作。

5.安排交通工具。本地商务出行一般距离较近,多使用本单位内部车辆,秘书应根据出行的目的和路况安排车辆,同时将出行计划告知司机,并向司机提供自己掌握的交通信息。

6.为上司准备物品。本地商务出行物品不宜太多,主要有商务活动文件(如合同、协议书)、办公用品(如笔记本电脑、U盘、文件夹、照相机)等。物品准备好后,最好制作一份物品清单,清单主要包括物品名称与放置位置。商务文件材料最好用不同颜色资料袋装好,避免弄混。

7.为上司安排就餐。本次活动中,总经理上午检查生产情况,并要求在员工食堂吃午餐,因此秘书应提前通知工厂的相关人员安排好出行人员的午餐。

(三)反思与总结

反思与总结见表8-1。

表 8-1　　　　　　　　　　　　反思与总结

序号	评价内容	评价（最佳☆☆☆☆☆）
1	我能根据出行的目的与途经线路制订出行计划	
2	我制订的出行计划项目齐全，提示清楚	
3	我制订出行计划时，考虑了时间安排的合理性	
4	我能将出行计划发给随同出行的人员	
5	我能合理安排车辆，物品清单明确	

实训体会（记录完成的过程，分析自己的成败得失）：

三、相关链接

（一）××总经理的外出日程表

××总经理的外出日程表，见表8-2。

表 8-2　　　　　　　　　　××总经理的外出日程表

深圳罗湖区—深圳宝安区
2022年4月6日 9:00—19:00，出差司机刘志群师傅，上车时间 8:50

时间	日程安排
4月6日	
9:00	从罗湖区××公司总部出发，去宝安区
10:30	抵达宝安区西乡镇（前进路修路，建议走107国道）
10:30—11:30	拜访××公司胡总
11:45—13:00	与胡总在××宾馆用餐，地点为桂花厅
13:20—14:30	在××宾馆午休
14:40—15:00	前往宝安机场
15:10—16:30	拜访××航空公司总经理，联系空运业务（携带合同样本）
16:45—17:20	前往××包装公司
17:30—18:00	协商更改外形包装设计（携带外形包装需要资料）
18:00—19:00	返回

（二）案例

本地出差的准备工作

下周××公司孙总要到市内出差，办公室主任让助理秘书曾莉负责安排。曾莉与孙总沟通后，先制作了一份出行安排表，然后又准备了孙总所要的资料，并分别装袋放在孙总的行李包中。出发前一天，曾莉又提醒司机孙总明天要外出，请提前洗好车加好油。曾莉自以为孙总出行的安排工作全部做好了，想不到在送出行计划给孙总时，孙总问她××路修得怎样，有没有通车。

曾莉一时哑口无言，赶紧回到办公室上网查找，同时咨询几位平时开车上班的同事。花了两个小时，把去市内的交通情况告诉了孙总，曾莉暗暗松了口气。谁知孙总又问曾莉有没有新的名片，他要带一盒。

曾莉感叹今天的运气怎么这么差。于是曾莉赶紧通知后勤部紧急印刷，好在公司有微型名片机，又有现成的版本，2个小时后就完工了。

第二天，孙总走到半途给曾莉打电话，叫她把办公室那台笔记本电脑送来。曾莉今天特别忙，现在又要往市里跑，但是没有办法，曾莉只好将其他工作放一放，先将电脑送到市里。在曾莉将笔记本电脑交给孙总时，孙总还责怪她不提醒自己带电脑。

▪点 评▪ 上司本地商务出行，虽然距离和时间较短，但还是需要做好充分的准备工作，一般说来，上司本地商务出行的准备主要有物品准备、信息准备（如办事流程、交通信息、气象信息等）。经验不足的秘书常常忽视信息准备工作。曾莉在做上司的出差准备时，没有充分与上司沟通好需要携带的物品，同时也忽视了信息准备。

▶四、拓展训练

深圳××有限公司的张总是本市某一慈善会的会员。周五上午10：30，该慈善会举办一场为山区贫困儿童捐款的活动，时间为期半天。张总提前一周将参加慈善会活动的行程告诉了助理小邓，小邓也把这件事纳入了张总周计划工作表。周四下午，小邓制订了张总周五的日工作计划：10点张总从公司开车出发，20分钟可到达慈善会活动现场，慈善会12点结束，中午可返回公司午休，下午去医院看病。因为明天活动较为简单，张总看了计划表后没有说什么，只是问了捐助的资金准备情况。张总同意计划后，小邓先到财务开具了明天张总捐款的支票，然后准备了张总明天5分钟的讲话稿。下班前，小邓将支票、讲话稿和车辆钥匙给了张总。

周五一上班，张总先进办公室处理了公司的几件事，10点刚到，小邓就去敲张总门，提醒他要出发了。张总停下手头的工作，拿上公文包就出门了。可是过了5分钟，张总给小邓打来电话，告诉她车没油了，小邓道歉后，提出让张总开自己的车去。张总看到小邓的车哭笑不得，小邓的车从颜色到内外装饰都很女性化。最后，张总只好打电话向办公室主任借车。张总出发之前查了一下导航，一路通畅，就按导航路线走了。走了大约10分钟路程，张总突然看到前面有一个因举办体育活动临时封路的告示，张总只好绕路走。张总再次查看了导航，结果无论走哪条路都很塞车，张总选择了耗时最短的线路走。尽管如此，张总还是迟到了20分钟，原来安排他上台讲话的环节也由于他迟到而不得不取消了。

▪问 题▪

请你分析助理秘书小邓在张总这次外出安排上存在哪些问题？如果你是小邓，你将如何去做？

任务二　安排外地商务出行

▶一、理论知识

（一）编制出行计划和日程表

外地商务出行的出行计划和日程表比一般的本地商务出行要复杂，一是时间长，二是需要办理的事务多。因此,在商务出行之前,秘书要为上司做好大量的准备工作,制订出详细周密的商务出行计划。商务出行计划可以从以下几方面着手:

1. 时间

时间包括出行的出发时间、返回时间、中转时间、各项活动时间以及出行期间就餐和休息时间等。

2. 地点

地点包括抵离目的地、中转地、住宿地点以及就餐地点等。

3. 交通工具

交通工具包括出发和返回的交通工具、各项活动中的交通工具。秘书要了解飞机、火车的班次情况,以及各项活动中车辆安排情况。

4. 其他事项

其他事项主要指商务活动之外的活动。

5. 备注

备注记录各种需要注意的问题,以及在商务活动中需要携带的有关文件材料,如果出国,还要知道国外民俗习惯等。

出行计划和日程表除行动计划外,还应将以下相应信息写入其中:旅馆的名称、所在地、电话号码;当地联系人的姓名、地址、电话号码;约见企业的名称、所在地、电话号码;海外出差时当地的中国大使馆所在地、电话号码等。

旅行计划和日程表一式两份,一份存档,一份给领导及陪同人员。

(二)票务工作

1. 订票时要考虑的因素

秘书预订车船机票之前应要明确上司出行的目的地,根据上司的喜好,选择适当的出行工具。秘书在预订车船机票时,应考虑下列因素:

(1)出行目的地。出行目的地包括出发地与到达地。

(2)交通方式。交通方式主要有飞机、火车、轮船、汽车。火车又分为普通列车和高速列车。

(3)合适的启程时间。乘坐火车最好夕发朝至,乘坐飞机避免午夜到达。

(4)上司要求的座位等级。

(5)是否需要转车(机)。

(6)车(航)站到达酒店(或目的地)是否方便。

2. 订票方式的选择

订票方式有到窗口柜台购票、电话订票、网站订票、利用应用程序订票等。

(1)到窗口柜台购票。这是传统的订票方式,就是订票人亲自到卖票的窗口或柜台买票。如到火车站的窗口购买火车票,到飞机场或代办机构的柜台购买飞机票。

(2)电话订票。通过拨打本地订票电话进行订票。本地订票电话热线可以通过114查询或邮电黄页查找。

(3)网站订票。网站订票的最大便利是可以查看机(车)票实时销售情况,同时通过在线支付完成订票工作。另外,网站订票有时还可以获得一定优惠。网站订票可以选择官网或较大旅行网站。

(4)利用应用程序订票。这是目前最普及的订票方式,无论是购买汽车票、火车票,还是购买飞机票、轮船票,都可以通过应用程序或微信小程序来订票。比如,订火车票可以下载12306应用程序购买,广东地区顾客可以通过广东省汽车客运站小程序购买汽车票。

(三)预订酒店住房

1. 酒店预订流程

查询地区酒店→确定入住酒店→提交订单→确认回函→预订成功。

2. 酒店查询方式

(1)可以通过酒店的官方网站或专门旅游网站查询适合的酒店。

(2)也可以拨打当地的114查询。

3. 预订方式

(1)网上预订酒店。秘书可以借助酒店官网或旅游网站来完成预订工作。

(2)通过电话预订酒店。查询酒店的订房电话,然后通过电话进行预订。

在一些旅游城市或节假日特殊时期,有些酒店可能要求订房时交订金。

(四)秘书陪同出行的工作内容

1. 出行前的准备工作

(1)根据出行目的协助上司确定随行人员。

(2)根据上司意图拟好出行计划,经上司确认后,打印分发给每个旅行人员。

(3)与有关访问单位联系。

(4)预订酒店与车船机票。

(5)准备上司与自己差旅所需要的有关物品。

(6)准备上司所需要的资料。

(7)预支出差费用。

(8)如果是去国外,需要办理出国手续。

2. 出行时的工作

(1)安排好住宿与交通工具。

(2)安排访问、会谈、宴请等商务活动。

(3)收集和保管好差旅过程中产生的票据。

(4)保持与本单位的联系。

(5)看管好行李。

(6)做好出差日志记录。

3.出行结束前的工作

(1)安排好接站。

(2)整理差旅资料。

(3)收拾行李。

(4)结算酒店住宿费与伙食费。

(5)向出差目的地有关单位和个人告别。

(五)出行的后续工作

1.如果秘书没有陪同上司出差,应向上司汇报出差期间公司的运营情况。

2.整理上司带回来的各类资料和物品。

3.整理各种出差票据,到财务部门报销。

4.帮助上司完成出差报告。

5.向目的地接待单位发送感谢信。

二、实 训

(一)任务描述

××公司伍经理一行5人计划5月5日到深圳参加文化博览会,5月7日到珠海参加一个文化交流活动,会期一天,9日参加广州文化产品推广会,10日返回合肥。伍经理还决定利用参加珠海文化交流活动和广州文化推广会的间隙,到公司东莞办事处了解该处今年计划的完成情况。在广州期间,伍经理要到花都区探访原来的合作伙伴,商谈开发游戏软件的事宜。由于这次出行事务较多,伍经理要求秘书古丽雯陪同前往。古丽雯接到任务后很快制订好计划,并积极做好陪同伍经理出差的准备工作,行程很顺利,10日准时返回公司。

(二)要求与指导

实训任务一: 商务出行前期准备工作。

实训成果:

每组提供一份商务出行前期准备工作表。

实训指导:

1.了解上司商务出行的时间和地点、商务出行的目的以及随行人员等相关情况。根据上司的要求确定商务出行时间,确定商务出行人员名单,制订商务出行计划。

2.商务出行计划最好用表格的形式制作,项目主要包括日期、时间、交通工具、到达地点、入住酒店、事项安排、温馨提示等。出行计划每人一份。

3.制订好商务出行时间和商务出行日程表后,可以通过网络或电话了解机票(车、船票)、酒店的相关情况,并提前预订。预订机票、火车票、船票时,需要提供乘坐人的身份证号码。订好机票(车、船票)、酒店后,在商务出行计划中注明,并通知出行人员。

4.为上司准备商务出行的资料与物品,并通知相关人员做好商务出行准备工作。

5.商务出行的物品不宜太多,主要有商务活动文件(如合同、协议书)、差旅资讯资料(如地图、航空及火车时间表、出行指南)、办公用品(如笔记本电脑、U盘、文件夹、照相机)和个人物品(如身份证、信用卡、替换衣服)等。物品准备好后,要制作物品清单,清单主要包括物品名称与放置位置。商务文件材料最好用不同颜色资料袋装好,避免弄混。

6.如果有大件物品无法随身携带,秘书需要提前办好托运,托运方式可以随机(或随车)托运,也可以通过物流公司托运。

7.上司出行前,秘书要做好送行工作,主要有:提醒上司和随行人员出发时间、安排送行车辆、协助办理登机手续和托运行李。

实训任务二:陪同出行与处理出行后续工作。

实训成果:

一份商务出行安排模拟视频。

实训指导:

1.实训前,明确陪同出行的工作内容。上司要求秘书陪同出行,需要秘书在商务出行途中,在生活上给予照顾,在工作上给予协助,因此秘书陪同出行期间要做好全程的服务与协助工作,主要包括途中交通安排、吃住安排、行李运送、活动安排、决策参谋、购物结账、材料收集等工作。

2.秘书与上司距离。如果单独陪同异性上司出行时,应注意保持适当的距离,坐火车时尽量不要与上司距离过近,可以坐在上司的斜对面。坐汽车时,按坐车礼仪就座。

3.出行中接洽。秘书陪同上司出行,如果到达的目的地有人接机(站)的话,应在登机(上车)前给接机(站)的人打电话,告诉对方自己乘坐的航班(或车次)。如果自己搭乘的是飞机,则飞机着落后告知对方自己已经到达,正在出舱。如果乘坐的是火车或汽车,则在将近到站时,与接站的人联系,告知对方自己即将到达。出航(车)站后,如果接机(站)的是对方单位的领导,秘书可以站在上司后面或旁边,不要急于与对方打招呼。如果对方是工作人员,秘书应先上前,表示感谢,并帮上司搬运行李。

4.到了酒店,秘书应先办理入住手续,并尽量要求酒店满足上司需要。秘书最好住在上司的下一层,要把自己的房间号和电话号码告诉上司,以便上司随时联系自己。

5.当上司在酒店休息时,秘书应去熟悉酒店周围环境,重点了解购物、餐饮、银行、车站、医院等的具体位置,以便上司有需要时能及时找到。秘书离开时,要征得上司同意。

6.陪同上司出差时,应根据活动行程安排好一日三餐。饮食安排首先要注意卫生,然后注意营养与特色。如果出行过程中需要中转,秘书需要提前做好交通与住宿安排。

7.陪同上司见客户时,秘书应准备好所需的资料与物品,注意陪同礼仪。

8.返程时,应提前安排好接机(站),行李多时,应告知接机(站)人员返程有多少件行李。

9.出行结束后,应及时完成出差费用报销工作。

(三)反思与总结

反思与总结见表8-3。

表 8-3　　　　　　　　　　　　　反思与总结

序号	评价内容	评价（最佳☆☆☆☆☆）
1	我制订商务出行计划前会了解出行的目的与行程	
2	我的出行计划项目齐全,关注了细节问题	
3	我掌握了订飞机(车、船)票的渠道和方法	
4	我能分类准备物品并制作清单,会办理托运	
5	我知道送行工作的内容	
6	我知道陪同上司出差时秘书的工作内容	
7	我知道办理酒店入住与退房的手续	
8	安排返程接机(站)时,我知道应告知接机(站)人员的内容	

实训体会(记录完成的过程,分析自己的成败得失)：

三、相关链接

(一)上司出差期间秘书的工作

1.上司出差之前,秘书应安排好送机(站)的车,检查上司是否遗漏物品。

2.上司启程之后,如果对方有迎接人员,应通知对方接机(站)班次和时间。

3.做好打给上司的电话记录,如果是紧急事务,直接向上司汇报。

4.处理因准备上司出差而耽搁的工作。

5.整理上司出差期间收到的信件。信件按时间编号,夹在文件夹中。如果上司出差时间较长,可以邮寄给上司。

6.整理办公用品和文件。

(二)秘书陪同上司出差时的注意事项

1.风头不能高过上司

出门在外,秘书要清楚自己的地位,做好上司的助手,不要去抢上司的风头。在穿着打扮上不要太过耀眼,别让客户的眼光都聚在自己的身上而忽视了上司。在日程安排、酒店确定、合同谈判等环节不要乱发言,多听取上司的意见。

2.不要嚼舌根

在与上司谈论某个人时,应多说别人的优点,尽量不说别人的不足,更不要去中伤别人,这样才能体现你的宽容、大度。

3. 适当展现自己的特长

如果出行的城市刚好是你熟悉的,不妨在工作之余陪上司多逛一些景点或有特色的地方,这个时候,你可以尽情展示自己的口才及热情,这也是联络感情的好时机。

4. 注重细节

有时秘书与上司是同性别,会住在一个房间中,遇到这种情况要注意礼貌,在细节处关心上司,如让上司先洗漱,若上司谦虚推让,自己用完卫生间后一定要打扫好卫生。如果是单间,在休息时最好跟上司打个招呼。

(三)出国手续的办理

1. 办理出国申请

出国申请应包括如下内容:出国事由、出国路线、出国日程安排、出国组团人数等。申请文书后面要附上出国人员名单,写清楚出国人员姓名、年龄、性别、职务、职称,还要附上外国公司发出的邀请函。出国申请书写完后,经公司领导审阅无误后呈递给当地公安局出入境管理处办理相关手续。

2. 办理护照

护照是各主权国家发给本国公民出入境及到国外旅行居留时证明其国籍和合法身份的证件。因此,凡是出国人员必须持有护照。出国前要凭护照办理所去国家和中途经停国家的签证,凭护照购买国际航班机票或车船票。

秘书在办理护照时应特别注意以下事项:

第一,带齐有关文件和证件,包括:主管部门的出国任务批件,出国人员政审批件,外方的邀请函,出国人员的身份证、照片等。

第二,认真填写有关卡片和申请表。

第三,拿到护照后,一定要认真检查核对每位出国人员的姓名、籍贯、出生年月和地址等信息,如果是组团出国,还需特别注意护照上的照片与本人及姓名是否一致,有无授权发照人的签字及发照机关的印章,发照日期和有效期有无问题,对使用旧护照再次出国者应特别注意其有效期,若已过期,必须申请延长,出国人员是否在持照人栏目里签字(秘书代签也可),等等。

3. 办理签证

护照办理完毕,还要申请所去国家(地区)和中途经停国家的签证。签证是一国官方机构对本国和外国公民出入国境或在本国停留、居住的许可证明。

获得签证后,秘书应注意以下几点:

第一,注意签证的有效期及签证机关是否签字、盖章。

第二,由于种种原因签证已过期失效,在国内重新申办延长,在国外应通过我国驻外使领馆或自行向所在国有关当局办理延长手续。

第三,不同的国家对签证有许多不同的要求,有些要求多交几张照片,有些要求开具健康证明、防疫接种证明等。

第四,每个国家发签证需要的时间不一样,应该在出发之前提前申请。

4. 办理出境登记卡

在办妥上述各项手续后，秘书再携带出国人员的护照、户口簿、居民身份证办理临时出国登记手续。护照第一次使用时需出示出境登记卡。出境登记卡由发照机关在颁发护照时一起颁发。持照人第一次出境时，需核对持照人所获得的签证是否与出境登记卡上的前往国家一致。如不一致，则不能出境，需向发照机关申请更换出境登记卡。

5. 办理"黄皮书"

"黄皮书"即"疫苗接种或预防措施国际证书"，因为它的封面通常是黄色的，所以惯称"黄皮书"。黄皮书是世界卫生组织为了保障出入国境人员的人身健康，防止危害严重的传染病通过入出国境的人员、交通工具、货物和行李等传染和扩散而要求提供的一项预防接种证明，其作用是通过卫生检疫措施而避免传染。如果出入国境者没有携带黄皮书，国境卫生检疫人员则有权拒绝其出入境，甚至采取强制检疫措施。

中国的黄皮书统一由中华人民共和国卫生部印制。申请人出入国境，需要办理黄皮书，一律由各省、自治区、直辖市的卫生检疫局签发和注射疫苗。

在国外出差时应注意自身言行，维护国家的形象，遵守与尊重目的地国家的法律与文化，传播我国的优秀文化。

（四）案例

陪同上司出差要注意细节

小钟刚到公司不久就陪同总裁一起到杭州出差。小钟一直想去看看这个"人间天堂"。想到可以去杭州，她一点儿都不紧张，反而很兴奋。经过两个小时的飞行和一个小时的机场巴士，他们上午10:00到达入住的酒店，这是一家五星级酒店，他们住的是一个高档套间。一到酒店，总裁没有休息，就和等候他们多时的客户谈了起来。总裁吩咐小钟沏茶招待客人。因为刚到，房间里没有开水。这时服务员又不在，于是小钟只好从冰箱里拿出矿泉水，又去找服务员烧水。等水烧好后，总裁和客户的谈话已经结束了，小钟只好给老板沏了一杯茶，并赶紧诚惶诚恐地向总裁解释。总裁看在小钟刚毕业不久，并没有责怪她，但还是提醒她以后要事先安排好，另外，告诉她不要用酒店的矿泉水，因为酒店的矿泉水十几块钱一瓶，而外面只要几块钱。经过这次出差，小钟以后每次和上司出差，都会提前做好准备，熟悉酒店，准备与客户的会谈资料等。

· 点评· 陪同上司出差一方面可向上司展示自己优秀的品质，但同时也容易让上司看到你不足的一面。因此，陪同上司出差一定要注意细节。小钟第一次与总裁出差，由于没有做好事先安排和没有节约意识，让总裁教育了一番。

▶ 四、拓展训练

今天刚上班，总经理要求刘晓红陪同她到上海出差。刘晓红虽然平时经常在总经理身边，但由于她和总经理不在同一间办公室办公，真正单独相处的时间不多。这次出差刘晓红有7天时间与总经理单独相处，她心里有点怵。再加上她对出差事务不是很懂，所以很纠结。

· 问题· 请你用PPT的形式，告诉刘晓红如何做好陪同出差工作。

项目九

组织活动

知识目标

- 能说出组织新产品发布会的准备工作和基本程序。
- 能说出参展活动的组织和实施过程的工作和要求。
- 能说出员工休闲活动的不同类型和注意事项。

能力目标

- 能组织并安排新产品发布会。
- 能组织并安排参展活动。
- 能组织并安排员工休闲活动。

价值塑造

- 结合鸿蒙操作系统发布会案例的学习,弘扬奋力争先、追求卓越的时代精神。
- 在组织休闲活动的实训过程中,增进团队合作的精神。

思考与感悟

陈峰2014年大学毕业后回到家乡福州,应聘成为福州市一家电子科技有限公司的办公室秘书。工作中,他踏实肯干、善于与人沟通,加上专业基础较好,很快胜任了秘书工作。2018年他被提升为办公室副主任。该公司是一家专业从事汽车电子产品研发、生产、销售的高科技企业。公司利用自主的专利技术,新研发了一款业界领先的汽车电子产品。为了更好地推出新产品,公司决定召开新产品发布会。发布会由办公室负责组织。办公室主任正好另有要事,就让陈峰负责组织这次发布会。陈峰接受任务后着手策划方案,抽调人员,一起围绕发布会的各项工作忙了起来。2018年6月1日(周五)上午9:00,新产品发布会在酒店举行。发布会现场围绕新产品这一主题布置得很有特色。邀请的合作商、同行以及与公司有科技交流与合作的高校代表都参加了发布会,但媒体记者却来得不多。陈峰心里很纳闷,他们邀请了福建省的大多数媒体,涵盖了报纸、电视台、电台、网站等。请柬提前3~4

天就发出去了,怎么来的人这么少?会后,媒体对这次发布会和新产品的报道自然不多,发布会没有取得预期的效果。为了弥补这次工作的遗憾,陈峰想到一个多月后正好有汽车展,打算好好利用这一机会,成功推出新产品。他向领导提出了参展的建议,并表达了一定组织好这次参展的决心。公司领导也希望尽快把新产品推向市场,打开销路,于是同意参展。陈峰立刻联系展会组织方,确定了展位。由于联系迟了,所剩展位不多,而且面积比较小、位置比较偏。但陈峰不气馁,带领一组人夜以继日、废寝忘食地投入参展工作,请专业广告公司设计了科技、时尚、个性的展台,精心准备宣传资料,制作了新产品宣传专题片,以供展会现场循环播放。开展那天,他还聘请了四位专业礼仪小姐佩戴公司绶带在展馆门口发放新产品的宣传资料。陈峰的团队已经力求做到最好,但来公司展台的参观者还是不够多,谈成合作意向的也不多。因为,在偌大的展馆里,集中展示了多种新能源汽车和各色惊艳改装车,这些汽车品牌大气、个性与时尚的展台吸引了参观者眼球。

不管结果怎样,从新产品发布会到参展,陈峰和一批员工紧张忙碌了两个多月。领导交代陈峰组织大家活动一下,放松身心。陈峰找了一个周末的晚上组织大家去唱卡拉OK。大家边唱歌边喝酒助兴,想到付出的努力和收获结果的不对称,心里不舒服,于是越喝越多,以致结束时有几个人走起路来摇摇晃晃,在过道撞到了别的顾客,而对方对此不依不饶,要求陈峰他们赔偿,由于谈不拢,双方居然动起手来,最后陈峰他们都被请到了派出所。公司领导知道后严厉批判了陈峰,要他好好反省。

> **思 考**
>
> 1.这次新产品发布会为什么媒体记者来得不多?
> 2.陈峰在组织这次参展活动中用心做了哪些工作?为什么他的用心却没有取得好效果?
> 3.陈峰组织的员工休闲活动需要反省的是什么?

任务一　组织新产品发布会

一、理论知识

(一)会前的准备工作

1. 确定发布会的主题

发布会的主题大致有两类:说明性主题和解释性主题。说明性主题主要是为了向外界宣布决定,如企业推出新产品、企业的经营方针有所改变等;解释性主题主要是对所发生的事件进行解释,如企业的产品出现了问题、企业出现了重大的事故等。新产品发布会的主题属于说明性主题。

2. 选择发布会举行的时机

时机选择是否理想,对产品发布会的效果有着重要影响。对一个企业来说,新产品上市时是举行发布会的最好时机。选择新产品发布会的具体时间要避开节假日,避免与重大社会活动、新闻界的宣传报道重点相冲突。

3. 安排人员

新产品发布会的人员安排关键是要选好主持人和发言人。一般要求他们不仅要熟悉本企业的产品,还要思维敏捷、反应迅速,有较高的文化修养和专业水平。

发布会的主持人一般由主办单位的办公室主任或秘书长、公关部长担任。对主持人的要求是形象良好,善于把握大局、引导提问和控制会场,具有丰富的会议主持经验。

发言人一般由本单位的主要负责人或新产品研发工作的主管人员担任。发言人应具备广博的知识面、清晰准确的语言表达能力、倾听能力和快速应对的反应能力等。发言人不要随意打断记者的发言和提问,不能以各种表情、动作表示不满。对各方记者要一视同仁,不能厚此薄彼。

发布会还要安排一批现场礼仪接待人员。有外国媒体记者参加的发布会,还要事先安排好翻译人员。

4. 确定邀请对象

邀请的对象应根据发布会的目的和内容确定,具体要注意以下几点:

(1) 要考虑参加对象与发布会主题的相关性。新产品发布会要邀请与该产品、技术有关的科研单位、企业和行业性媒体参加,经销商、广告公司、客户、同行等也是受邀请的对象。

(2) 要考虑媒体的知名度和影响力。知名度越高、影响力越强,发布会的效果越好。

(3) 要注意媒体类型的平衡和协调。可以多种类、多层次地广邀媒体,以提高单位和新产品的知名度。如邀请报纸、杂志、电台、电视台、网站的记者,必要时既可以邀请国内媒体记者,也可以邀请外国媒体记者。

此外,要拟定详细的邀请名单,提前3~4天发出邀请或请柬,临近开会时还应提前一天打电话联系落实。

5. 确定地点,布置会场

发布会可在本单位所在地举行,也可以租用酒店或专门举办大型活动的场所。从企业形象的角度讲,重要的发布会宜选择五星级或四星级酒店。发布会现场应交通便利、大小适中、环境适宜。会议地点确定后,应实地考察,认真进行会场布置。

小型发布会可将会场座位格局摆成全围式,显得气氛和谐,主宾平等。大型发布会应设主席台、记者席位和来宾席位等。注意席位的预留,一般要在后面准备一些无桌子的座席。

主题背景板内容包含会议主题、会议日期,颜色、字体注意美观大方,可以打上企业的标志。

酒店外围布置,包括横幅、竖幅、气球、拱形门等。应事先了解出租方是否允许布置,当地主管部门是否有规定限制等。

会场内要配备足够的电源设备,如扩音、录音、录像、照明设备、无线话筒等。

布置好展示台和演示台。产品发布会往往需要安排现场展示和演示,展台、展品可布置在会场外的大厅内,演示的器械、设备要准备妥当,演示人员要落实到位并训练有素。

6. 预算会议所需费用

根据新产品发布会的规格和规模做出可行的经费预算,预算的费用项目一般有场地租金、会场布置费、印刷品费、茶点费、礼品费、音响器材费、邮费、电话费、交通费等,需要用餐时还应加上餐费。

7. 准备相关的材料

(1) 发言人的发言稿。既要紧扣主题又要全面、准确、真实、生动。

(2) 回答提纲。为使发言人在现场回答时表现自如,可事先预测一下记者将要问到的问题,并准备好答案。

(3) 报道提纲。可事先将报道重点、有关数据、资料编印出来,作为记者采访报道的参考资料。

(4) 其他辅助材料。如图片、实物、模型、录像、光盘等,目的是增强发言人的讲话效果,加深与会者对会议主题的认识和理解。

(二) 发布会的基本程序

1. 签到

在接待处签到,安排专人负责签到、分发材料、引入会场等接待工作。接待时最好由企业的某位主要人物出面迎宾,以显示企业对活动的重视,给来宾及记者们留下好印象。

2. 分发会议资料

应发给每位来宾一个事先准备好的资料袋,其中有会议议程、新闻通稿、公司宣传册、产品说明资料、会上要展示的产品(或模型的照片)、纪念品(或领用券)、企业新闻负责人名片等。

3. 宣布会议开始

会议开始时,主持人简要说明召集会议的目的,所要发布产品的研发过程、性能、特征等。

4. 发言人讲话

发言时要突出重点,具体而恰到好处。如涉及专业性较强的问题,可由专业人员辅答。主答和辅答发言人在重大问题上要统一口径,切忌说法不一。

5. 回答记者提问

发言人对记者提出的问题应逐一予以回答,回答时要准确、自如,不要随便打断记者的提问。对于不愿意透露或不好回答的事情,要婉转、幽默地向记者做出解释,不应吞吞吐吐。遇到不友好的提问时,应该保持冷静,礼貌地阐明自己的看法,不能激动发怒,不可与记者发生冲突,以免引起负面报道。

6. 宣布会议结束

主办方要向参加者一一道谢,感谢他们光临。当个别记者有特殊要求时,有关人士还应耐心地予以解答。

(三)发布会的善后事宜

1. 整理保存会议资料

整理保存会议资料有助于全面评估新产品发布会的会议效果,为今后的工作提供借鉴。

2. 收集各方反映

(1)收集与会者对会议的总体反映,检查在接待、安排、服务等方面的工作是否有欠妥之处,以便日后改进。

(2)收集新闻界的反映,了解与会的新闻界人士有多少人为此次新闻发布会发表了稿件,并对其进行归类分析,包括正面报道、负面报道和中性报道。

(3)酌情采取补救措施。若发现不正确或歪曲事实的报道,应立即采取行动,说明真相。如果是由于自己失误所造成的问题,应通过新闻机构表示谦虚接受并致歉,以挽回声誉。

二、实 训

(一)任务描述

小曾大学学的是文秘专业,毕业后回到了家乡福建晋江,被××体育用品有限公司聘为仓管信息员。他工作踏实,责任心强,有较强的沟通协调能力,一年后转为行政文员,三年后升职为市场部经理助理。2018年公司推出女子运动系列产品。为了保证新产品顺利上市,公司决定于2018年3月15日上午10点在北京一家文化艺术中心召开新产品发布会,并邀请了歌手×××作为代言人出席发布活动。公司领导把组织新产品发布会的任务交给了小曾。小曾带着一个团队提前一个多月来到北京,为新产品发布会做准备。

(二)要求与指导

实训任务: 根据背景材料,模拟召开新产品发布会。

实训成果:

提供模拟新产品发布会的视频。

实训指导:

1. 以小组为单位共同完成此项任务,一个班级可分为若干个小组,每组约15人。

2. 每个小组根据背景材料,集体讨论,确定发布会的流程。流程包括签到、分发会议资料、宣布会议开始、发言人讲话、代言人介绍使用体会、技术员介绍产品、回答记者提问、接受媒体采访、宣布会议结束等环节。整体时间控制在一个半小时以内。

3. 每个小组进行人员分工,落实接待人员(多人)、主持人、发言人、代言人、技术员、记者(多人)的扮演者以及现场拍照或录像人员。

4. 接待人员负责签到、分发会议资料、引领入场,要事先设计好签到表。接待时注意礼仪规范。

5. 设计发布会主办方的主持人、发言人、代言人、技术员的发言内容,各人发言侧重点不同,但共同的目的是推介新产品。

6. 设计记者提问的问题。围绕"公司或新产品"这一主题发问。

7. 模拟召开新产品发布会。主持人要善于调动现场气氛,掌控现场。注意各个环节要紧凑、流畅,适时结束发布会。

8.现场拍照或录像,留下发布会图文声像资料。

(三)反思与总结

反思与总结见表9-1。

表9-1　　　　　　　　　　反思与总结

序号	评价内容	评价(最佳☆☆☆☆☆)
1	我掌握了发布会策划方案的写作	
2	我对发布会前期准备工作内容熟悉	
3	我知道如何围绕发布会的主题布置主席台	
4	我掌握了样品展示台的设计要求	
5	我能积极配合其他同学完成发布会工作	
6	我熟悉签到、引领工作的基本要求	
7	我能处理发布会的突发事件	
8	我能较好控制发布会的节奏	
9	我能整理整个发布会的资料	

实训体会(记录完成的过程,分析成败得失):

三、相关链接

华为HarmonyOS(鸿蒙)操作系统发布会

华为凭着超前的危机管理和非凡的远见,在面临美国打压,安卓系统被禁用的情况下,于2021年6月2日晚举行了隆重的新产品线上发布会,正式推出了面向全场景的HarmonyOS(鸿蒙)操作系统和系列设备。

发布会以"创造不可能"为主题,由华为消费者业务首席运营官主持。发布会分为三个环节:

第一环节由主持人简要陈述了华为这十年来在通信领域以及近两年来进入的新领域所起到的引领作用,然后畅谈了未来华为十年的发展方向。之后,简要介绍了今天发布会的产品"鸿蒙系统"。

第二环节由华为消费者业务软件部总裁详细介绍HarmonyOS(鸿蒙)操作系统的卓越性能:万物智联、全场景运用、开放式编程框架、原子化服务和卡片式设计。这个环节除了介绍人表述以外,还使用了动画、3D技术、实景拍摄等直观地展示了HarmonyOS(鸿蒙)的"不简单"。

第三环节由华为消费者业务首席运营官介绍采用HarmonyOS(鸿蒙)操作系统的几款新品。

读者可在网络搜索并观看"华为HarmonyOS及全场景新品发布会"。

点评 本次发布会以酷炫精美的视频、先进的技术、精妙的镜头语言和通俗的语言,吸引了IT爱好者的关注。加上这次发布会是华为在美国霸权打压、断供的背景下,发布的自有知识产权的第一款全场景使用的操作系统,尽管发布会没有明星站台,也取得了巨大的成功。

四、拓展训练

请登录相关网站观看新产品发布会,看完后,列出该发布会流程并对该发布会的优缺点进行分析。

任务二 组织参展活动

一、理论知识

(一)确定参展的目标

制定正确的参展目标,是做好参展工作、保证参展成功的前提,参展目标应当根据组织的发展战略和市场条件来确定。对于企业来讲,参展目标多种多样,包括宣传企业文化和经营理念、推广新产品和拓展新市场、寻求行业间的交流与合作等。

(二)选择合适的展会

1.参展单位首先要调查了解展览会主办单位和展览会的基本情况,比如主办单位的办展资格、信誉、品牌、知名度等。再结合展览会的档次、专业、规模、广告宣传投入力度、参观者的质量和数量、展出地点、展览服务等方面情况,来评估展览会的质量,做出是否参展的决定。

2.与主办方联系确定展览面积、展位类型(标准或特殊展位)以及具体展位,签订有关合同。很多贸易展览会的展位很快就被预订一空,越早将参展申请表递交给大会主办者,越容易得到好的位置。

(三)做好参展的准备工作

1.成立参展筹备组,合理调配人员,明确工作分工,进行展前人员培训。确定参展后,要尽快成立参展筹备组,负责参展的各项工作。同时,对参展人员进行培训,培训内容包括良好仪态、礼貌用语、专业素质和职业道德等。

2.制订参展工作方案、工作日程安排,明确时间进度要求。具体包括工作内容、人员安排、完成时间等。

3.预算参展费用。参展费用包括展位费、展位施工费、展品运输费、道具费、水电费、电话费、市内交通费、食宿费、必要的设备租赁费、广告宣传费、资料印刷费、礼品制作费和会议室租赁费等。做参展费用预算时还要加上总费用的10%,作为不可预见费用的支出。

4. 展位设计和布置。为了取得好的展示效果,突出企业形象,展位布置不仅要新颖别致、富有创意,还要注重展位的装修特点及材料应用方面的考究。

5. 设计与包装展品。向参展商、目标客户展示展品是参展活动中的一项重要环节。展品的设计包装要有特色,要能吸引人的眼球。

6. 宣传资料的编写制作。宣传资料的编写要紧扣参展主题、参展目的,要求做到文字简练,图案新颖,设计精美,印制严谨。

7. 纪念品的制作。对于参展商、广大观众而言,一份设计精美、寓意深刻的纪念品,更能加深印象,获得宣传效果。

8. 预订举办地的酒店房间,安排参展工作人员的住宿。

(四)做好参展期间的工作

1. 了解行业的发展趋势,充分掌握同行企业的展览信息,收集各种有价值的客户信息,做到知己知彼。

2. 热情接待每位客商和参观者,做到有问必答,认真讲解,详细记录每位客户的情况和要求,及时把握市场反应。

3. 努力寻求合作伙伴。重点选择拜访一些目标参展商和潜在客户,相互交换资料,进一步与之建立合作伙伴关系,推进合作项目。

4. 积极参与展览会安排的各项行业交流活动,通过演讲、专题讲座等形式,大力宣传企业文化,树立企业(产品)品牌形象。

5. 积极开展宣传工作。在展览会现场举行展品的演示说明会,派发企业(产品)宣传资料。

(五)做好展后工作

1. 在规定的时间内完成撤展工作。
2. 及时总结参展的经验教训。
3. 落实签订的各项协议。
4. 对会展中获得的重点客户和潜在客户要及时加强联系。
5. 调整企业发展战略、目标和任务。根据参展所掌握的行业发展趋势和业内动态,寻找自身存在的差距和不足,尽快重新调整企业发展战略、目标和任务。

二、实训

(一)任务描述

××科技有限公司新研发了一款企业管理软件,计划推向市场。正好赶上其所在的城市召开每年一度的"科技产品博览会",公司决定参加此次博览会。公司领导把组织参展的任务交给了办公室主任高明,高明接到任务后从公司抽选人员组成了参展工作筹备组,然后联系博览会的主办方,签订参展合同,设计和搭建展台,筹备组成员分工合作,做好参展前的各项准备工作,并邀请了礼仪公关专家培训参展人员。展览期间,该公司的展位独特醒目,吸引了众多参观者。参展人员热情接待,认真讲解。此外,公司还安排了专场演讲,展示和推介新产品。一些企业对该公司新产品兴趣很大,达成了合作的意向。公司领导对高明组织的这次参展活动很满意。

(二)要求与指导

实训任务:完成参展的前期工作。

实训成果:

提供一份参展方案。

实训指导:

1. 以小组为单位共同完成此项任务,每组约10人。
2. 小组集体讨论,确定组织参展工作包括哪些要点,每个要点的具体内容。
3. 制定工作日程安排表,包括工作内容、人员安排、完成时间等。
4. 制定经费预算表,包含的费用项目完整,金额明确,预算合理,留有余地。
5. 宣传资料的编写制作要能体现企业和产品的特色,文字简练,图案新颖,设计精美。
6. 要求在规定的时间(一节课)内完成。
7. 完成实训后,每组派成员说出参展工作的要点,展示实训成果并做简要说明。

(三)反思与总结

反思与总结见表9-2。

表9-2　　　　　　　　　　反思与总结

序号	评价内容	评价(最佳☆☆☆☆☆)
1	我对参展工作流程熟悉	
2	我能完成参展的各项准备工作	
3	我能完成产品宣传资料的编写	
4	我知道参展经费预算的安排重点	
5	我能与其他同学共同完成参展的准备工作	

实训体会(记录完成的过程,分析成败得失):

三、相关链接

(一)展台设计与搭建

在展览会中,展台可以说是一个企业的名片,展台的大小、设计、外观必须尽善尽美,符合品牌竞争标准。

1. 独特醒目,富有吸引力

展台的设计要强调独特醒目。展台要根据展位面积、所处位置、周边通道、相邻展位等情况,进行相应的设计;要充分利用材料、音响、光线、色彩和其他装饰用品,给人耳目一新的感觉,激发参观者的好奇心,使他们产生兴趣,进而驻足参观,产生与展览者谈话的意愿。

2. 节约

展台在保证效果的同时,还要做到节约。展台设计和搭建人员要发挥想象力、创造性和灵活性,尽可能使用新型的、可重复利用的展台材料,减少不必要的开支。

(二)案例

展会宣传品

一年一度的高校招生见面咨询会上,参展的××职业技术学院一改往年只派发招生手册和传单的做法,而是给参观者发放一把精心设计的扇子,每把扇子的颜色都不一样,缤纷的色彩很吸引人。扇子正、反两面都印上了招生的专业名称和简介。时值盛夏,来参观咨询的毕业生和家长很多。展厅里虽然有空调,仍让人感到闷热,空气不流通。该学院发放的扇子大受欢迎。参观者当场使用起扇子,也认真地看了扇面上的内容。参观者对该院留下了良好的印象,该院的招生宣传取得了预期的良好效果。

·点 评· 宣传品精心设计,别具一格,给参观者留下了良好的印象,提高了参展单位的知名度。

四、拓展训练

××茶叶贸易公司参加一年一度的茶叶博览会。公司特意选派了三个年轻女孩担任展馆接待人员。由于展馆地处城郊,路途较远,三个女孩一早起来,穿戴整齐,化好妆,怕时间来不及,就没有吃早饭,带上牛奶、面包赶赴展馆。她们到展馆之后,对本公司的展台稍稍整理后就开展了,参观者也陆续进来了。三个女孩见参观者还不太多,赶紧吃早点,然后擦了嘴,接着又开始补口红。这时,虽然旁边不时有参观者走过,但这三个女孩并没有主动打招呼。不久,又有几个参观者走了进来,女孩们面带微笑地说"欢迎光临!请随便参观"。参观者转了一圈就走了。当时已是秋天,女孩们身穿中国特色的无袖旗袍,其中一个女孩比较怕冷,一直用双手抱着手臂站在展台内。

·问 题· 指出案例中参展人员所犯的错误。

任务三 组织员工休闲活动

一、理论知识

(一)员工休闲活动的类型和形式

1. 公益类活动

公益类活动包括植树活动、希望工程、公德类主题宣传、灾区捐助、企业内部爱心互助等。

2. 旅游参观类活动

旅游参观类活动包括名山旅游、海滨旅游、参观名人故居、参观博览会等。

3. 体育运动类活动

体育运动类活动包括排球、篮球、乒乓球、羽毛球等球类活动，趣味运动会，健身操和跳绳等。

4. 文化艺术类活动

文化艺术类活动包括征文、摄影、书画、专题表演、舞蹈、雕刻、收藏展览、新年文艺联欢晚会、歌咏赛等。

5. 游戏类活动

游戏类活动包括猜谜、团队协作游戏、沟通游戏等。

6. 生活类活动

生活类活动包括厨艺大赛、时装秀、集体生日活动、户外烧烤活动等。

(二)员工休闲活动设计的要素

在人才竞争的时代，每个企业都希望拥有优秀、健康、凝聚力强的人才团队，员工休闲活动也因此越来越受到重视。一个单位投入资金开展休闲活动，总是希望达到一定的目的。而设计好员工休闲活动，是活动成功的前提和保障。设计员工休闲活动要考虑以下要素：

1. 主题鲜明

员工休闲活动是有组织的活动，必须有一个明确的主题。主题的选择要结合单位的文化特征、地理环境、员工特点、时间因素等，进行充分论证，最后确定。

2. 特色突出

员工休闲活动要力求做到有特色、有创意。可以把员工休闲活动与单位的企业文化、当地的历史文化、民俗风情、产业特征和自然风光相结合，使活动特色鲜明。

3. 全员参与

员工休闲活动多为全体性的活动，设计时就要考虑让每个人都能够参与活动，实现全员互动。

4. 丰富多彩

员工休闲活动要力求丰富多彩，让员工感到不单调、不重复、兴趣盎然、回味无穷。

(三)组织员工休闲活动的流程

1. 设立筹备组，明确人员分工

筹备组可由办公室、人事部门或工会部门负责，工作人员可从各部门抽取整合。筹备组工作人员需要按项目分工负责，如活动通知、场地布置、物品采购、员工组织、后勤保障等。

2. 设计活动主题与内容

活动主题与内容要健康向上、轻松、幽默、有创意。

3. 规划预算

做到一次性材料要节俭，纪念性物品求精奇，餐饮和场地讲特色。

4.活动宣传

活动方案确定后要积极宣传,要求全员参与。根据活动主题分组准备,提前发出活动通知。

5.活动准备

要确认各项准备工作的完成情况,保证活动的顺利开展,必要时要进行彩排。

6.活动实施

选择经验丰富、应变力强的人员负责统筹指挥,以便及时解决活动实施过程可能出现的问题。

(四)员工休闲活动的方案

1.活动目的

每次活动都要有明确的目的。

2.活动主题

可以概括为一句标语或口号。

3.活动时间

具体到年、月、日,明确活动开始时间与结束时间。

4.活动地点

户外还是室内,本地还是外地。

5.活动内容及流程

列出具体项目、活动流程、时间安排。

6.人员安排

包括参加活动人员分组、工作人员分工。

7.费用预算

包括车辆运输费、礼品费、餐费、材料费、其他费用等,并算出活动总费用。

8.物品

列出活动物品清单。

9.注意事项

需要提醒或事先准备的事项。

二、实　训

(一)任务描述

××集团是一家集生产、商贸为一体的大型企业,公司总部在福建省泉州市,高平是该集团办公室的秘书。该集团为了促进部门、员工间沟通交流,增进员工间感情,提高部门及员工的合作精神和协作意识,培养员工对企业的归属感,十分注重组织员工休闲活动。集团每年都会组织内容丰富多彩、形式多样化的休闲活动,其中既有固定活动项目,如职工羽毛球活动,也有临时活动,如参观活动。考虑到公司中年人较多,为促进员工身体健康,公司要求办公室利用周末举办一次有益身体健康的活动。

(二)要求与指导

实训任务： 制订一份休闲活动方案。

实训成果：

1. 每组提交一份休闲活动方案。
2. 每组提交一段休闲活动景区介绍。

实训指导：

1. 根据以上提供的背景材料,确定开展此次休闲活动的目的,并根据员工的特点选定活动形式。
2. 给此次休闲活动确定一个鲜明的主题,可以概括为一句标语或口号。
3. 落实活动时间,具体到年、月、日,明确活动开始的时间和结束的时间。
4. 明确活动地点和布置场地:明确活动地点是本地还是外地,是户外还是室内。明确活动场地的布置计划。
5. 安排好活动内容及流程:列出具体项目、每个项目的具体步骤、大致的时间安排。
6. 做好活动人员安排:包括组织活动的工作人员、参加活动人员的分工等。
7. 做好活动费用预算:包括交通运输费、礼品费、餐费、材料费以及其他费用,算出总费用。
8. 准备相关的物品:列出活动需要的物品清单,作为方案附件。
9. 列出活动注意事项:如需要提醒或事先准备的事项。

(三)反思与总结

反思与总结见表 9-3。

表 9-3　　　　　　　　反思与总结

序号	评价内容	评价（最佳☆☆☆☆☆）
1	我能根据活动目的和人员特点选择活动形式	
2	我熟悉组织休闲活动的工作流程	
3	我能完成休闲活动的前期准备工作	
4	我能完成休闲活动方案的撰写	
5	我能积极主动配合组员活动	

实训体会(记录完成的过程,分析成败得失)：

三、相关链接

小王组织的第一次休闲活动

某科技公司经过一年科技攻关,完成了智能音箱研发工作,并且成功上市,上市第一个月,取得了 2000 万销售业绩。在总结会上,总经理表彰了研发团队和销售团队,并宣布利用公司成立 3 周年的时间,组织一次效外休闲活动,让研发团队和销售团队出去放松身心。活动由行政办公室秘书小王负责组织。小王以前从来没有组织过类似活动,接到任务后,他先从网站上查了附近的一些景区,并查阅了大量攻略,最后确定这次活动到××山庄。然后,小王制订了详细的活动方案,并得到了办公室主任和总经理的肯定。

  5 月 18 日是公司成立 3 周年的日子,上午全体员工召开完周年庆典和表彰会后,下午小王就带领两个团队 30 人乘着大巴前往鹰嘴崖××山庄,一路上小王向大家介绍了这次活动安排,并还发挥自己的特长给大家讲故事、唱歌。在小王调动下,整车一路欢歌笑语,不知不觉 2 个小时后到达目的地。可是,下车一看,整个山庄给人破败之感,工作人员也很少。小王先帮大家办理了入住手续,可能是很久没有人来的缘故,房间有很大霉味,好在通风后,还能入住。小王按照从攻略上了解的情况,先组织两个团队到拓展基地,可是拓展基地很多设备因为缺少保养而不能使用,两个团队玩了一会儿真人 CS 野战后,就到海边游泳了。海边游泳活动还算顺利,只有一个队员被海蜇咬了,手上出现红肿,到了晚上已经痊愈了。当队员去游泳时,小王和办公室其他两个助理在准备晚上的烧烤食材。烧烤活动开始后,小王给大家不是递食品,就是倒饮料,忙得不亦乐乎,等到大家吃饱喝足之后,小王又组织大家跳舞、对歌。玩到晚上 12 点大家去休息后,小王又与山庄的服务员一起收集并清洗带来的所有餐具与食品,忙到 1 点才去睡。第二天吃过早餐,小王组织大家爬山比赛,12 点回到山庄吃饭,吃饭后返回公司。在回程的车上两个团队的员工对这次休闲活动组织非常满意。小王表明是第一次组织这样的休闲活动,对工作中的不足请求了大家的谅解。

  点评 这次休闲活动准备工作中,小王没有到现场查看,给休闲活动带来一定影响,但是从整个旅程来说,还算成功,活动比较丰富,小王善于发挥自己的特长,去调动同事的情绪,在其他服务方面也弥补了同事刚达到时的不良情绪。

四、拓展训练

  ××企业有员工 500 多人,为了弘扬企业"不断奋进,勇于竞争"的精神,增强企业的凝聚力,企业经常组织员工开展各类休闲活动。2016 年、2017 年连续两年组织"职工田径运动会",不料两年都发生了员工受伤事件。员工或是在跳远、跳高时腿拉伤,或是扔铅球时腰扭伤,100 米跑中也有人摔倒。该企业决定 2018 年改开"职工趣味运动会",项目有定点投篮、对墙打乒乓球、跳绳、袋鼠跳、齐心协力跑等。结果这次受伤的员工更多。袋鼠跳要求参加者把自己装入麻袋中,提着麻袋往前跳,看谁最先到达目的地。该项目看上去简单有趣,可速度一快就会被绊倒,因此很多人摔倒。齐心协力跑就是三人把左右脚各绑在一个木板上,移动前进。比赛在水泥地上进行,没想到水泥地不平,木板被卡住,人由于惯性摔倒,其中两位员工踝关节损伤严重。

  问题

  1. 为什么职工在田径运动会上会受伤?
  2. 为什么职工在趣味运动会上依然受伤?
  3. 如何开展员工体育活动?

项目十

跟踪与服务项目

知识目标

- 能描述项目管理的基本概念。
- 能说出项目进度计划编制的步骤与控制的目的。
- 能说明项目资源的种类与规划的意义。

能力目标

- 能制作项目进度表并做异常情况分析。
- 能制作资源计划表与资源计划图。
- 能读懂项目进度管理表中的甘特图。

思考与感悟

××公司准备开发一个化妆品项目。李怡是这个项目的秘书,她负责项目资源安排与项目进度的跟进,每个月以报表的形式向项目经理和分管项目的副总经理汇报工作。公司上下对这个项目很乐观,在项目开始的第一周,项目团队制订了一个粗略的进度计划,拟定产品开发周期为15个月。一个月以后,团队根据市场调查,完成了产品需求报告书,并得到公司董事会的批准,然后项目经理制订了一个为期12个月的进度表,因为项目经理以前在其他公司也做过类似的项目,因此制订计划时就没让技术人员参与,自己编写了详细的进度表并交付审核。公司经理没有认真审核就同意了,团队中也没有人对尽快交付产品有所怀疑。

项目一开始,各项准备工作进展顺利。负责资源计划与分配的李怡也编制出了项目资源计划表与计划图,并很快得到项目经理的批准。但是进入项目实质开发阶段后不久,技术人员只有少数人能按计划完成任务,大部分人需要每天加班才能完成,少数几个人连周末都工作也完成不了任务。于是某个技术员开始抱怨,说计划安排得太紧,没考虑节假日和技术员临时外出等因素,进度安排不合理。负责项目跟踪与支持的李怡听了这些意见并未在意,认为是这个技术员发牢骚。两周后,整个技术组的进度都落后于计划进度,并影响到其他组的工作,李怡才发现问题的严重性。经过调查,她发现原来的计划是按较高水平人员的工作进度安排的,在现有的工作条件下,大部分人需要天天到岗并且每天加班 2 个小时才能完成。李怡把这一情况以报表形式报给项目经理,项目经理报请分管项目的副总经理,副总经理考虑到技术组是项目的核心,最后决定所有工作围绕技术组的工作展开,李怡根据新的时间进度进行了产品生产计划的修改。但由于没有及时修改资源计划,并通知资源供应商,导致资源积压。李怡只好重新将资源计划表修改并呈项目经理报批。

> **思 考**
>
> 1. 案例中,由于项目经理编制的计划进度不合理,导致技术人员无法跟上计划进度,作为负责跟踪项目进度的秘书应如何去做?李怡有哪些做得不妥的地方?
> 2. 资源计划与分配是完成项目的重要一环,李怡在这方面有哪些需要改进的地方?

任务一　跟踪项目进度

一、理论知识

(一)项目及项目管理

1. 项目

项目是指在一定约束条件下(主要是限定资金、限定时间等),为完成某一独特的产品或服务,具有特定目标的一次任务。

项目有目标性、独特性、一次性、可限制性、不确定性、不可挽回性等特点。

项目因为它的一次性而具有生命周期。项目的生命周期包括定义项目目标、制订项目计划、发布项目计划、跟踪项目进度、调整计划、完成项目并存档。

秘书经常会接触到项目,比如组织大型比赛、大型会议等。在一些大项目中,秘书更多的工作是跟踪项目进度,分配项目资源和完成项目文档的归档工作。

2. 项目管理

项目管理是指项目管理者在有限的资源约束下,运用系统的观点、方法和理论,对项目涉及的全部工作进行有效管理,即对项目从决定投资开始到项目结束的全过程进行计划、组织、协调、控制和评价,以达到完成项目的目的。

(二)项目活动排序的逻辑关系

为了更好地实施项目,在项目计划阶段,会对项目进行分解,将一个大项目分解为若干个小的活动任务。为了提高效率,会对这些小的活动任务以合理的顺序进行排序。因此,这些活动之间就形成了前后关系。

两个活动之间的前后关系由于其依赖的条件不同,形成四种组合,见表 10-1。

表 10-1　　　　　　　　　　　　四种活动关系组合

类型	符号	说明	图例	举例
结束—开始	FS (Finish-Start)	活动 A 结束后，活动 B 才能开始	A→B	电脑启动后，才能操作 Word 文档
开始—开始	SS (Start-Start)	活动 A 开始后，活动 B 才能开始	A／B	会议开始后，才开始做会议记录
开始—结束	SF (Start-Finish)	活动 A 开始后，活动 B 才能结束	A／B	找到新人顶替后，员工才能辞职离开公司
结束—结束	FF (Finish-Finish)	活动 A 结束后，活动 B 才能结束	A／B	客户离开公司后，秘书才完成接待工作

(三)项目活动排序的方法

项目活动排序的方法主要有单代号网络图法、双代号网络图法、条件图法和计划样图法。最常用的是双代号网络图法。

双代号网络图法，又称活动箭线绘图法（Arrow Diagramming Method，ADM），箭线表示活动，箭线连接的节点表示两者之间的依赖关系，如图 10-1 所示。

活动开始S　　　　　　　　　　　　活动结束F

图 10-1　活动箭线绘图法

在双代号网络图中，常见的项目活动逻辑关系见表 10-2。

表 10-2　　　　　　　　　　　常见的项目活动逻辑关系

关系图	关系说明	举例
A、B、C 三个并列分支	活动 A、B、C 属于平行关系，可以同时进行	组织举办元旦联欢会时，邀请嘉宾、布置会场、购买食品可以同时进行
A 分出 B、C、D	活动 A 完成后才开始 B、C、D 活动，即活动 A 是活动 B、C、D 的前序活动	得到上司批准后，才可以去购买机票、订酒店、预支出差费用

(续表)

关系图	关系说明	举例
(图：A→B、C、D→E)	活动 A 完成后才能进行活动 B、C、D；活动 B、C、D 完成后才能完成 E	上司确定参会人员后，才能给与会人员打电话、发短信、发电子邮件。等确定真正参与人数后，才选定会议室
(图：A→D，B→E，C→F)	完成活动 A 后，活动 D 才能开始；活动 A、B 完成后，活动 E 才能开始，活动 A、B、C 完成后，活动 F 才能开始	在宴请客人项目中，"确定宴请标准(A)"后，才能"订酒店(D)"；在"确定宴请标准(A)"和"确定出席人员(B)"后，才能"定桌数(E)"；在"确定宴请标准(A)""确定出席人员(B)"和"安排座席(C)"后，宴会才可以开始(F)
(图：A→D，B，C→E)	完成活动 A、B 后才能开始活动 D；完成活动 B、C 后，才能开始活动 E	填写申请表(A)，得到行政部领导批准(B)后，才能将申请表交给公司分管领导批准(D)；得到行政部领导批准(B)和请ามิ假做好工作交接之后(C)，才能准备出差物品(E)

(四)项目进度表的编制方法

项目进度表的编制主要采用关键路径法(CPM)。它是一种通过分析哪个活动序列进度安排的总时差最小来预测项目进度的网络分析技术。关键路径是项目活动网络图中耗时最长的那条路径。比如，某项目活动序列网络图，如图 10-2 所示，有 A—C—E—G 和 B—D—F—G 两条路径，前者耗时 18 天，后者耗时 17 天，那么前者就是关键路径，因为这条路径中它的可弹性时间最小，一旦超过 18 天，项目总的目标就完成不了了。

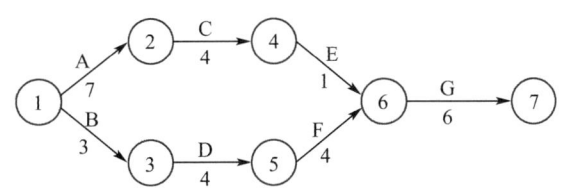

图 10-2 某项目活动序列网络图

关键路径决定了项目的总耗时，通过它还可以确定每个子项目或子活动的最早开始时间(ES)、最早结束时间(EF)、最迟结束时间(LF)、最迟开始时间(LS)、总时差(TF)、自由时差(FF)，见表 10-3。

表 10-3

名词	概念	公式	举例
最早开始时间(Early Start, ES)	一个活动最早开始的时间，它由所有前序活动中最后一个活动最早结束时间所决定	ES=EF	例：计算上例中活动 G 的最早开始时间。解：活动 G 的前序活动为 E、F，也就是必须完成活动 E、F 之后，才能开始活动 G，活动 E 的最早完成时间是 12(7+4+1)，活动 F 的最早完成时间是 11(3+4+4)，以关键路径法计算，活动 G 的最早开始时间是 12

(续表)

名词	概念	公式	举例
最早结束时间（Early Finish,EF）	活动最早开始时间加上本活动的时间	EF＝ES＋T	例：计算上例中活动 G 的最早结束时间。 解：活动 G 的最早开始时间为 12，完成活动 G 的持续时间为 6，所以活动 G 的最早完成时间为 12＋6＝18
最迟结束时间（Late Finish,LF）	一个活动不耽搁整个项目结束时间的情况下，能够最迟开始的时间。它等于后序所有活动中最早一个活动的最迟开始时间	LF＝LS	例：计算上例中活动 C 的最迟结束时间。 解：活动 C 的后序活动有 E 和 G，它的最迟结束时间是项目最迟结束时间减去活动 E 和 G 的工期，项目最迟结束时间是 18，活动 E 和 G 的工期为 7(6＋1)，所以活动 C 的最迟结束时间是 11(18－7)
最迟开始时间（Late Start,LS）	一个活动不耽搁整个项目结束时间的情况下，能够最早开始的时间。它等于活动的最迟结束时间减去活动的持续时间	LS＝LF－T	例：计算上例中活动 C 的最迟开始时间。 解：活动 C 的最迟结束时间为 11，它的持续时间为 1，所以活动 C 的最迟开始时间为 10
总时差（Total Float,TF）	一项活动在不影响整个计划工期的情况下，最大的浮动时间	TF＝LS－ES 或 LF－EF	例：计算上例中活动 G 和 D 的总时差。 解：活动 G 的最迟开始时间为 12，最早开始时间为 12，它的总时差为 0；活动 D 的最迟完成时间为 8(18－6－4)，最早完成时间为 7(3＋4)，它的总时差为 1(8－7)
自由时差（Free Float,FF）	活动在不影响其之后所有活动的最早开始时间的情况下，可以机动的时间	FF＝后序活动的 ES－本活动的 EF	例：计算上例中活动 F 的自由时差。 解：活动 F 的最早结束时间为 11，活动 G 的最早开始时间为 12，活动 F 的自由时差为 1(12－11)

二、实　训

(一)任务描述

表 10-4 是某软件开发商为一家公司开发销售管理软件而制订的软件项目进度表。

表 10-4　　　　　　　　　　　　　　软件项目进度表

任务序号	任务名称	任务代号	活动持续时间(天)	前序工作
1.客户需要分析	1.1 用户需求分析	A	5	—
	1.2 用户需求确认	B	5	A
2.开发环境准备	2.1 硬件环境准备	C	5	E
	2.2 软件环境准备	D	5	C
3.程序设计	3.1 系统分析	E	15	B
	3.2 功能模块设计	F	30	E
	3.3 数据库设计	G	10	E
	3.4 外观界面设计	H	5	F
4.程序开发	4.1 文档设计	I	10	D、G、H
	4.2 代码设计	J	20	I
	4.3 功能调试	K	20	J

项目经理根据项目进度表画出双代号网络图,如图 10-3 所示。

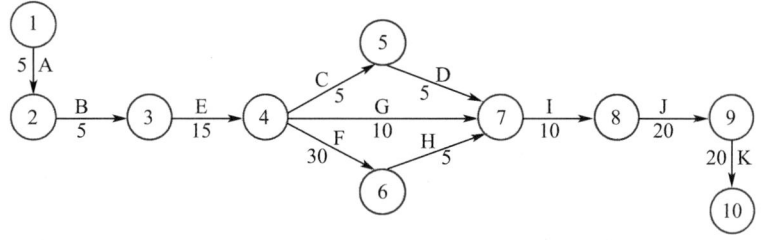

图 10-3　软件项目进度双代号网络图

从图 10-3 可以看出该项目的三条路径:(1)A—B—E—C—D—I—J—K,总工时 85 天;(2)A—B—E—G—I—J—K,总工时 85 天;(3)A—B—E—F—H—I—J—K,总工时 110 天。从总工时来看,第三条路径为关键路径,因为这条路径的哪个环节没有按时完成,都将使项目工期延长。作为秘书,必须时时记住这条路径,但是这条关键路径无法保证秘书能跟踪到每一个项目,要判断哪些活动可以提前,哪些活动可以延迟,必须计算出活动的最早开始时间(ES)、最早结束时间(EF)、最迟结束时间(LF)、最迟开始时间(LS)、总时差(TF)和自由时差(FF)。

(二)要求与指导

实训任务:请根据上述任务,填写项目主要时间参数表,见表 10-5。

表 10-5　　　　　　　　　　　　项目主要时间参数表

活动代码	活动持续时间(天)	前序活动	后序活动	最早开始时间(ES)	最迟开始时间(LS)	最早结束时间(EF)	最迟结束时间(LF)	总时差(TF)	自由时差(FF)
A									
B									
C									
D									
E									
F									
G									
H									
I									
J									
K									

实训成果：

1. 提交项目主要时间参数表。

2. 提交三条路径总工时计算过程。

实训指导：

1. 了解项目管理的基本概念。

2. 了解活动之间的逻辑关系。活动之间的逻辑关系分为四种：结束—开始(FS)、开始—开始(SS)、结束—结束(FF)、开始—结束(SF)。

3. 熟悉项目进度管理中常采用的双代号网络图，如图 10-4 所示。

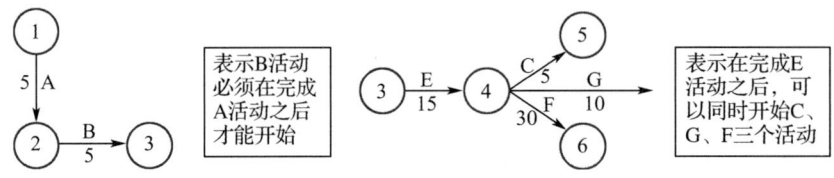

图 10-4　双代号网络图

4. 编制项目进度表一般采用关键路径法，目前项目管理软件基本上采用这种方法。关键路径法原理是为每个最小任务计算工期，定义最早开始时间和结束时间，最迟开始时间和结束时间，总时差和自由时差。

（三）反思与总结

反思与总结见表 10-6。

表 10-6　　　　　　　　　　　　　反思与总结

序号	评价内容	评价（最佳☆☆☆☆☆）
1	我理解了本任务中的所有概念	
2	我能读懂双代号网络图	
3	我能理解活动之间的逻辑关系	
4	我能找出活动中的关键路径	
5	我能正确计算出时间参数表中的数据	

实训体会（记录完成的过程，分析自己的成败得失）：

三、相关链接

（一）进度表

项目进度表至少要包括每一项具体活动的计划开始日期和期望完成日期。具体形式有甘特图、里程碑进度表、项目进度网络图、单代号图。

1. 甘特图

甘特图又称条形图，优点是制作简单，容易理解与修改，但是甘特图在介绍活动的前后关系上不如其他图。某项目的甘特图如图 10-5 所示。

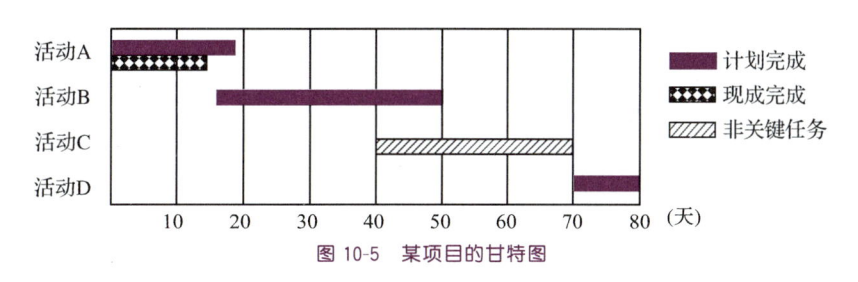

图 10-5　某项目的甘特图

2. 里程碑进度表

里程碑进度表是指在一个带有日历的条形上注明几个关键的事件。它可以与甘特图一起使用。里程碑事件一般指用其他人来验证的事件，或者在进行下一个任务之前需要批准的事件。某会议活动的里程碑进度表见表 10-7。

表 10-7　　　　　　　　某会议活动的里程碑进度表

任务名称	可见成果	1月下旬	2月上旬	2月中旬	2月下旬
会议方案完成	会议实施方案	1.25			
会议前期准备	会场物品整理完成		2.9		
会议如期召开	会议记录			2.18	
会议后续工作	会议总结报告				2.21

3. 项目进度网络图

项目进度网络图又称为前导图，该图是附带有技术时间信息的图形，它能表示项目网络逻辑关系，又能表示项目关键路径上的项目活动。它采用的方法是用箭头、节点表示活动或用节点表示事件。项目进度网络图如图 10-6 所示。

图 10-6　项目进度网络图

4. 单代号图

单代号图如图 10-7 所示。

ES	TF	EF
工期	活动代码	
LS	FF	LF

图 10-7　单代号图

(二)案例

某项目会场整理活动的网络图，如图 10-8 所示。

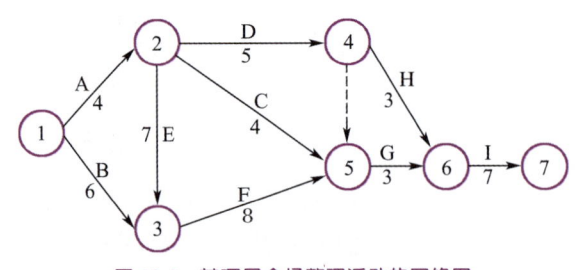

图 10-8　某项目会场整理活动的网络图

点评　项目有四条路径：A—E—F—G—I；B—F—G—I；A—D—H—I；A—C—G—I，它的第一条路径为关键路径，工期为 29 天。这里的虚线表示不存在的劳动，不占用时间。

某项目会场整理活动时间进度表,见表10-8。

表10-8　　　　　　　　　某项目会场整理活动时间进度表

活动代码	活动持续时间	前序活动	后序活动	最早开始时间(ES)	最迟开始时间(LS)	最早结束时间(EF)	最迟结束时间(LF)	总时差(TF)	自由时差(FF)
A	4	—	CDE	0	0	4	4	0	0
B	6	—	F	0	0	6	6	0	5
C	4	A	G	4	21	8	25	17	11
D	5	A	H	4	20	9	25	16	0
E	7	A	F	4	10	11	17	6	0
F	8	BE	G	11	17	19	25	6	0
G	3	DCF	I	19	25	22	28	6	0
H	3	D	I	9	25	12	28	16	10
I	7	GH	—	22	28	29	35	6	0

点评　本例是根据上述某项目会场整理活动的网络图计算出来的进度表,这样能让使用者了解各项工期。

四、拓展训练

某公司办公室装修任务分配表,见表10-9,请你用甘特图表示出来。

表10-9　　　　　　　某公司办公室装修任务分配表

活动编号	活动名称	周期(天)	最早开始(天)	最早结束(天)	时差(天)
A	确定招标方案	30	0	30	0
B	制订评选方案	20	30	50	0
C	装修准备	30	30	60	10
D	装修	20	50	70	0
E	验收	10	70	80	0

任务二　管理项目资源

一、理论知识

(一)项目资源计划

项目资源是指完成项目所需要的人力、供应物资、设备、资金等。它分为两个部分:一是项目本身所需要的材料、设备等；二是项目实施中的人力、设备、能源等。进行资源计划时，应考虑下列因素：项目所需要资源的种类；资源的来源，项目资源的来源可以来自单位内部，也可以来自外部采购，可以向外单位借用，也可以从其他机构获得；资源测量单位常采用"资源＋时间"的方式来表示，资源指人、机器或设备等，时间指小时、周、月、年，例如"人－周"是1个人做1周的工时或成本；资源效率及其影响因素，资源效率用来估量每项资源在单位时间内所完成工作的质与量。

影响资源效果的因素很多，比如人的教育程度、个人特性、工作经验和年龄等；只有明确了项目各项工作、各个组成部分，才能很好地计划资源。

(二)项目资源计划的工具

1.项目资源矩阵

项目资源矩阵用以说明完成项目中的工作需要用到的各种资源的情况。××项目资源矩阵见表10-10，行为资源的名称，列为项目活动与资源，交叉点为各项工作所需要的资源状况，"I"表示重要资源，"S"表示一般资源。

表10-10　　　　　　　　　××项目资源矩阵

任务/资源	设计部经理	土建工程师	给排水工程师	暖通工程师	电气工程师	弱电工程师	景观工程师
设计合同	I						S
土建		I	S	S	S	S	
给排水			I	S	S	S	
暖通			S	I			S
强电			S	S	I		
弱电			S	S	S	I	
景观	S						I

2.项目资源数据表

项目资源数据表用以说明各种资源在项目周期内各时间段上数量的需求情况。

3.项目资源甘特图

项目资源甘特图用以反映各种资源在项目周期内各阶段完成工作的情况。××项目资源甘特图如图10-9所示。

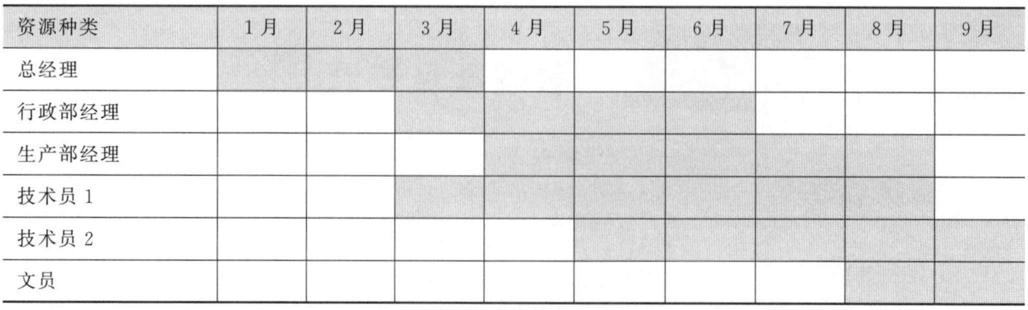

资源种类	1月	2月	3月	4月	5月	6月	7月	8月	9月
总经理									
行政部经理									
生产部经理									
技术员1									
技术员2									
文员									

图10-9　××项目资源甘特图

4.项目资源分布(负荷)图

项目资源分布(负荷)图给出在项目周期内的各个阶段所需要的人力、机器设备资源的数量。

(三)项目资源均衡

项目资源移动需要成本,一旦项目进入实施,不对资源加以合理使用会造成很大的浪费。项目资源均衡就是在资源计划中,努力使各类资源不出现大进大出,合理使用项目内的资源,确保资源需求波动最小,保证项目内的资源不闲置。因此,项目资源均衡可以定义为,通过确定项目所需资源的确切投入时间,尽可能均衡使用各种资源来满足项目进度规划的一种方法。

1.工期约束、资源不变下的均衡

工期约束、资源不变下的均衡是指整个项目工期保持不变的情况下,对固定资源进行均衡。它的步骤有:计算各阶段平均的资源数;以最早开始进度计划为依据,从具有最大自由时差的活动开始,逐步推迟某个活动的开始时间。

2.资源约束、工期不变下的均衡

很多情况是资源受到约束,又要求如期完成项目,遇到这种情况,可以采用下列方法:

(1)用较低的资源使用量完成活动。这种方法只适用于那些可以延长活动时间,用较少的资源就能有效完成的活动。比如,活动 A 和 B,他们每月计划用 5 吨水,活动 A 为关键活动,按计划 A 要占用 4 吨,并且要用 3 个月,活动 B 要占用 1 吨,用 2 个月。现在实际情况是每月只有 4.5 吨,在这种情况下,可以计划活动 A 每月占用 4 吨,活动 B 每月占用 0.5 吨,但将活动 B 的时间延长为 4 个月。通过均衡,就达到了用较小的资源完成项目的目的。

(2)分解活动。对项目中逻辑关系变化影响不太大的某些项目活动进行分解,然后再重组它们的逻辑关系,从而在资源约束下如期完成任务。例如,某项目共有 5 周的时间,计划完成活动 A 和活动 B 两个活动。对于项目来说,每周只有 22 个工时可以利用,A 为关键活动,总工时为 64 个工时,按计划每周占 16 个工时,需要 4 周。活动 B 总工时为 24 个工时,因活动 B 只有 6 个工时可用,完成活动 B 就需要 4 周。因活动 B 是在活动 A 开始 2 周以后开始,这样就无法如期完成任务。遇到此问题,我们可以试着将活动 A 分为子活动 A1 和 A2,分解后,如果 A1 要 12 个工时,A2 只要 2 个工时,这样活动 B 就可以占到每周 8 个工时,只要 3 周就可以完成项目。具体拆分见表 10-11 和表 10-12。

表 10-11　　　　　　　　　分解前的资源安排

活动	第1周	第2周	第3周	第4周	第5周	第6周
A	16	16	16	16		
B			6	6	6	6

表 10-12　　　　　　　　　分解后的资源安排

活动	第1周	第2周	第3周	第4周	第5周
A1	16	16	12	12	2
A2			2	2	2
B			8	8	8

(3)减少不必要的资源使用。在一些项目中,由于规划不好,导致资源浪费,进而影响项目的完成。比如某公司搬迁实验室,规定搬迁费2万元,装修费5万元。计划搬迁一台大设备时专门请一家搬运公司来搬,其他物品又请另一家搬运公司。搬大设备的搬迁费为1万元,如果照此计划,将有三分之一的物品因费用不足而无法搬走。后来进行资源均衡时,发现一台车可以将实验室所有物品一次运走,于是他们计划由专门搬迁大设备的搬迁公司同时承接其他物品的搬迁,这样费用就够了。

3. 资源分配的优先原则

资源分配的一般途径是先假设没有资源使用方面的限制,从一条简单的关键线路着手进行分析,然后检查分配结果是否可行。如果检查时出现计划资源超出实际可用的资源,就需要按优先原则进行分配。下面是根据优先原则确定的优先工作次序:具有最小时差的工作;最迟完成时间最小的工作;需要资源量最多或最小的工作;工期较短或较长的工作。

二、实 训

(一)任务描述

××公司有工作人员102人,公司主要开发纺织行业的应用软件,由于行业竞争激烈,公司管理不规范,薪酬不高,人员流动大,导致公司开发水平较低。公司为了获得更大的发展,拟调整经营战略,在稳住现有产品的基础上,开发一款面向纺织品零售商的软件。公司领导认为这是自己所熟悉的行业,软件的很多功能可以移植现有的产品代码,产品不应耗费太多的人力与时间,于是公司高层决定在22周内完成项目。

项目一开始,公司行政资源部给项目组配了3名程序员和1名文秘人员。这3名程序员由于对原来的软件不是很熟悉,做了1周后,发现无法完成项目计划,于是他们向公司申请,要求配备2名对原来软件熟悉的程序员,借用8周。于是,公司从另外一个"管理软件"项目中抽调2名程序员来协助。

正当项目快速推进之时,突然这个"管理软件"项目客户要求公司提前交产品,公司为了保住"大客户",决定把2名程序员调回原来的项目组。"零售软件"项目组又陷入无法完成项目计划的境地,他们认为项目延期在所难免。

"零售软件"项目的资源需求情况见表10-13,"零售软件"项目的项目网络图如图10-10所示。

表10-13　　　　　　"零售软件"项目的资源需求情况

工作	持续时间/周	每周需要的时数/小时	需要的总劳动时数/小时
A	5	8	40
B	3	4	12
C	8	3	24
D	7	2	14
E	7	5	35
F	4	9	36
G	5	7	35

![图 10-10 "零售软件"项目的项目网络图]

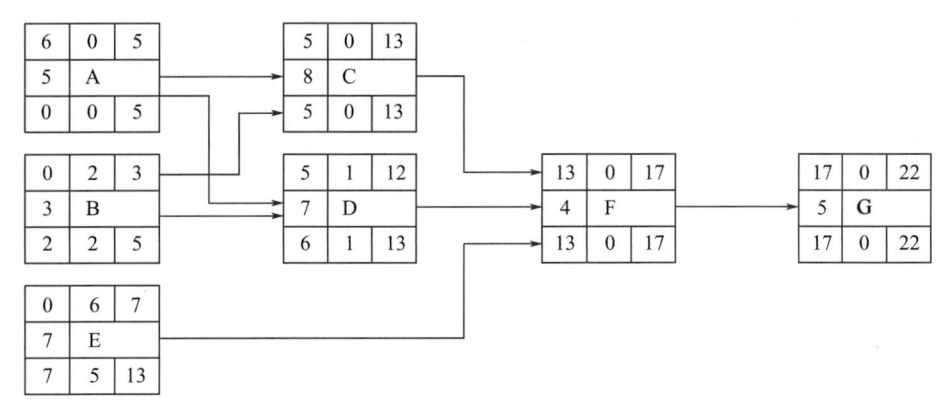

图 10-10 "零售软件"项目的项目网络图

(二)要求与指导

实训任务： 用资源计划工具对资源进行安排和均衡。

实训成果：

实施资源均衡后的资源需求表和资源分布图。

实训指导：

1. 本项目有一定难度，可以采用小组协作方式来完成。

2. 熟悉项目资源计划的编制工具与方法。项目资源计划的编制工具主要有项目资源矩阵、项目资源数据表和项目甘特图以及资源分布(负荷)图，项目资源计划常按最早开始进度计划和最迟开始进度计划安排资源。

3. 熟悉项目资源均衡的相关知识，了解资源均衡的步骤。计划各阶段平均的工期数，以最早开始进度计划和非关键工作为依据，从具有最大自由时差的工作开始，逐步推迟某个工作的开始时间。在每次调整后要再检查资源需求表和资源分布图，一步步调整。

初步调整后的资源需求表见表 10-14。

表 10-14　　　　　　　　初步调整后的资源需求表

工期(周)	1	2	3	4	5	6	7	8	9	10	11
需求量	12	12	12	13	13	10	10	10	10	10	5
工期(周)	12	13	14	15	16	17	18	19	20	21	22
需求量	5	3	9	9	9	9	7	7	7	7	7

初步调整后的资源分布图如图 10-11 所示。

从表 10-14 中可以看出第 4、5 周资源需求量较多，是否可以再后推呢，即可否将 E 活动在 A 活动完成之后再进行？因为 A 活动持续时间为 5 周，而 E 活动的自由时差为 6。依此，再次调整后的资源需求表见表 10-15。

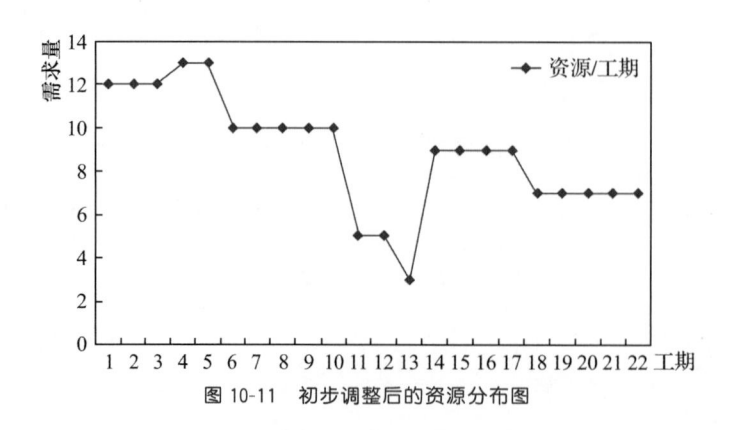

图 10-11 初步调整后的资源分布图

表 10-15　　　　　　　　　再次调整后的资源需求表

工期(周)	1	2	3	4	5	6	7	8	9	10	11
需求量	12	12	12	8	8	10	10	10	10	10	10
工期(周)	12	13	14	15	16	17	18	19	20	21	22
需求量	10	3	9	9	9	9	7	7	7	7	7

再次调整后的资源分布图如图 10-12 所示。

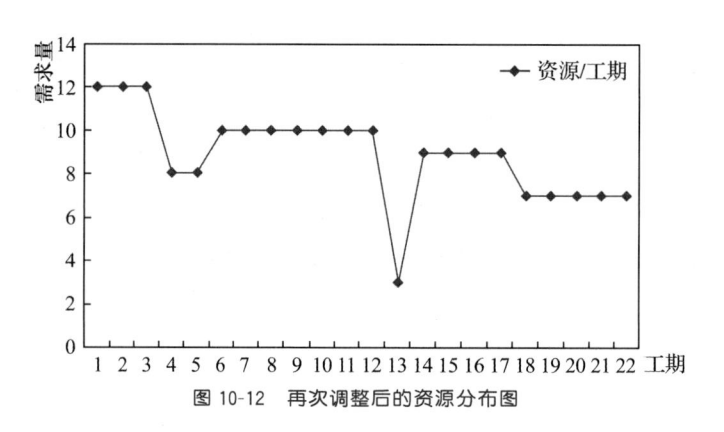

图 10-12　再次调整后的资源分布图

从表 10-15 中可以看出第 13 周还是只有 3 个工作时数,现在可以考虑调整 B 和 D 活动,B 工作有 2 周时差,往后推 2 周,只是第 8、9 周增加到 12 个工作时数,没有多少意义,如果调整 D 活动呢,将它推后 1 周,效果如何呢?分析后发现其可以起到均衡的作用。

4. 分布图的制作可以通过 Excel 软件完成,选用图形样式为"折线图"。

(三)反思与总结

反思与总结见表 10-16。

表 10-16　　　　　　　　　　　　　　　反思与总结

序号	评价内容	评价(最佳☆☆☆☆☆)
1	我熟悉资源计划的编制工具与方法	
2	我能制作出最早开始进度计划的资源安排甘特图、分布图及工作需求表	
3	我能制作出最迟开始进度计划的资源安排甘特图、分布图及工作需求表	
4	我熟悉均衡资源步骤	
5	我能逐步均衡资源,并提供相应表格	

实训体会(记录完成的过程,分析自己的成败得失):

三、相关链接

(一)案例

某项目假设只使用一种资源(专业人员),并且假设项目的资源使用率保持不变,于是可以算出总劳动时数,即每天需要的劳动人员×工作持续时间。如果使用率发生变化,就应该分别确定每一时间区段的资源需求状况。确定资源需求状况主要是确定最早开始进度计划与最迟开始进度计划的资源安排。确定这两个资源,就能较容易跟踪与分配资源,保证资源的充分利用。该项目的资源需求表见表 10-17。

表 10-17　　　　　　　　　　　　　该项目的资源需求表

活动代码	活动持续时间/小时	每周需要的劳动人员/人	需要的总劳动时数/小时
A	4	4	16
B	6	4	24
C	4	3	12
D	5	2	10
E	7	5	35
F	8	6	48
G	3	6	18
H	3	4	12
I	7	5	35

该项目网络图如图 10-13 所示。

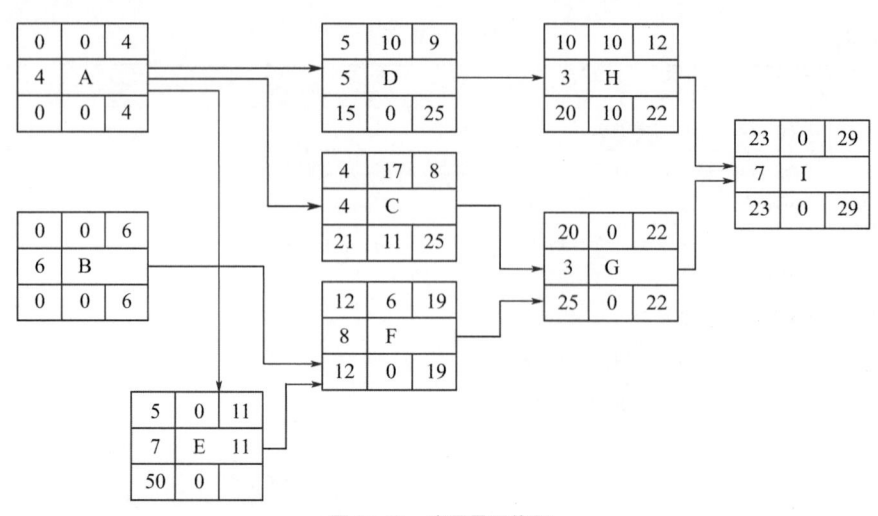

图 10-13　该项目网络图

根据该项目网络图,我们可以画出最早开始进度计划甘特图,如图 10-14 所示。

图 10-14　最早开始进度计划甘特图

根据"该项目的资源需求表"和"最早开始进度计划甘特图",可以得出"最早开始进度计划资源需求表",见表 10-18。

表 10-18　　　　　　　　最早开始进度计划资源需求表

工期	1	2	3	4	5	6	7	8	9	10	11	12	13	14	15	16	17	18	19	20	21	22	23	24	25	26	27	28	29
需求量	8	8	8	8	14	14	10	10	7	9	9	10	6	6	6	6	6	6	6	12	6	6	5	5	5	5	5	5	5

根据上表,可以得出"最早开始进度计划资源分布图",如图 10-15 所示。

图 10-15 最早开始进度计划资源分布图

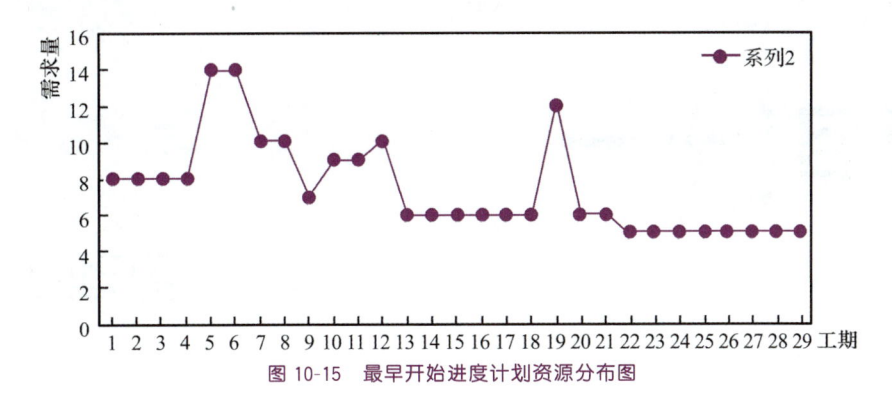

用同样的方法,也可以计算出"最迟开始进度计划资源需求表"和"最迟开始进度计划资源分布图"。

· 点 评 · 本例虽然假设的前提条件不同,但计算与优化方案相似。

四、拓展训练

某公司准备举办 40 周年庆祝活动。公司领导决定由项目部张经理来负责这项活动的准备工作。张经理找到公司领导说:"我不是职能部门领导,我无权从一些部门要人,这项活动需要配备一些人员,请领导支持。"领导当场表示,全力以赴给予支持。张经理提出了要 2 名接待人员,负责接待、餐饮、住宿安排等工作;还要 2 名会场布置人员,负责完成音响及灯光布置、主席台及观众席设置、宣传标语的制作与悬挂等工作;另外还要保安人员 5 名,负责安保工作。公司领导同意张经理的请示。公司领导下令从办公室抽调 2 名接待人员,从宣传部门抽调 2 名人员进行会场布置工作,从保卫处安排 5 名保安人员参与项目。现在离活动还有 25 天,张经理应如何分配好时间与人力资源?

· 问 题 · 请你谈谈如何分配好时间与人力资源。

项目十一

管理上司

知识目标

- 能说出时间管理的基本概念及分类。
- 能举例说明时间管理的原则。
- 能举例说明维持人际关系的基本原则。

能力目标

- 能制订上司时间计划表。
- 能分辨上司工作中的错误与缺陷。
- 能维护好上司的人际关系。

价值塑造

- 在学习管理上司人际关系知识时,涵养与人为善的和谐人际观。
- 在管理上司时间和错误案例分析中,形成讲大局、识大体的价值观。

思考与感悟

××有限公司是一家互联网科技公司,准备在国庆节期间举办一次大型的产品销售推广活动。为了让这次活动取得圆满成功,公司上上下下都进入了紧张而忙碌的状态,尤其是销售部王经理更是繁忙。他要秘书钟青青拟一份产品销售推广活动的时间表,逐项填写销售推广活动,并将销售推广活动剪彩仪式上要邀请的嘉宾名单告诉了钟青青,要她准备好邀请函提前送去。接到任务后,钟青青马上投入工作,用了半天的时间拟好了销售推广活动时间表,然后开始拟写邀请函。在撰写邀请函的过程中,钟青青突然发现去年受邀的一位重要客户的名字没在名单中。为确认此事,她将去年的销售推广活动资料找出来核对,果然发现那位客户的名字,而且还是所有嘉宾中位置最显眼的一位。她连忙将这件事告诉王经理。王经理听了,既震惊又欣慰。震惊的是,这位客户若是遗漏了,公司将会失去一位多年的合作伙伴。欣慰的是,多亏钟青青的提醒,才没犯下大错。

为此，王经理非常感谢钟青青，对钟青青也多了份信任，他把钟青青看成是自己的"管理者"，要钟青青今后多留心自己的疏漏。

> **思 考**
>
> 1. 钟青青是怎样做好工作的，从中你可以借鉴哪些经验？
> 2. 钟青青是如何帮助经理解决工作中的疏漏的？

任务一　管理上司的时间

一、理论知识

（一）时间管理的概念

时间管理是指在相同的时间范围内，为提高时间的利用率和有效性而进行的一系列控制工作。时间管理包括年、季度、月、周、天的日常工作安排。

日程安排的内容是把上司或组织的年、季度、月、周、天的主要活动纳入计划，并下发给组织相关单位或部门。而上司或组织日常工作一般涉及的内容有接待、约会、商务出行、会议、庆典仪式、报告演讲、出差休假、公司例行事务、到下级部门检查或指导工作、上司私人活动等。

日程安排的基本要点：

1. 统筹兼顾

安排日常活动既要从组织的全局出发统一筹划，又要兼顾上司的实际情况。

2. 安排规范

根据上司的分工，明确哪一类活动应由哪些上司参加，避免出现随意性，要注意实效，克服形式主义。

3. 讲究效率

日程表的安排要体现效率原则。

4. 突出重点

采用时间管理四象限法则，如图 11-1 所示，对与完成中心工作有直接联系或重要的活动，要优先安排。该法则根据事情的紧急程度、重要程度划分事务，能提高效率，充分利用时间，合理分配精力，保质保量完成任务。

图 11-1　时间管理四象限法则

(二)时间管理的工具

1. 工作计划表的概念

工作计划表是将某一时间段中已经明确的工作任务清晰地记载和标明的表格,是提醒使用人和相关人按照时间表的进程行动,从而保证完成任务的有效方法。

2. 工作计划表的编制步骤

(1)根据工作需要确定编制时间的周期。

(2)收集并列出该阶段所有工作、活动或任务。

(3)发现活动时间冲突,主动与相关部门或人员协调,及时调整。

(4)按照时间顺序将任务排列清晰。

(5)绘制表格,标明日期、时间和适合的行、列项目。

(6)用简明的文字将信息填入工作表格。

(7)将工作表交由领导审定。

3. 上司工作日志的填写方法

(1)提前了解上司工作和活动的信息,填入日志中,并于当日早晨再次确定和补充。

(2)输入或填写的信息要清楚、方便阅读,保持日志整洁,最好先用铅笔填写,确认后再用墨水笔正式标明,还可以使用不同颜色标明。

(3)输入或填写的信息要完整,标明各项活动的时间、地点、姓名、联络人等必要信息。

(4)输入或填写的信息要准确,当日出现情况变化,应当立即更新日志,并告知上司出现的变化。

(5)在上司工作日志变化的同时,应更改自己的工作日志,并做好变更的善后工作。

(6)协助或提醒上司执行日志计划,在需要时帮助上司排除干扰。

4. 上司工作日志填写的主要内容

(1)上司在单位内部参加的会议、活动情况,要记录清楚时间、地点、内容。

(2)上司在单位内部接待的来访者,要记录清楚来访者的姓名、单位、约会时间。

(3)上司在单位外部参加的会议、活动、约会等情况,要记录清楚时间、地点的确切细节及对方的联系方式等。

(4)上司个人的安排,如去医院看病等,秘书要保证不会在这段时间安排其他事宜。

(5)上司私人的信息,如亲属的生日,要提醒上司购买生日卡或礼物。

5. 处理上司工作日志的变化与调整

有时会因为意外发生的事情或对方的原因而必须改变日程安排,应尽量想办法将日程安排的变更限制在最小的范围。

调整时要注意以下几点:

(1)安排的活动之间要留有适当的间隙,以备活动时间的拖延或新添临时、紧急的任务。

(2)进行项目的时间调整、变更,仍然要遵循轻重缓急的原则,并将变更的情况报告上司,慎重处理。

(3)确定变更后,应立即做好有关善后工作,例如通知对方、说明理由、防止误解等。

(4)再次检查工作日志是否已经将变更后的信息记录上,防止漏记、错记。

(5)秘书应确保上司工作日志信息的保密,只给上司授权的人查阅。

(6)秘书应熟悉上司工作习惯和约会时间的长短,以便工作安排符合上司的习惯和要求。

(7)秘书应熟悉上司用餐和休息时间,以便约会安排避开上司用餐和休息时间。

二、实 训

(一)任务描述

周四下班前一小时,××公司肖总经理把助理李强叫进办公室,对他说明了自己下周(3月7日—11日)的工作内容,吩咐李助理做好一份计划表,务必第二天下午3点交由他审阅。李强一边听一边认真做着记录,最后肖总经理要求李强在拟订计划时多与相关部门沟通协调。肖总经理下周工作内容如下:

1.公司部门经理的例会。

2.出席营销部的季度工作动员会。

3.迎接周三上午市工商局、环保局的检查。

4.组织各部门负责人学习《中华人民共和国企业法》。

5.与××公司黄总进行商务谈判。

6.去两个不同省份的分公司进行基层调查,参加其中某分公司举行的客户联谊会。

7.主持召开上一年度公司工作总结大会。

如果你是李强,你将如何拟制这份工作时间表,做好肖总经理时间的管理工作?

(二)要求与指导

实训任务:制订一份上司工作计划。

实训成果:

每个同学提供一份上司周工作计划表。

实训指导:

1.在实际工作中,秘书很多时候要为上司制订工作计划,要做好这项工作需要多方面协调,有一定难度。在制订上司的周工作计划表时,首先应了解哪些工作应纳入到计划表中,一般说来,与公司有关的事件都要列入周工作计划表,如各类会议、庆典、宴请等。

2.周工作计划表制订时要考虑领导层的分工,不是所有活动都要求上司全部参加。同时要参考其他上司的周工作计划。

3.制订周工作计划宜用表格形式,尽量具体到小时。

4.周工作计划表最好在周三或周四制订出来,周五前送给上司批准。

5.制订的周工作计划表,要一式多份,除送直接上司一份外,其他上司也要送一份。

6.制订周工作计划表的工作程序:先根据需求确定好时间期限;收集并列出上司该阶段的所有工作、活动或任务;按上司的任务进行分类;按事件重要程度合理安排时间;制订工作计划表;提交给上司审核。

(三)反思与总结

反思与总结见表11-1。

表 11-1　　　　　　　　　　　　　反思与总结

序号	评价内容	评价（最佳☆☆☆☆）
1	我制订上司工作计划表时,会考虑与多方协调	
2	我制订的工作计划表的项目非常具体,包含活动的名称、参与者、时间、地点等要素	
3	我制订的工作计划表间隔时间安排合理	
4	我制订的工作计划表能考虑到上司个人的工作习惯	

实训体会(记录完成的过程,分析自己的成败得失)：

三、相关链接

(一)时间管理的一般原则

1. 用精力最充沛的时间做最重要的工作。
2. 消费时间要有计划性,对于固定工作时间消费应标准化和定量化。
3. 保持时间上的弹性和连续性。
4. 坚持从现在做起的信念。
5. 要舍得授权。

(二)ABC 分析法

ABC 分析法见表 11-2。

表 11-2　　　　　　　　　　　　　ABC 分析法

分类	A 类	B 类	C 类
比例	占工作总量的 20%～30%,每天 1～3 件	占工作总量的 30%～40%,每天 5 件以内	占工作总量的 40%～50%
特征	(1)最重要:具有本质上的重要性 (2)最迫切:具有时间上的迫切性 (3)有后果	(1)重要 (2)一般 (3)无大后果	(1)无关紧要 (2)不迫切 (3)影响小或无后果
管理要点	重点管理： (1)必须做好 (2)现在必须做好 (3)亲自去做好	一般管理,可以自己去做,亦可授权别人办理	附带管理：有时间可责成别人去完成,无时间可以不做
时间分配	占总工作时间的 60%～70%	占总工作时间的 20%～30%	占总工作时间的 10%

(三)案例

李刚是××公司的经理。他是一个事业心、责任心强,同时能力也很强的人,做事喜欢亲力亲为。这段时间,公司要研发一个项目,他负责把关一份大型汇报材料。这期间,他还要接待与这个项目有关的专家和几位与公司有业务关系的客户,前任销售科老科长要退休,他还得去参加老科长的退休欢送会。此外,秘书还不时向他请示工作,以至于他难以集中精力完成这份大型汇报材料。

李刚每天忙得都晕头转向,最后累倒了,不得不住进医院。公司要得很急的材料也不能及时拿出来,为此,他很内疚。

·点评· 这件事告诉我们,做事一是要懂得授权,将一些不重要的事授权给下属或秘书去处理,如接待与公司有业务关系的客户可由其他负责人去接待,老科长退休欢送会可由工会负责人去处理,另外告诉秘书没有重要的事不要总是请示。李刚将大部分精力用在大型汇报材料的审核与接待专家上就行了。

四、拓展训练

下周上司的工作主要有:周一上午联系广州货源;下午到汕头参加分公司的客户联谊会;周二新员工面试,与 A 公司签订合同;周三宴请 B 公司的总经理,部分经理例会;周四到 C 公司联系业务,晚上宴请 C 公司的总经理;周五与 B 公司、C 公司总经理打高尔夫球;周六陪孩子参加"六一"活动;周日健身。

·问题· 提交上司一周工作计划表。

任务二　管理上司的错误与缺陷

一、理论知识

(一)上司错误与缺陷的种类

人无完人,上司在工作中也会犯错,或者有工作缺陷。这里的错误是指上司工作中有违背国家法律或单位规定的做法,这里的缺陷是指上司由于性格、能力等方面的不足对工作产生的负面影响。这里所谈的错误与缺陷不涉及私人生活中的错误与缺陷。

1. 上司在工作中的错误

上司在工作中容易犯的错误有:违法、违规、违背规律、违例和背信。违法,是指上司可能在工作中违背国家法律的行为;违规,是指上司在工作中违背相关规定的行为;违背规律,是指上司不遵守事物发生的客观规律,瞎指挥、盲目行动的行为;违例,是指上司在工作中违背单位规定、习惯、约定等行为;背信,是指上司在工作中不讲诚信,违背合同等行为。

2. 上司在工作中的缺陷

上司在工作中的缺陷主要有:性格缺陷、能力缺陷和管理缺陷。性格缺陷,是指上司由于性格不好,给工作带来不必要的麻烦;能力缺陷,是指上司由于能力方面不足,导致无法完成某项工作,或不能让某项工作做得更完美;管理缺陷,是指上司由于不了解实际情况,或者不懂管理,给工作带来负面影响。

(二)纠正上司错误的技巧

1. 换位分析

秘书与上司所处地位的不同,会影响秘书对某一件事的判断。有时候在秘书看来是一件错误的事,而在上司看来却是正确的。这时就要求秘书站在上司的位置上分析,对事件进行评估,上司在事件中是否确实存在错误。

2. 冷静判断

上司犯错时,秘书应先做分析,分析上司的错误性质如何,对公司产生的危害如何,上司是一时错误还是惯错。秘书切忌一看到上司犯错就采取行动。

3. 采用人性方案

指出上司错误时,秘书一定要事先构思一套方案。构思的方案一定要人性化,也就是说要考虑到上司也是人,他也要尊严,希望被肯定、被尊重。所以,指出上司错误时,可采取的方法,如私下委婉提醒,或者以旁人的故事来隐喻,或者通过短信、邮件等方式提示等。

4. 让上司体会到秘书的良苦用心

秘书在指出上司的错误时,应让上司感到你是为他好,为公司未来发展着想。否则,上司有可能不接受你指出的错误。

5. 准备翔实的资料

要让上司停止他错误的言行,有时靠秘书的口头指正是没用的,更好的办法是为上司提供翔实的资料,让上司对自己的错误做出判断与分析,自己纠正错误。

(三)弥补上司缺陷的技巧

秘书的重要工作是辅助上司,如果在工作中不去弥补上司的缺陷就是失职。

1. 树立正确的出发点

秘书弥补上司的缺陷,不是为弥补而弥补,而是要通过弥补,使上司自我完善、自我净化、自我革新、自我提高。

2. 了解自己的优势

缺陷是相对他人来说的,要弥补上司的缺陷,首先要了解自己有哪些长处,自己的长处是否可以弥补上司的缺陷。

3. 通过换位思考,找出上司缺陷的症结所在

秘书在工作中常常要站在上司的角度来思考,面对同一件事,我会如何处理,通过换位思考,判断出上司的缺陷所在,然后采取方法加以弥补。

4. 弥补上司缺陷要积极

上司一般欣赏能给自己弥补缺陷的人,当看到上司处理某事存在缺陷时,秘书应主动及时去弥补,不能等上司出了错时才去弥补,更不能对上司的缺陷视而不见,不作为。

5. 润物无声

上司的很多缺陷不是一两次就可以帮助消除的,特别是性格方面的缺陷,短期内很难纠正。这时秘书就要不动声色地弥补,通过你的潜移默化,让上司自我纠正。

二、实　训

(一)任务描述

钟青青原来的上司调到别的区域任总监,总部又派了位新上司陈经理主持公司的全面工作。陈经理业务能力很强,只是性子急,脾气稍微大了些。

一天,钟青青外出办事。办公室里只留下一位刚来的负责文件收发的秘书小宁。上午10点,总部要公司提交去年的销售报表,陈经理要小宁找到并马上给他看。可小宁左翻右翻,怎么也找不到去年的销售报表,于是等得不耐烦的陈经理大发雷霆。小宁想解释,但陈经理根本没给她机会。小宁受不了这样的委屈,泪流满面地冲出办公室。恰巧钟青青回来了,望着泪流满面的小宁和怒气冲冲的陈经理,她该怎么办？

一天,与公司有合作意向的××公司派马经理到公司来商谈具体的合作事项。因这一合作项目是在前任经理在位时洽谈的,陈经理并不了解情况,以为马经理并不是很重要的客户,就安排副经理接待,自己不打算出席洽谈会。这时钟青青又该如何处理？

(二)要求与指导

实训任务：管理上司的错误及缺陷。

实训成果：

本任务为小组项目,要求小组成员互相讨论,提供一个解决问题的方案。

实训指导：

1. 对照单位规定和国家的有关规定,准确把握上司错误的程度或工作中存在的缺陷。

2. 分析上司错误或缺陷的性质,预估可能给整体利益带来的损害。

3. 根据上司的性格特点,在恰当的地方,采用一定策略为上司提出建议,并提供相关数据与案例。

4. 秘书发现上司的错误与缺陷后,除了适当提醒外,更要准备好预案,以消除领导的失误和缺陷所带来的不良后果,切不可听之任之。

5. 实训时可以选择一个长者作为分析对象,针对其缺陷和错误写出建议书。

(三)反思与总结

反思与总结见表 11-3。

表 11-3　　　　　　　　　　反思与总结

序号	评价内容	评价(最佳☆☆☆☆☆)
1	我能发现上司的错误和缺陷	
2	我能分析上司错误与缺陷产生的原因	
3	我能判定身边人员的性格特点	
4	我能根据人的性格与身份提出建议	
5	我提醒规劝的言行符合秘书的身份与地位	

实训体会(记录完成的过程,分析自己的成败得失)：

三、相关链接

指出错误的技巧

戚光东和金山城是大学同学,同时进入一家大公司的市场部工作,听命于同一位上司。两人工作能力和表现都不错,两年后都成了市场部骨干。可是,两人在工作风格上有一个很大的不同,那就是当上司的决策出现问题时,戚光东往往会直言不讳地当着众人的面向上司指出来。如果上司安排的事情有明显的错误,戚光东甚至会不办理。金山城则完全不同,当他觉得上司的决策有问题的时候,他会先私下给上司写一封邮件,表明自己的想法和担心。如果上司坚持,他也能认真去实施,尽量完成上司的想法。即使失败,他也主动承担自己那部分责任,从来不在众人面前抱怨上司。三年过去了,上司升职在即,在挑选接班人时,他毫不犹豫地选择了金山城。

·点评· 如何对待上司的错误,如何"批评"上司,在公司里是一个很敏感、很微妙的话题。员工普遍存在两个认识上的误区:一是认为"老虎屁股摸不得",上司的错误提不得;二是认为现代企业提倡民主,看到上司有错误应该立即坦率地指出来。第一种是明哲保身的态度,上司的错误决定会导致员工自身业绩下降。后一种人其心可嘉,但忽视了上司"被尊重"的心理需要。

四、拓展训练

小杜是一家网络公司业务经理的秘书,他的上司陈经理是一个专业能力强,工作又非常负责的人。但陈经理有拖拉的习惯,甚至与客户见面都迟到,险些丢了单子;陈经理记性也不大好,好几次借了档案室资料很长时间都不记得归还。因此,档案室负责人对业务部门的人来借阅资料都很反感。

·问题·
请问秘书小杜应该怎样做才能帮助陈经理解决这些问题呢?

任务三 管理上司人际关系

一、理论知识

(一)影响上司人际关系的因素

1. 外在因素

(1)企业的总体情况

企业的总体目标、各方面的发展情况和存在的问题,对上司的人际关系有很大影响,比如一个刚起步的企业与一个领军企业在对待一般客户的关系时会有不同。

(2) 领导环境

所谓领导环境,指领导班子的整体状况,如领导之间的工作分工情况、能力结构情况以及领导班子的思想状况等。领导环境影响上司的人际关系,因此作为领导的秘书要弄清领导体制的性质,了解领导方式的特点,明确领导的分工情况,掌握领导班子成员的个性和背景。

(3) 企业文化

企业文化不仅影响企业生产与经营,也影响着企业的人际关系。平等、民主、以人为本的企业文化有利于上司与员工维持良好的人际关系,而专制、苛刻、忽视员工的企业,很难形成良好的上下级关系。

2. 内在因素

(1) 主管上司的工作习惯与风格

有的上司工作时喜欢与同事或下属商量,有的则喜欢一个人做决断,下属只要认真执行即可,还有的上司喜欢听好话,有的上司严格要求自己同时也严格要求下属等。上司的处事风格会直接影响上司对人际关系的推断与反应,从而进一步影响他的人际关系。

(2) 个人性格

个人性格对人际关系的影响很大。许多领导人际关系不好,与他的性格有很大关系。比如有些上司性格柔弱,做事优柔寡断,不敢担当,这样的上司难以与同事和下属搞好关系。

(3) 价值观

一个人的价值观潜移默化地影响人的言行,也影响着他的人际关系。比如一个不讲信誉的上司,很难与客户建立良好的人际关系。

(二)维系上司人际关系的方法

1. 为上司的人际交往收集信息

人际交往的顺利开展与信息是否准确、及时、完整有极大的联系。在维护上司的客户关系时,秘书应除了为上司收集客户的业务信息外,还应提供客户的一些私人信息,如乔迁之喜、婚丧之事等。这些信息,可以为上司赢得良好的口碑和极佳的人缘。

2. 为上司挡驾分流

根据上司人际交往的观念、习惯,以及上司的交际网,为上司挡驾,免去上司不必要的人际交往活动,从而避免人际矛盾的产生。

3. 为上司消除人际隔阂

上司的好朋友或来往密切的人,秘书要多加留意,以便协助上司顺利开展工作。同时,秘书也要注意那些与上司关系一般,甚至关系糟糕,但又不得不交往的人。对于这些人,秘书不仅要与之搞好关系,还要尽可能找机会消除上司与他们之间的隔阂。

(三)上司人际关系中矛盾化解的方法

1. 直属上司与其他上司矛盾化解的方法

作为秘书,首先不要卷入直属上司与其他上司的是非之中。当自己直属上司要你发表看法,你必须站在宏观、公司未来发展的角度来做评论,先肯定自己直属上司的合理成分,然后从另一角度来分析另一位上司的合理之处。这样可以让上司站在更高的层次来看待他们的矛盾,不至于为一件小事纠缠不清。

2. 上司与员工矛盾化解的方法

上司与员工由于所处地位不同,如果没有良好的沟通渠道,很容易产生矛盾。秘书首先应通过调查,分析他们产生矛盾的原因,尤其是要了解员工对上司评价,然后与上司沟通,如实向上司反映员工的意见,并帮助分析出他们意见中的合理成分与不合理成分。同时,了解上司真实意思,将他的想法传达给员工。最后,搭建上司与员工之间的沟通桥梁,让上司与员工直接沟通。

3. 上司与客户矛盾化解的方法

上司与客户之间的矛盾多是利益之争引起的矛盾。对于这种矛盾,秘书能起的作用是有限的,秘书所能做的就是为上司提供决策参考的信息,使公司的利益最大化。如果是其他原因引起上司与客户之间的矛盾,上司不好当面去解决的,秘书可以在得到上司的授权下代为处理。但是在处理时,必须坚持底线。

二、实 训

(一)任务描述

小周是一家房地产公司设计部的秘书,她的上司刘总经理是一位业务能力很强的设计工程师。最近,公司总裁刚刚召开了一个新项目论证会议。会议一结束,刘总经理就拿着一大沓文件匆匆忙忙地跑回自己的办公室仔细阅读,并制订出了具体的工作计划。过了不久,刘总经理叫秘书小周将设计员小李、小林叫来自己的办公室。刘总经理拿着文件和笔记本将工作任务布置给了两人。小李和小林一听到又有新任务,满脸愁容。因为他们手头上还有项目没完成,这些项目都很重要、时间又紧迫,他们俩连续苦干了 3 个星期,每天只休息五、六个小时,到现在整个设计任务才完成一半。看到刘总经理又要向他们布置新的任务,能不叫苦吗?他们向刘总经理诉苦,可是刘总经理不听他们的抱怨,就叫他们赶紧回去完成新任务。

小李、小林两人感到茫然而又无助。而设计部里一位新来的硕士研究生小金也抱怨刘总经理,来了公司这么久,从来没有做过项目,使他感到自己的才华没有施展的机会。

公司有一位重要的客户最近开了一家分店,给公司送来了一份邀请函。可刘总经理认为这个客户不太重要,而且他天生就不喜欢凑热闹,所以没去,也没授权其他人去。结果,这位客户不再像以前那样和公司进行业务往来,致使公司第三季度销售额开始下降。

作为刘总经理的秘书,小周应如何帮助刘总经理协调公司内外的关系?

(二)要求与指导

实训任务:管理上司的人际关系。

实训成果：

本任务为小组项目，要求小组成员互相讨论，提供一个解决问题的方案。

实训指导：

1. 实训前讨论，良好的人际关系靠什么来维系，明确可靠的管理人际关系的方法。

2. 分析上司的性格和工作习惯。维系上司的人际关系需要了解上司的性格及工作习惯，同时了解单位的结构与人员组成。

3. 通过事例掌握直属上司与其他上司、与员工、与客户的人际关系，判断他们的关系是否正常，如果关系不正常，找出问题所在。

4. 对于上司来说，与客户的人际关系最重要，其次是与其他上司的人际关系，最后是与员工的人际关系。秘书应重点协助上司维系客户关系，其次是上司之间的关系，最后维护好上司与员工的人际关系。

5. 维护上司的人际关系要讲究策略，注意方法，否则会适得其反。

6. 实训时，以身边一个人作为假想对象，分析他的人际关系，帮助进行管理。

(三)反思与总结

反思与总结见表11-4。

表11-4　　　　　　　　反思与总结

序号	评价内容	评价（最佳☆☆☆☆☆）
1	我的方案中包含了多种维系良好人际关系的方法	
2	我能根据一些事件判断分析他们的人际关系现状	
3	我在分析人际关系时，会考虑他们身份、地位等影响因素	
4	我能维系上司与员工的良好关系	
5	我对维护上司与客户的关系有信心	

实训体会（记录完成的过程，分析自己的成败得失）：

三、相关链接

(一)戴尔·卡耐基人际关系的六大原则

1. 给别人以真诚的关怀
2. 将微笑始终保持在脸上
3. 牢记住别人的名字
4. 善于倾听别人讲话

5. 谈论对方感兴趣的话题

6. 使他人感到不可或缺

(资料来源:戴尔·卡耐基.卡耐基的沟通艺术与处世智慧.北京:中国华侨出版社,2012)

(二)案例

这个秘书不错

某风投公司的李总与自己的上司张总是读研究生时的同学,尽管是同学,但关系一般。李总早就看中了张总公司的发展前景,很想入股张总公司,多次电话沟通,效果不理想。一天李总来了个不请自到,直接来找张总,径直进了张总办公室,李总看到有人在张总办公室,刚要退出去,张总就站起来说:"李总,我现在这里有人,入股的事免谈,你要么回去,要么到接待室休息。"尽管张总的态度不好,李总心有不快,但是李总还是脸带微笑地说:"好好,我等你。"然后一个人来到接待室。

秘书小刘在办公室也听到了他们的谈话,觉得张总做法有点不妥,毕竟上半年李总还介绍了一笔生意给公司。秘书小刘看到李总到了接待室,就泡了一壶茶给他。小刘对李总想入股的事有一定的了解,借着倒茶的机会,她与李总聊了起来:"李总,不要见怪,张总是一个直爽的人,心中有事就写在脸上,对谁也没有好脸色,这几天张总为了生产原料的事着急上火,心情不好,所以说话会直接些。刚才您看到那位就是原料供应商,张总求了很多次,就是不愿提高供应量。现在公司的生产处于半停工状态。"李总说:"难怪刚才他这么生气。你去忙吧,我在这里等张总。"小刘走后,李总给他的一个朋友打电话,询问能否提供一些生产印染的原料。对方回复说今年印染材料确实很紧张,如果李总要可以调剂一些。大概过了1个小时,张总送走客人后,一脸失落地来到接待室,李总说:"张总,你的情况小刘刚才跟我说了,我给我一个朋友打了电话,可以调剂一些原料给你,这是他的电话,你去联系他。"张总突然眼睛一亮,惊喜地问"真的?"李总若有所指地说:"当然是真的,你看我们合作可以解决很多问题。"张总说:"那我好好谢谢你,你帮了我大忙。走,我们边吃边聊。"他们走过秘书小刘办公室时,李总说:"你的这个秘书不错。"

点评 尽管李总与张总是同学关系,但由于关系一般,考虑李总去年帮助过公司,秘书小刘认为张总今天的态度不好,做法欠妥。于是借助倒茶的机会向李总说出张总态度不好的缘由,想尽量维系他们的关系。在小刘的努力下,李总理解了张总,并帮助张总解决了生产原料的问题。秘书小刘维系上司的人际关系做法得到了客人的肯定。

四、拓展训练

陈经理业务能力强,做事雷厉风行。他对下属要求苛刻,经常挑剔他们的工作,很少给予肯定和表扬。有一次,陈经理叫会议室管理员小吴明天上午9点前准备好会议室,他要召开部门工作会议。小吴当天下午就把会议室整理干净,并调试好音响等设备,一切准备工作结束后,小吴放心地离开了会议室。

第二天上午9点,陈经理到会议室开会,却发现会议室里有人在开会。这可急坏了陈经理,他暴跳如雷,叫秘书钟青青把小吴叫来,当着众人的面大声斥责小吴。小吴想开口解释,可是陈经理一直未给机会。小吴一下子接受不了,哭着跑开了,全公司都知道这件事了。

钟青青事后了解到事情的原委:会议室原定给陈经理,小吴提前一天就做好了准备。可第二天上午9点,办公室王主任占用了会议室召开了一个临时的紧急会议,因办公室王主任有会议室的钥匙,也就没通知小吴,小吴确实不知道详情。

从这以后小吴总是有意无意地避着陈经理以及陈经理部门的其他工作人员,也不像以前那么积极地提供会议室了。

公司其他部门的工作人员也从这件事情上见识了陈经理的脾气,都不敢轻易走近陈经理以及他所领导的部门,给部门工作造成了一定的影响。

• 问 题 •

请问秘书应怎样帮助陈经理消除与下属间的隔阂,为陈经理营造一个良好的人际氛围?

第四编

高级秘书

项目十二

信息管理与服务

知识目标

- 能描述信息工作的步骤及工作原则。
- 能说出商务信息收集、整理、加工的渠道与方法。
- 能描述舆情信息收集与监控的步骤与方法。
- 能说出汇报信息的原则和方法。

能力目标

- 能有目的地收集、整理、加工和汇报商务信息。
- 能采取科学方法对商务信息进行分析。
- 能收集监控舆情并对负面舆情提出应对策略。

价值塑造

- 在处理商务信息的实训过程中,弘扬讲诚信的价值观。
- 在舆情处理的知识学习和实训过程中,领悟自身的责任担当。

思考与感悟

广东××科技公司是一家集家电研发、生产、销售于一体的中型企业。公司在年初研发了一款新的空调,拟将这个产品作为主打产品,为此公司专门召开办公会议,讨论该产品的销售重点区域和销售策略。为确保销售重点区域设定的万无一失,公司希望通过翔实的市场调查收集信息,并进行分析和科学预测,以保证销售策略的可行性。公司决定让行政部高级秘书李瑶来完成这项任务。

李瑶先与公司设在全国各主要城市的分部取得联系,将各分部的销售材料收集上来,然后整合,得出销售重点区域的分布情况,即主要在东南部的几个大城市,销售策略为广告加代理。根据调查情况,李瑶写了一份调查报告,提交给了上司。结果,由于国家实行"家电下乡"政策,致使销售重点确定失误,给该款产品的销售带来前所未有的困难。好在公司及时调整销售策略与重点,配合国家政策,将销售重点定位于东部三线城市。由于这款空调具有除甲醛功能,投放市场不久,销售量便飙升。正在销售旺季时,某城市当地的一家晚报报道了一则新闻:一个家庭因为装修材料的问题导致小孩得了结膜炎。在报道中,还特别提到他们家安装了该款空调,却没有起到作用。报道一出,网络上马上传开了,这则消息不断被网友转发,给公司的销售带来很大的困难。公司行政部派李瑶收集该产品的舆情并提出解决策略。李瑶接到任务后,在网上收集了几万条记录,面对这些记录,李瑶只选择了其中一部分进行研究,认为目前对产品负面信息的关注度正在下降,过一两周后产品的销量就会增加。可是两周后产品的销量并没有增加,还有一些潜在客户打电话来询问产品的除甲醛功能是否有效。

思 考

1. 秘书李瑶的信息工作有哪些失误?
2. 秘书李瑶面对网络上的舆情,应如何得到正确的结论。

任务一　收集与处理商务信息

一、理论知识

(一)商务信息收集的基本方法与渠道

信息是事物存在的方式或运动状态的直接或间接的反映。信息工作程序包括:收集、整理、传输、存储、反馈和利用。信息的收集是因实际利用的需要而通过各种渠道和方式获取信息的过程,这是信息工作的首要环节。

信息收集的方法有:观察法、阅读法、询问法、问卷法、网络法、交换法、购置法等。

信息收集的渠道有:深入市场、大众传播媒介、图书馆、数据库、供应商和客户、贸易交流会、信息机构、业务相关部门等。

办公室信息资源管理

目前,企业多是通过调查问卷来收集信息。

(二)商务信息的整理

商务信息的整理分三步进行:信息筛选—信息分类—信息校核。

1. 信息筛选

信息筛选的工作程序:看来源,从多种信息来源中把握信息的重要程度;看标题,根据信息的标题确定信息价值的大小;看正文,认真阅读,判断信息内容的完整性和准确性;决定取舍,保留能满足需求、对工作具有借鉴作用和参考作用的信息,舍去不真实、无价值的信息。

筛选商务信息,应保留下列信息:突出主题思想的信息,凡是与业务主题无关的信息,要剔除;典型性的信息,从大量原始信息中挖掘出能揭示工作本质的典型信息;富有新意的信息;具有特点的信息。

2.信息分类

(1)字母分类法。按作者姓名、单位名称、信息标题等的字母顺序分类组合。

(2)地区分类法。按信息产生或涉及的地区特征,对信息进行分类。

(3)主题分类法。按信息内容进行分类,将信息最主要的主题名称作为分类的首要因素,次要的主题作为第二因素,依此类推。

(4)数字分类法。将信息中的不同类别以数字排列,每一专题给定一个数字,用索引卡标出数字所代表的类别。

(5)时间分类法。按信息形成的年度、季度、阶段的先后顺序分类。

3.信息校核

(1)溯源法。对信息所涉及的有关问题进行审核查对。

(2)比较法。对反映某一事实的各方面信息进行比较。

(3)核对法。依据直接的、最新的权威性材料进行对照分析,发现并纠正信息中的某些差错。

(4)逻辑法。对信息所表达的事实和叙述方法进行逻辑分析,以辨别真伪。

(5)调查法。通过现场调查来验证信息的真实性和准确性。

(6)数理统计法。对原始信息中的数据进行定性分析,运用数理方法进行计算鉴定。

(三)商务信息的汇报与传递

当秘书收集到大量商务信息并做出分析后,需要考虑用恰当的方式向信息需求方进行汇报,这样才能发挥信息的作用。

1.信息汇报的方法与形式

秘书应根据信息的形式、类型、使用目的及信息接收者的不同,选择有效的信息汇报方法。信息汇报的方法主要有:语言汇报、文字汇报、电讯汇报、可视化辅助物传输等。

信息汇报的形式主要有:信件、备忘录、报告、通知、指示、新闻稿、企业内部刊物、传阅单、新闻发布会、声明、邮件等。

向信息使用者汇报注意事项:首先确认信息汇报质量,其次要确保接收者能够接收。一般说来,高层决策者需要综合性和预测性的信息;基层管理者主要需要具体的业务信息。秘书要针对不同对象的不同需求,进行信息汇报,以提高信息的利用率。最后,秘书要做好例行信息的汇报工作。信息工作是秘书工作的重要组成部分,信息的上传下达都要经过秘书,为此,秘书要做到每天将当天的邮件、信函及时转交;汇报前一天交办事项的执行情况;定期编写内部资料,发布有关信息。

2.信息的传递

秘书提供信息服务不仅仅是针对直接上司汇报信息,其枢纽地位决定了秘书还要联系内外、沟通组织上下左右,为此秘书的信息服务范围非常广泛。根据传递信息方向,秘书的信息传递工作范围包括:自上而下,将管理层的决策管理信息传递给下级部门;自下而上,将下级部门的工作动态、成果、问题、要求等及时汇报给管理层;平行往来,通过各种信息传递,使各部门协调工作、互相配合;自内而外,将组织内的信息传递给社会其他组织;自外而内,将各种对企业经营管理活动有用的信息及时传递给组织内的有关部门或人员。

二、实 训

(一)任务描述

××公司是一家生产化妆品的公司,由于第一季度在西北区陷入一场官司,影响产品在西北各省份的销售,进而影响公司全年的销售业绩,公司为了实现全年的总体目标,增加了华南区的销售任务指标,钟青青所在的广州分销处也相应增加了20%的任务,即广州分销处要在下一季度完成上季度销售量的120%。为如期完成销售任务,经理决定开发大学生市场。经理把收集资料的任务交给钟青青,让其在一周内完成收集当前大学生使用化妆品的相关信息,并写出报告向他汇报。

(二)实训任务与指导

实训任务一: 利用调查问卷收集信息。

实训成果:

每组同学提供一份本校学生化妆品消费信息的调查问卷,并上传到调查网络平台。

实训指导:

1.以本校学生为调查对象,确定收集范围,可以面向全体女学生,也可以面向某个特殊群体进行收集。确定的收集对象要有代表性,抽取的样本具有统计学意义。

2.确定产品收集内容。每组可以从下列几方面进行收集:化妆品的品牌、价位、种类,购买化妆品的渠道,每月用于购买化妆品的费用,使用化妆品的习惯,对主推品牌化妆品的忠诚度、接受度等。

3.制作调查问卷,问卷要求结构正确。

实训任务二: 整理与汇报商务信息。

实训成果:

提供商务信息汇报的调研报告或报告内容PPT。

实训指导:

1.认真阅读所有收集到的商务信息,把握信息的总体情况,然后从信息的来源、标题、正文等方面判断信息的重要程度、价值大小以及信息内容的完整性和准确性,舍去不真实、无价值的数据。

2.分析数据,分析问卷的信度与效度,然后对得到的数据进行处理,可以计算总和、求均值、众数和中位数等。

3.撰写信息分析报告。信息分析报告主要包含下列几个方面:信息收集的背景、信息收集的基本情况(信息收集的对象、信息收集的范围、信息收集的内容、信息收集的方法与渠道,信息收集的基本过程)、信息收集的结果、信息的分析与结论。

(三)反思与总结

反思与总结见表12-1。

表 12-1　　　　　　　　　　　反思与总结

序号	评价内容	评价（最佳☆☆☆☆☆）
1	我能根据信息收集的目的确定收集范围	
2	我能根据信息收集的目的与范围,确定收集的内容	
3	我能拟写商务信息分析报告	

实训体会(记录完成的过程,分析自己的成败得失)：

三、相关链接

(一)信息传递的重点

传递信息要善于抓住几个关键作为重点,优先传递：

1.要抓住领导决策的"空白点"。即把那些领导应注意而没注意到,且带有一定倾向性的问题,及时传递给领导,以引起领导重视,使之及时进行决策。

2.要抓住领导决策与下级单位或职能部门工作中实际的"矛盾点"。即由于领导决策与基层状况不尽相符,决策在基层实施中产生矛盾,难以实施或实施后效果不佳。秘书应及时反馈信息,以求加强沟通、修正决策。

3.要抓住领导决策在具体实践中的"症结点"。即收集基层组织在落实领导决策中遇到的阻力、困难并分析其原因。这类信息对于领导了解决策在基层的实施情况,抓好落实是十分必要的。

4.要抓住政治、经济生活中的"敏感点"。即抓住组织工作、生产、生活中存在的妨害安定团结的苗头性、倾向性的问题,特别是抓住敏感问题,例如与群众利益、群众情绪关系最为密切的分配问题、提拔问题以及福利待遇问题等,注意观察分析,发现不稳定因素及时上报,以便领导及时处理。

(二)案例

旅游局信息采集方案

一、旅游信息的类型和内容

从信息服务对象的角度,可以把旅游信息分为政务信息、要素信息、企业信息。

(一)政务信息

政务信息包括机构职责、政策法规、工作动态、政务公告、人事任免、行业管理、旅游执法、统计数据、宣传促销、招商引资、规划研究、教育培训等。

(二)要素信息

要素信息包括旅游线路信息、旅游景区(景点)信息、旅游住宿信息、旅游交通信息、餐饮场所信息、休闲娱乐信息、旅游商品信息、购物场所信息、旅行社信息、旅游应急信息、其他相关信息等。

(三)企业信息

企业信息特指旅游行业管理部门管辖范围内的各类企业,即A级旅游景区、星级饭店、旅行社和工农业旅游示范点的相关信息。企业信息可以分为基本信息和经营信息。其中:

1. A级旅游景区的基本信息为名称、地址、地理位置(经纬度、海拔)、邮编、电话、传真、类型、级别、网址、电子邮箱、简介、历史文化、主要特色、周边环境、企业工商注册号、组织机构代码、法人代表、景区内交通、门票、停车场、导游情况、美食、土特产、活动节庆、旅游线路、周边六要素信息、注意事项、地图等。A级旅游景区的经营信息为收入、利润、客源结构、管理人员情况、员工情况等。

2. 星级饭店的基本信息为名称、地址、地理位置(经纬度、海拔)、邮编、电话、传真、级别、简介、网址、电子邮箱、企业工商注册号、组织机构代码、法人代表、服务设施、交通信息、周边六要素信息等。星级饭店的经营信息为客房出租率、平均房价、客源结构、收入、利润、管理人员情况、员工情况等。

3. 旅行社的基本信息为名称、地址、地理位置(经纬度、海拔)、邮编、电话、传真、类型、简介、网址、邮箱、经营线路等。旅行社的经营信息为收入、利润、组接情况、分社、门市情况、管理人员情况、员工情况等。

4. 工农业旅游示范点的基本信息为名称、地址、地理位置(经纬度、海拔)、邮编、电话、传真、类型、级别、简介、网址、邮箱、历史文化、主要特色、周边环境、企业工商注册号、组织机构代码、法人代表、景区内交通、门票、停车场、导游情况、美食、土特产、活动节庆、旅游线路、周边六要素信息等。工农业旅游示范点的经营信息为收入、利润、客源结构、管理人员情况、员工情况等。

二、旅游信息板块

旅游信息板块主要包括以下四个方面:

1. 涉旅企业,全省各地涉旅企事业单位拥有的旅游信息。

2. 涉旅政府部门,与旅游相关的政府部门,包括交通、建设、林业、气象、文化、工商、卫生、环保等部门的旅游相关信息。

3. 各市、区、县旅游行业管理部门。

4. 省旅游局各处室、直属各单位、旅游协会。

三、旅游信息的渠道和方式

(一)主要旅游信息的渠道和方式

1. 旅游信息的渠道

涉旅企业,涉旅政府部门,市、区、县旅游行业管理部门,省旅游局各处室、直属各单位、旅游协会。

2. 旅游信息的方式

（1）网上填报，分为两类：旅游行业管理部门管辖企业的网上填报；涉旅部门的网上填报。

（2）手工填报，主要指旅游行业管理部门管辖范围之外的单位和企业。

（二）其他旅游信息的渠道和方式

以下渠道主要由省旅游信息中心根据实际情况具体实施。

互联网；旅游书籍、杂志；旅游资讯公司；活动采集；制作宣传手册采集；现场采集；展览会、博览会、展销会等。

四、信息更新

所有涉旅信息分为动态信息和静态信息。动态信息是指交通、天气、价格等随时或较短时间内会发生变化的旅游信息。静态信息是指法律法规、部门规章等政策法规类信息以及企业的名称、地址、地理位置（经纬度、海拔）、邮编、简介、设施等不经常发生变化的信息。

（一）分级管理、分级负责

信息的采集、审核和管理也需要按照"谁提供、谁负责；谁审核、谁负责"的分级管理、分级负责的原则进行。

（二）更新周期

根据信息的属性，更新周期一般分为随时更新、一个月更新、一个季度更新、半年更新和一年更新等几类。

（三）更新方式

根据信息源和信息填报方式的不同，信息更新采取网上直接更新或手工更新两种方式进行。

五、保障措施

为了确保各种信息采集渠道的畅通和信息采集方式的落实，需要有针对性地制定一系列措施加以保障。

（一）政策法规保障

（二）组织保障

（三）经费保障

（四）制度保障

点 评 本案例详细介绍了信息收集的内容、渠道和方式，具有可操作性。

四、拓展训练

整理信息。根据表12-2中的招聘信息，整理出近几年来秘书行业的发展趋势及社会对秘书提出了哪些新要求。

表12-2　　　　　　　　　招聘信息

序号	职位	招聘公司	所属行业	职位描述	学历要求
1	总经理秘书	广州市某文化策划传播有限公司	影视/媒体/艺术/文化传播	1.处理总经理以及支援人员日常行政事务、会议、接待、活动、报销单整理等工作;负责总经理和各部门的联络工作; 2.在总经理领导下负责企业具体管理工作的布置、实施、检查、督促、落实和执行情况; 3.协调总经理与其他部门经理的日常事务; 4.负责公司指定或特定的对内对外招聘	大专
2	经理助理秘书	东莞市某实业有限公司	服装/纺织/皮革贸易/进出口	1.沟通能力强,有一定制衣行业的基础,刻苦耐劳,熟悉电脑; 2.对验厂、人事、后勤工作有一定的工作经验; 3.招聘人数2人	大专
3	总经理秘书	东莞某电力系统有限公司	电力/水利	1.40岁以下,本科或以上学历,两年以上工作经验,英语读写、口语能力强,形象好,文字组织、语言表达能力强,善于沟通; 2.基本待遇:享受工伤医疗养老保险,公司提供住宿,每年有5个月每月150元的高温补贴费,有伙食补助费;入职即13元/天,满三个月15元/天,满一年18元/天,出差伙食补贴根据相关标准计算	本科
4	顾问/秘书/文员/助理	东莞某电子有限公司	电子技术/半导体/集成电路	1.会说标准普通话; 2.能熟练使用办公软件及设备,能熟练使用电脑; 3.一年以上行政管理工作经验,有外企工作经验者优先; 4.协助主管处理日常部门行政事务与相关的各项组织性事务,并负责人事行政总务管理及文件登记、打印工作; 5.对工作具有强烈的责任感、积极主动; 6.具有良好的公文写作能力、语言表达能力 7.招聘人数2人	大专
5	总经理助理/秘书	广州市某汽配有限公司	汽车及零配件	1.根据总经理的要求,协助总经理起草公司综合性的经营管理报告、总结、计划、决议等公文函件; 2.组织安排总经理办公例会和行政例会,做好会议记录,并检查各项决议、决定的贯彻执行情况,及时了解和反馈信息; 3.负责审核对外发文,做到文字顺通,复核公文规格; 4.负责有关业务资料的收集、积累; 5.招聘人数1人	本科
6	总经理秘书	广东某材料有限公司	家居/室内设计/装潢印刷/包装/造纸	1.要求:男女不限,英语、管理、中文、法律专业本科(英语专业要求 TEM-8,非英语专业要求英语六级),具有较强的沟通能力,文字功底深厚,能够出色地撰写各种材料、方案和报告,有项目申报经验者优先。优秀应届毕业生可考虑; 2.待遇:五险一金,年薪5万左右以及各类奖金; 3.在东莞市有免费班车接送上下班; 4.招聘人数1人	本科

(续表)

序号	职位	招聘公司	所属行业	职位描述	学历要求
7	后勤主管/秘书	广东某信息技术服务有限公司	通信/电信运营、增值服务公关/市场推广/会展岗位	1.负责部门日常行政管理的运作(包括运送安排、收发邮件等); 2.负责公司的档案管理及各类文件、资料的鉴定及统计管理工作; 3.负责各类会务的安排工作和各类会议纪要编写; 4.协助上级对各项行政事务进行安排及执行; 5.行政管理或文秘相关专业大专以上学历; 6.两年以上相关工作经验; 7.招聘人数1人	大专
8	总经理秘书	广州某皮具有限公司	服装/纺织/皮革	1.大专或以上学历,文秘、公关或行政管理专业,在学校任学生会干部; 2.英语六级或以上,具备较强的英语说、写、听及翻译能力,能用流利英语与客户交谈; 3.具有良好的文字表达能力,亲和力强,工作认真仔细,有耐心,有一定的文字功底; 4.形象气质佳,有较强的组织、协调、沟通能力及人际交往能力; 5.招聘人数1人	大专
9	总经理秘书	广州某生物科技有限公司(化妆品)	快速消费品(食品、饮料、化妆品)/美容/保健	1.协助总经理处理日常工作、文件,接待来访客户; 2.灵活做事,能很好地领悟领导所交代的事宜,并跟进完成; 3.熟悉电子文档操作,有经验; 4.身高1.62米以上,形象较好者优先考虑; 5.招聘人数1人	大专

任务二　收集处理网络舆情信息

一、理论知识

(一)网络舆情的概念与特点

1. 网络舆情的概念

网络舆情是由各种事件的刺激而产生的,通过互联网传播的人们对于该事件的所有认知、态度、情感和行为倾向及其后续影响力的集合。它由网络、事件、网民、认知情感态度、表达传播互动、影响力等6个要素构成。

2. 网络舆情的特点

(1)表达的自由性。由于互联网是完全开放的,每个人都有机会成为网络信息的发布者,每个人都有选择网络信息的自由,网民也可以随时发表意见。

(2)主体的隐蔽性。与传统媒体有明确的传播主体不同,网上传播主体是模糊的,在网络空间里,发言人一般用昵称、代号或匿名方式出现,在虚拟身份的掩护下,他们畅所欲言,因而得到广大网民的高度支持。网络传播的主体本身具有广泛性、隐蔽性,给网络舆情增加了许多复杂的因子,使其发展具有多变性和不确定性。

(3)话题的多元性。网络舆情的主题极为宽泛,话题的确定往往是自发、随意的。从舆情主体的范围来看,网民分布于社会各阶层和各个领域;从舆情的话题来看,涉及政治、经济、文化、军事、外交以及社会生活的各个方面;从舆情来源来看,网民可以在不受任何干扰的情况下预先写好言论,随时在网上发布,发表后的言论可以被评论和转载。

(4)事实的偏差性。由于发言者身份隐蔽,网络也会成为一些网民发泄情绪的空间。一些网络言论缺乏理性,比较感性化和情绪化,甚至有些人把互联网作为发泄情绪的场所,对事件的描述常会添加自己的一些猜测,使事件的真实情况发生偏差与扭曲。

(5)突发性。网络舆情一般在爆发之前"无征兆、无准备"。一个普通事件或者一条普通新闻,甚至一些局部现象、个别言论,一旦被关注,可在极短的时间内传遍网络能够延伸到的角落,往往会从"普通"事件升级为"焦点"事件,甚至演变为"炸点"事件。

(二)网络舆情的应对原则与方法

1. 网络舆情的应对原则

秘书处理网络舆情应坚持以下原则:

(1)24小时"说话"原则。事件出现后,应在24小时内向网民说明大家的关注本单位很重视,同时表示事件正在调查中,一有结果就会公布。

(2)持续"回应"原则。针对网民的质疑,要坚持给予积极的回应,告诉网民目前在做什么,做到什么程度,不可以不理睬。

(3)坚持讲"真话"原则。回应网民时不要讲空话、套话,尽量将真实的情况说出来,取得网民的理解与信任。

(4)正向引导原则。在处理舆情的过程中,注意应将舆情朝正确方向引导。

2. 网络舆情的应对方法

(1)当网络上有对本单位负面的舆情时,作为秘书应及时了解相关情况,监测舆情的发展方向,并向主管领导汇报。

(2)借助技术手段,跟踪分析舆情,把握舆情的发展方向,分析判断突发及重大舆情的程度,提出合理化建议。

(3)快速调查情况。对网络反映的情况,需要调查的,秘书要协同相关部门开展调查,并要妥善处置,严控因处置不当造成的不良后果。经查证属实,并构成违纪的,按照有关规定严肃查处;与事实不符或者出入较大的,及时予以澄清;对恶意造谣追究责任。

(4)及时公布真相。应对舆情最好的方法就是"疏",当突发舆情出现后,要在本部门统一口径,然后按照"及时、准确、公开、透明"的原则,选择合适的时机及时公布真相。

二、实 训

(一)任务描述

××餐厅是一家经营本地特色菜的餐厅,生意非常火爆。可是在上周,周先生一家为他的母亲庆生,在这家餐厅办了一桌酒席,结果导致一家人食物中毒。周先生给餐厅的客服打电话,客服没有太在意,只回复说,没有接到其他顾客反映此类情况,答应会上报这件事。第二天,周先生在本地论坛上陈述了昨天中毒的情况,想不到周先生一发帖子,引发很多网友跟帖,都说近期在这家餐厅吃饭后有不舒服的感觉,有的人猜测可能是菜变质了。有个自称是此餐厅前员工地的说,此餐厅一直使用的是地沟油。因为餐厅工作人员从不上这个论坛,自然也不知道网上对餐厅的负面评论。有好事者把这事发到了微博上,不到一天,被转发了3 000多次,评论达到600多条,90%是负面的。后来,餐厅的叶总经理接到同学的电话才知道网上正蔓延着对餐厅的负面评价,叶总经理立刻上网,看了大量负面评论,并且很多评论与事实有很大的出入。叶总经理马上要求行政人事部秘书邓婉仪负责处理这件事。

(二)要求与指导

实训任务: 收集并处理网络舆情信息。

实训成果:

每个小组提供一份舆情应对方案。

实训指导:

1. 舆情的收集方法可以分为两种:一种是技术收集;一种是手工收集。技术收集是借助专门软件来完成的;手工收集可以到网站上查找。作为秘书,应学会使用技术收集来提高工作效率。

2. 安装网络舆情监测系统。要收集舆情信息最好选择一款网络舆情监测系统,通过软件完成舆情的收集不仅全面,而且速度也较快。

(三)反思与总结

反思与总结见表12-3。

表12-3　　　　　　　　　　反思与总结

序号	评价内容	评价(最佳☆☆☆☆☆)
1	我会使用技术和手工两种方法来收集舆情	
2	我能看懂舆情监测系统提供的报告	
3	我能查到舆情的信息源	
4	我有较好处理负面舆情的应对方法	
5	我能制订负面舆情处置方案	

实训体会(记录完成的过程,分析自己的成败得失):

三、相关链接

秘书积极舆情管理,火灾事件得以平静

5月25日,位于某县城区的一座商厦发生火灾。当晚相关报道称至少2人死亡。当晚,

当地警察称"县某区发生一起火灾事故,事故原因正在调查中",而且还说明"初步确认没有人死亡,只有5人受轻伤"。5月26日上午,该县政府新闻办公室官方微博首次发布关于该县火灾的情况,其情况说明与前一天警察网所发布的消息完全一致。

5月26日下午,某外地晚报记者称这次火灾不仅有人受伤,还出现了人员死亡。舆情火焰由此"点燃"。无数网友在微博发布火灾跟踪报道,张贴大量火灾现场的图文及视频。

商厦和当地媒体都没有回应,导致一场普通的火灾向"事件"方向发展。

5月28日,当地新闻网发布《某县火灾事故医疗救治工作有序进行》报道,沿用了先前通报的"5名轻伤"的说法。

6月1日,当地某论坛出现了一篇质疑商厦火灾后瞒报死亡人数的文章,并很快上升为被推荐的热点话题。虽然也有人声称经过逐一调查后"没有人死亡",但论坛中流传更广的是另外一种说法:火灾发生时,有顾客从窗户上跳下来,死伤数人。

商厦和当地媒体依旧没有回应。

商厦秘书小曾在浏览当地论坛时,发现网上的不实言论,即刻将情况告之商厦经理。商厦经理看了后,要求秘书小曾关注并进行有效干预,小曾接到指示后,立刻向警方报警,然后邀请省内主要媒体召开新闻发布会。在新闻发布会上,商厦公关人员公布了当天的录像,然后组织记者采访在医院救治的受伤者以及参与火灾救援和调查的消防、医院、民政、安监、公安等有关部门人员,他们作为火灾事故的亲历者,证实火灾发生时商厦内人员稀少,没有人跳楼或死亡,也没有接到人员失踪的报警。同一天,多家新闻媒体刊发了有关此次火灾真相的新闻稿。

6月3日,该县官方网站公布了火灾事故调查结果,公安部门表示,"有个别网民在互联网上编造、传播谣言,造成了恶劣的社会影响。根据已查清的相关事实,公安部门依照有关法律法规对造谣、传谣者进行了处理。当事人已承认编造事实是为了在论坛博得关注"。

6月4日曾报道火灾过程的外地晚报发布道歉,称记者是一位刚入职的实习记者,在没有深入采访的情况下,根据路人的言论进行了报道,目前该报已经与该记者解除了实习协议。

6月10日下午,该县人民政府再次发布消息称,本县某商厦相关责任人正在配合有关部门对火灾原因进行调查;全市各单位深入开展安全生产大检查,及时消除消防安全隐患。

6月11日早上,当地电视台报道某商厦火灾事故调查最新进展,查明事故原因为电源线短路引发可燃物所致。

▌**点 评** 商厦一件普通火灾差点引爆成"事件",除了有人造谣、外地媒体记者素养不高之外,与商厦对舆情管理不够有较大的关系。如果外地媒体刚开始报道,就公布事实真相,事情可能很快就过去了。

▶ 四、拓展训练

12月10日上午12时12分,某地出现山体滑坡,有人员被困,其中有一名儿童,事件报道后,引起社会关注,在微博、当地论坛和网站出现了该事件的跟帖与评论。

▌**问 题** 请你借助舆情监测系统收集该地山体滑坡事件舆情,根据舆情报告提出应对策略。

项目十三

危机事件管理

知识目标

- 能说出危机和危机管理的概念。
- 能说出预防危机的措施。
- 能说出控制危机的原则和处理危机的程序。
- 能说出产品质量危机与生产事故危机各自的特点。

能力目标

- 能撰写产品质量危机和生产事故危机的处理预案。
- 能遵照控制危机的原则和科学的程序处理危机,并化解危机。
- 能消除危机处理后遗留的问题和影响,恢复生产和秩序。

价值塑造

- 在分析产品质量危机案例过程中,增进自身的社会责任感。
- 在学习生产事故处理知识时,培植勇担责任的勇气和以人为本的职业精神。

思考与感悟

××公司是一家专门出口木制玩具的公司。几年时间,随着业务的发展,公司从二十多人发展到一百多人。公司业务量大的时候,还常常招聘一些临时员工作为短期工人。公司位于郊区的工业开发园区内,有原料车间、加工车间、油漆车间和成品车间。陈晓是该公司成立时唯一的秘书,现在是公司的办公室主任。公司李总经理十分重视生产安全,大小会上都告诫员工要有安全生产意识。李总经理要求陈晓根据本公司的情况,制定出危机预案。陈晓针对加工车间车床多、机器多,工人容易受伤和油漆车间全封闭、闷热、油漆易燃的情况,制定了相应的危机事件应急预案,还制定了短期工人上岗前安全培训方案。应急预案得到批准后还组织了一次模拟演练,演练重点是人员的疏散和救治、原料(主要是油漆)的抢运。2021年夏天特别炎热,各个单位的用电负荷都很大。一天,两个工人准备喷漆,当他们推上电路开关时,开关短路起火,瞬间燃烧起来。当时总经理正出差在外。陈晓立即组织人员疏散,拨打119火警和120急救电话,还争分夺秒地组织人员把一桶桶的油漆抢运到安全的地方,避免油漆燃烧和爆炸。由于之前已经制定了应急预案并经过演练,因此,整个事故处理起来高效、不慌乱,最大限度地避免了严重后果,只有两个工人受了轻伤,其他人员安然无恙。受伤的工人第一时间被送到了市里的一家医院救治,陈晓让财务科派人去医院付了医疗费用。事故发生后,陈晓第一时间向总经理做了汇报,总经理很快赶回,详细了解了事故的整个过程,对陈晓的做法感到很满意。受伤工人治疗期间,陈晓除陪同总经理到医院看望外,自己还多次去探望了解治疗进展、病人要求,并根据有关的工伤政策规定,着手拟写赔偿方案。受伤工人情绪稳定,半个月后康复出院,拿到了公司的赔偿,愿意继续留在公司工作。

刚刚处理完火灾事故2天后,华南地区某市媒体报道,经过当地质检部门检验,当地销售的玩具合格率只有87%,大部分甲醛超标。××公司生产的几款积木玩具也名列其中。报道一出,公司就接到了华南区代理商要求退货的电话,之后华东区的代理商也提出要退货。公司高层决定应采取措施应对这次的产品质量危机,同时要求秘书陈晓拿出一套可行的方案。陈晓没有处理产品质量危机的经验,她认为现在最主要的是减少公司的损失,于是她向公司提出"拖延"的策略。她的方案一上公司决策会议,就遭到市场部的反对,认为这是杀鸡取卵的短视行为。

● 思 考

1. 为什么陈晓能很好地处理生产事故危机?
2. 为什么陈晓提出的处理产品质量危机的方案遭到反对?

任务一 产品质量危机管理

一、理论知识

(一)危机和危机管理

危机是指由自然或人为因素造成的突如其来的、对组织造成较大损失和压力的事件或事故。危机具有突发性、意外性、危害性、紧迫性、舆论关注性。

危机管理是组织为应对各种危机情境所进行的规划决策、动态调整、化解处理及员工培训等活动过程,其目的是消除或降低危机所带来的威胁和损失。危机管理是专门的管理科学,是领导实施管理控制无法回避的重要一环。秘书作为领导的参谋与助手,协助领导处理危机责无旁贷。

(二)产品质量危机的类型及原因

1. 产品质量危机的类型

产品质量危机分为三类:第一类是由于企业在产品质量上不符合标准,给消费者带来了重大损失,进而被提出巨额赔偿甚至被责令停产的事件。第二类是自己的产品被假冒,给企业带来巨大损害。第三类,产品没有质量问题,也无突发事件,由于媒体的不利报道引起消费者对产品的怀疑与拒绝。

2. 产品质量危机的原因

产品质量危机的原因主要有生产技术、工艺落后;生产流程不科学;产品质量危机意识欠缺;产品质量管理体系不规范等。

(三)产品质量危机的管理

1. 预警与预防

危机预警要求企业能在产品危机来临时尽早发现,然后通过监测和分析产品危机的风险源及征兆,在各种信号显示产品危机来临时及时地向企业发出警报,提醒企业采取行动。危机预防是从企业内、外部获取相关信息,找到企业产品的弱点,然后排序,辨识潜在的产品危机,进而针对薄弱环节加以防范。要防止产品质量危机出现,首先全体员工要树立起产品质量危机意识;其次要完善产品质量监控管理体系;第三要强化公关危机意识,加强与媒体关系;最后要制定出产品质量管理手册。

2. 危机的鉴定

鉴定危机是产品危机管理的首要阶段,也是不可或缺的阶段。危机是风险与机遇的统一。危机一方面起着破坏作用,企业应该尽力防范和阻止;另一方面,危机的爆发为企业检视自身状况带来契机。一般企业采取以下方法进行产品危机的鉴定:危机列举法、报表分析法、作业流程分析法、危机问卷调查法、损失分析法等。

3. 危机处理

产品质量危机出现后,企业应及时启动应急预案,防止负面影响扩大。处理危机时,可以采取下列具体措施:召回产品、安抚受害者、召开新闻发布会告之真相、引导舆论、发布第三方机构质量报告。

4. 危机评价

危机评价是指对产品危机的处理暂时完成后,还需要进一步消除社会影响,重塑企业形象,并且认真总结在产品危机发生期间公关处理方式、方法的合理性和有效性,给以后产品危机管理提供经验和方法上的借鉴。要做好产品质量危机的评价工作,首先要制定危机评价标准;其次对企业在危机处理过程中所进行的一系列工作情况进行收集、整理,进行量化核算;最后评价与此次危机处理相关的所有工作。

二、实　训

(一)任务描述

××食品有限公司是一家以生产冷饮为主的小型企业,目前有120多名员工,在当地有一定的知名度,他们生产的××牌冰淇淋很受当地消费者的欢迎,销售量很大,尤其到了夏天,产品供不应求。为了满足市场需要,公司曾想再上一条生产线,但考虑冷饮是季节性产品,上一条生产线收回成本的时间太长,于是决定由本公司提供配方,委托本市另一食品厂生产,然后贴自己的牌子销售。正在公司全负荷生产时,当地食品卫生监督局发布了6月份食品抽查报告,公布了一批不合格产品,其中就有该公司的××牌冰淇淋。这一检查报告不仅打击了此品牌冰淇淋的销售,也影响了公司其他产品的销售。

(二)要求与指导

实训任务:产品质量危机处理与善后。

实训成果:

每组提供一份产品质量危机处理的措施与方法。

实训指导:

1.产品质量危机出现后,首先需要了解情况,不可以在不了解情况的基础上否认事实,尤其是权威部门给出质量检测结论后,否认只会让消费者对企业更加怀疑。了解情况应将重点放在第一手资料上,如消费者使用过的产品、权威部门的检测报告等。

2.产品质量出现危机后,消费者会关注公司对产品给消费者带来的损害如何处理,对剩余的不合格产品如何处理,今后如何把好产品质量关等方面。这需要产品生产企业用公正、透明、高效的应对措施来完成上述工作。

3.在处理危机时,要围绕恢复消费者对产品的信心来进行。这需要通过大量的工作来完成,比如请第三方机构对新出的产品进行检测,请客户进行试用,投放广告等来取得消费者的信任。

4.处理危机时要加强与媒体的沟通,将处理过程向社会公布。

5.在与外部加强联系沟通的同时,也要加强内部的调查,分析出现产品质量危机的原因,同时提出整改措施。

6.采取措施时,还要会化危为机,让客户更加忠诚于公司。

7.危机的善后工作主要是对危机进行评价,避免下次再出现类似的问题。

(三)反思与总结

反思与总结见表13-1。

表13-1 反思与总结

序号	评价内容	评价(最佳☆☆☆☆☆)
1	我对产品质量危机的预防有较清晰的认识	
2	我熟悉目前知名公司的产品质量监控体系	
3	我掌握了产品质量危机应急预案的结构	
4	我掌握了分析质量危机的方法	
5	我能提出较为合理的善后措施	

实训体会(记录完成的过程,分析自己的成败得失):

三、相关链接

××区食品安全突发事件应急预案

为了保证食品安全,有效预防、及时缓解、控制和消除生产领域突发食品质量安全事件的危害,全面履行食品加工环节质量安全监管职责,特制订此预案。

一、预案适用范围

本预案适应于××区食品生产加工企业生产、加工、分装的食品因严重质量和卫生问题造成或者可能造成的重大食物中毒事件。符合下列条件之一的,即启动本预案。

1. 食品质量安全事件处理涉及区级多个职能部门,需我区协助调查的。
2. 食品质量安全事件原因有可能隐含重大食品安全风险,需我区配合协助调查的。
3. 我区周边地区已经发生的食品质量问题,有可能波及或已波及本区的;或外埠食品生产企业产品流入我区造成质量安全事件。
4. 日常监管中发现的食品生产加工环节存在的重大食品质量安全问题。
5. 媒体披露、消费者举报、社会反响强烈的。
6. 国家相关部门对食品安全事故做出批示或交办的。
7. 食品质量安全事件性质特别严重,超过市级质量技术监督部门应急处理能力的。
8. 我区食品生产加工企业生产的产品产生危害范围跨越区级行政辖区,并造成严重社会影响的。
9. 由生产原因造成的食品质量安全事件造成人员死亡或者中毒人数超过20人的。

二、预案分级

食品质量安全事件分为一般事件、重大事件和特大事件。涉及应急预案启动中1~3条属于一般事件,4~6条属于重大事件,7~9条属于特大事件。

三、指挥系统及指挥协调职责

食品质量安全突发事件即发,即自动生成××区食品质量安全突发事件指挥小组,指挥小组视突发事件危机情况启动对应的应急预案。

1. 食品质量安全突发事件指挥小组构成及其职责。

成员:(略)

指挥小组职责:负责全区食品质量安全突发事件的应急处理总体部署和全面指挥工作;掌握全局形势,做出重大决定,制定临时对策,适时发布通告;对所需的人、财、物进行总体调拨。

2. 食品质量安全突发事件指挥小组办公室及其职责。指挥小组办公室设在区监督科,办公室主任由×××担任。指挥小组办公室职责:在指挥小组的统一领导下,具体安排组织食品质量安全突发事件应急处理预案的组织和实施;组织有关单位和专家进行事故鉴定和调查;向上级部门报告情况,协调有关部门联合处理突发事件;在本行政区域内紧急调用区系统内各类物资、设备、人员和占用场地;在应急处理过程中,及时向指挥小组领导汇报事故现场的态势。

3.专业处置组及其职责。

(1)检验组:由区监督科、区质检所负责。负责组织食品质量安全事件问题食品的监督抽样检验,快速、准确出具检验报告,为事故判定、处理提供科学依据。

(2)办案组:由区监督科、稽查队负责。组织对突发事件中相关企业行政执法及问题食品进行处理,组织对相关食品的生产企业进行拉网式大清查、大排查。

四、预案的实施原则

对特大突发事件的处理,由区食品质量安全突发事件指挥小组统一指挥协调,立即部署调查和执法检查。责令有关食品生产企业立即停产;对涉嫌有毒食品,责令生产者全部追回销毁;对区内相关食品的生产企业进行拉网式大清查、大排查,发现涉嫌严重质量问题的食品应立即封存,抽样检验,依法查处;立即向社会公告问题食品的相关情况,将事件发生和处理情况及时向当地政府和上级报告,保证对突发事件的有效控制和快速处置。

五、事件处理基本程序

接受突发事件处理指令;通知监督科、稽查队第一时间到现场;部署各组接受任务;形成调查结论报政府及上级部门;查封现场产品,抽取样品检验;报告区政府及上级部门,联合相关部门进行处理;组织专家鉴定;向社会公告。

六、落实措施

1.报告制度。发生重大突发事件,系统内任何单位和个人都有责任在第一时间直接向食品质量安全突发事件指挥小组报告。接到突发事件通报后,迅速启动本预案,同时应于5分钟内电话上报市局相关部门,并在24小时内写出书面报告,报送市局相关部门。报告内容:发生事件的单位、时间、详细地点,以及事件的简要经过、伤亡人数、危害程度、初步原因、发展趋势、涉及范围、处理情况和已采取的措施,还需要有关部门和单位协助抢救和处理的有关事宜等。在食品质量安全事件中瞒报、谎报、缓报者,视情节给予行政处分,直至追究刑事责任。

2.快速反应机制。系统内各有关单位及人员接到突发事件指令后必须在30分钟内赶赴现场,调查处理,地域偏远的可适当延时。

3.通信畅通。有关人员要保证手机联络通畅,突发事件发生后能够及时联络,应急预案启动后,相关人员要保证24小时开机。

4.依法处置。对涉嫌有严重质量问题的食品应立即封存,抽样检验,依法查处;对涉嫌有毒食品,必须责令企业立即停产,立即全部追回其产品并销毁。同时要对可能波及的其他地区依法组织对同类企业实施执法检查。突发事件处置要依法快速、准确、高效,检验鉴定要科学、严谨。

5.新闻发布。食品质量安全突发事件指挥小组对食品质量安全突发事件应急处理的新闻报道要遵守纪律,统一、准确、适时向社会发布有关事件的处理进展情况,消除社会恐慌心理,维护社会稳定。

6.突发事件的监测。区质量技术监督局在对食品生产加工企业实行监督抽查的同时,要加强对辖区内食品生产加工企业的不定期巡查,检查企业是否存在违规使用非食用原料、超量或超范围使用食品添加剂等违法行为,把突发事件发生的可能降至最低。

·点评· 这份应急预案对事故进行分级处理,对预案启动条件做了明确的规定,组织构成、处理方法都做了明确规定,方案较为完整。

四、拓展训练

2018年10月17日,某自媒体发表了"消费者当心你吃的钙片有毒"的文章,同时附上了检验证明。某钙产品含有过氧化氢在媒体曝光。

10月19日,生产该产品的公司召开第一次新闻发布会。该公司的总裁告诉外界公司生产的钙产品确实含有过氧化氢,但过氧化氢残留量不会对人体造成伤害,产品申请报批时严格遵守相关部门有关规定,符合国家标准!

公司在送检过程中,主动下架该产品,经过漫长的等待,11月3日,在业界媒体的翘首企盼中终于等来相关部门的检测结果,通报的主要内容是:按照钙的推荐食用量,产品中的过氧化氢(双氧水)残留量在安全范围内。

11月8日,该公司的钙产品全面上架,但是从几个大城市的销售情况看,消费者反应冷淡,沸沸扬扬的危机平息后该公司元气大伤。

·问题· 虽然最终权威部门证明钙产品中的过氧化氢的残留量是安全的,但是公司却大伤元气,分析其中危机管理存在的问题。如果你是公司负责人,会如何处置?

任务二 生产事故危机管理

一、理论知识

(一)控制生产事故危机的原则

控制生产事故危机是指危机发生时,人们为了尽快消除险情,防止危机扩大和升级,尽量减少危机造成的损失而采取的各种措施的过程及其总和。它是一个动态的过程,即制定措施和实施措施的过程。控制危机对整个生产具有重要的意义,有时直接关系到整个企业的生死存亡。控制危机时应遵循以下几条原则:

(1)快速反应、迅速控制事态;
(2)以人为本、公众利益至上;
(3)坦诚公开、真诚沟通;
(4)分工协作、一个声音。

(二)控制生产事故危机的程序和方法

1. 及时发现,立即报告

危机事件发生后,要第一时间向有关部门和领导报告,并请求处置方法。

生产事故危机管理

2. 迅速隔离危机险境,保护好现场

当出现严重的恶性事件和重大的事故时,为确保组织和公众的生命财产不受损失或少损失,要组织人员有序撤离危险地带和进行救治,并对现场进行保护。

3. 启动相关的预案,成立临时指挥中心

根据领导指示通知有关部门启动相关的应急预案。预案的启动一般由组织的核心领导批准,紧急情况下也可由新闻办公室或公共关系部负责人决定。同时,成立临时指挥中心,进入紧急状态,调动一切可以调动的资源。

4. 调查情况,查找原因,防止危机扩大

亲自或安排人员赶赴现场了解情况,调查危机的类型、发生原因、影响范围和造成的后果,及时向领导反馈,为制定有针对性的决策提供依据,控制危机蔓延态势,迅速化解危机。

5. 安排人员值班,确保信息的畅通

危机期间,秘书部门的信息流量成倍增加,为保证信息上通下达,及时传递,自危机发生之日起,秘书部门要全天值班,直到危机结束。

6. 召开新闻发布会,掌握信息发布的主动权

危机发生后,组织要及时、主动与媒体保持密切联系,通过媒体向公众发布信息,随时通报事件的进展情况,避免公众因不了解情况而听信传言,损害组织形象。

7. 协助领导做好善后工作

危机发生后,要协助领导做好善后工作,将不良影响降至最低。

(三)处理生产事故危机善后工作的内容

处理生产事故危机善后的工作包括以下方面:

1. 赔偿工作

赔偿工作要积极、主动。危机处理人员应积极对伤者进行有效救治;对遇难者身份进行确认和安葬;与受害者商议赔偿救助标准和赔偿金额等。

赔偿工作要合情合理,体现人文关怀。在赔偿时一般采用"就高不就低"的标准。帮扶救助金比较灵活,可商议后确定,只要家属能接受就可。

此外,在赔偿工作中还需要和相关的保险公司联系,尽早启动保险理赔工作,保险公司可以开通"绿色通道",急事特办。

2. 调查工作

在善后工作中,要通过周密的调查和认真的分析,找出引起危机的各种原因,分清是因为疏忽,还是因为外在无法控制的因素。

3. 评估工作

对已发生的危机事件所产生的影响以及危机管理的作用程度进行调查和评估,是危机善后管理的重要内容。可以设计专门的评估表格,如应急预案评估情况表,见表13-2。

表13-2　　　　　　　　　应急预案评估情况表

评估内容	评估项目
应急预案内容是否具有科学性和可操作性	1. 应急预案启动条件的设置是否科学 2. 应急组织体系的组织是否合理 3. 各机构的职责定位是否合理、明确 4. 各机构间的协调机制是否完善 5. 应急程序的设置是否科学
应急预案所规定的各种准备工作是否到位	1. 事故预报预警、监测工作是否满足需要 2. 参加救援的人员配置是否合理 3. 参加救援的人员数量是否能够满足需要 4. 参加救援的人员是否能够胜任工作 5. 参加救援的人员是否能够在第一时间到位 6. 应急物资储备是否合理 7. 应急物资数量和质量是否能够满足需要 8. 物资的调拨是否及时、合理 9. 应急装备配置是否合理 10. 应急装备数量和质量是否能够满足需要
是否正确执行应急响应程序和采取合理行动	1. 各类应急响应程序是否及时启动 2. 各相关部门是否有效执行应急预案的既定职责 3. 事故受害人员的转移安置工作是否及时、妥当 4. 事故涉及的基础设施是否能够及时恢复 5. 媒体宣传报道是否合理

4. 整改工作

对事故调查中发现的问题进行整改。危机管理机构应通过调查、总结、评估提出整改措施,责成有关部门逐项落实,完善危机管理内容。

5. 恢复与重建工作

争取尽快恢复工作、生产、生活秩序,并帮助人们建立信心。在组织内部要进一步完善组织管理的各项制度和措施,有效规范组织行为。对组织外部,重点开展有益于弥补形象的公关活动,争取再度赢得社会公众的理解、支持与合作。

二、实　训

(一)任务描述

高鹏是南方某海滨城市一家中型企业的办公室主任。该企业有200多名员工,主要生产和销售服装,在全国有一定的知名度。夏季是该企业的繁忙季节,为了赶制秋冬服装上市,生产车间天天加班。南方的夏季天气炎热,即使在室内,温度也常在30度以上,因此,办公场所和车间都装上了空调。由于车间机器连轴转,每日耗电量很大。有一天,原料仓库的一个插座着了火,引燃了原料仓库存放的布料,火势凶猛,除了存放的布料全部烧毁外,还有2名仓库员在抢救过程中受伤。

(二)要求与指导

实训任务一：安全生产事故危机的预防。

实训成果：

提交一份安全生产事故应急预案。

实训指导：

1. 认真阅读背景材料,了解服装行业安全生产的隐患。
2. 分析并预测该危机事件可能带来的各方面的危害,思考如何建立预警机制。
3. 预案中要有启动预案的条件、灾情处理的领导机构和组织机构,并且职责明确。
4. 针对可能的危害,制定出危机事件的处理程序和规则。处理程序分点列出,对每一程序逐一说明,包括落实责任人、具体做法、工作要求等。
5. 明确处理该项危机事件的纪律或注意事项。
6. 列出处理该项危机事件需要准备的相关物品、器材。
7. 在该项训练中,可以把通过走访调查或网上收集的危机事件的各种有关资料作为参考。

实训任务二：安全生产事故危机的处理与善后工作。

实训成果：

1. 制作一份事故情况记录表和工作情况报告表。
2. 提交一份处理事故的流程与善后工作思路的PPT。

实训指导：

1. 事故情况记录表应包含事故发生日期、时间、地点、涉及人员,以及事故过程的概述、证人、填写事故记录簿的人员签名。
2. 事故发生后,作为事故处理人员首先要了解受伤人员,如果有伤员,应及时送到医院救治。之后需要填写工伤情况报告表,该表应包含事故发生日期、时间、地点、涉及人员基本情况(姓名、出生日期、住址、职务),事故过程细节及对事故的看法,对伤员救治情况,医疗处理情况,证明人、填写表格的人员签名等内容。
3. 在救治受伤人员的同时,需要控制危险源。对事故进行监测、检测,查出事故危险区,对危险区的人员进行疏散,同时填写事故情况记录表。
4. 召开新闻发布会。如果事故涉及公共利益或被媒体报道,在完成事故先期处理后,及时召开新闻发布会,让公众了解生产事故的一些情况。
5. 事故发生后要及时、准确、完整地向上级汇报,并通过上级协调相关的力量前来救援。
6. 事故的善后工作主要有生产的恢复、受害人的赔偿、回访工作、事故处理的鉴定总结。
7. 制作事故处理工作流程时,可以阅读"相关链接"中的案例,通过案例来完成本例中的处理方法。
8. 本例为火灾救治,火灾现场的扑救工作主要由消防队员来完成,秘书主要参与、协调本企业的救灾工作。

(三)反思与总结

反思与总结见表13-3。

表 13-3　　　　　　　　　　　反思与总结

序号	评价内容	评价（最佳☆☆☆☆☆）
1	我对企业常见的生产事故类型有较清楚的认识	
2	我撰写生产事故应急预案时，对危机处理的原则与目的描述得较清楚，包括了生产事故预防内容、生产事故物质准备、组织结构和报告流程等主要内容	
3	我能完成事故情况记录表、工伤情况报告表的制作	
4	我知道生产事故发生后先期处理工作的重点	
5	我了解生产事故的善后工作内容	

实训体会（记录完成的过程，分析自己的成败得失）：

三、相关链接

××企业生产事故应急预案

一、总则

（一）编制目的

为规范企业安全生产事故应急管理，提高处置安全生产事故能力，在事故发生后，能迅速、有效、有序地实施应急救援，保障员工和顾客生命和财产安全，减少损失，特制订本预案。

（二）编制依据

依据《生产经营单位安全生产事故应急预案编制导则》《中华人民共和国消防法》《北京市商业零售经营单位安全生产规定》《人员密集场所消防安全管理》及有关法律、法规和规章制度，制定本预案。

（三）适用范围

本预案适用于火灾、触电和机械伤害等事故的应对工作。

（四）应急工作原则

安全第一，预防为主，以人为本，减少危害，快速反应，协调统一。

二、危险性分析

（一）企业概况

（略）

（二）危险源与风险分析

本单位内有高低压配电装置及经营区电源线路较多，易燃品集中堆放，且在区域内使用燃气和主食加工机械进行现场食品加工。如果出现人为疏忽或管理不善，就有可能发生火灾、机械伤害及触电等事故。

三、组织机构及职责

（一）应急组织机构与职责

成立安全生产事故应急指挥部（以下简称"指挥部"），下设应急办公室，设在行政办公室。结合本单位实际情况，设置通信联络组、灭火组、疏散组、抢救组4个应急救援组。

1. 应急指挥部成员及职责

总指挥：（略）　　副总指挥：（略）

成员：（略）

职责：

(1)接受上级部门、当地政府应急救援中心的领导指令并落实指令。

(2)组织本单位安全生产检查，及时消除各类安全事故隐患。

(3)组织制定本单位安全生产事故应急预案。

(4)负责本单位发生的安全生产事故先期处置和善后工作。

(5)配合专业部门进行事故现场的应急抢救工作。

(6)及时准确地向当地政府及有关部门报告事故情况。

(7)组织对应急预案处置方案的演练，补充完善本单位应急预案。

2. 应急办公室成员及职责

负责人：（略）

成员：（略）

职责：

(1)设专人24小时值班。

(2)接到事故报警后，及时向应急指挥部总指挥、副总指挥报告。

(3)事故发生时，负责判断并启动相应的应急处置方案。

3. 应急救援组职责

通信联络组：负责与各应急小组及对外有关部门的通信联络和情况通报。

灭火组：发现火情立即使用消防设施、灭火器材等进行初起火灾扑救，及时断电、断气。

疏散组：负责引导各部分人员有秩序疏散。

抢救组：抢救受伤人员并进行救护，及时护送受伤人员就医。

（二）组织体系框架（图13-1）

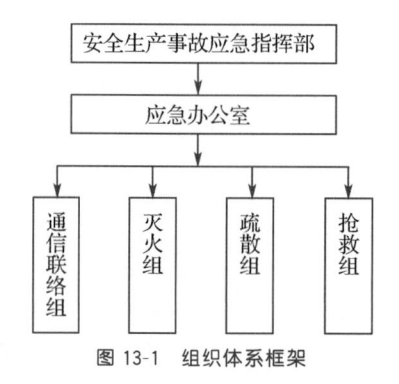

图13-1　组织体系框架

四、预防与预警

(一)危险源监控

1.应急指挥办公室 24 小时值班。

2.由安全人员负责加强对危险源的巡视检查,发现问题及时解决。

(二)事故预防措施

1.认真落实企业安全生产责任制、安全生产规章制度和安全操作规程。

2.及时对设备或设施的不安全状态、人的不安全行为,以及安全管理上的缺陷等隐患进行排查治理,采取有效的防护措施。

3.保证消防设备、消防器材、应急照明的完好、有效。

4.安全疏散通道、安全出口畅通,安全指示标志明显连续。

5.在危险要害位置,设置明显的安全警示标志,便于公众识别。

6.加强对员工安全生产教育培训,提高员工安全生产意识,掌握安全技能,提高对事故的应急处理能力。

(三)信息报告与处置

1.事故发生后,第一发现人立即向单位负责人报告,并尽可能阻止事故的蔓延扩大。

2.现场负责人用最快速度通知指挥部成员到现场,及时启动应急预案,并迅速做出响应,进入相应的应急状态,抢救组依据职责分工履行各自所应承担的职责。

3.事故发生后,如事态继续发展扩大,指挥部立即将本单位地点、起始时间和位置、危险化学品(含剧毒品)名称和数量、人员伤亡情况、可能影响范围及已采取的措施等上报区应急办公室。(应急办电话:5435×××)

五、应急响应

(一)火灾事故现场处置措施

1.员工发现事故征兆,如电源线产生火花,某个部位有烟气、异味等,立即报告值班领导,现场人员在保证自身安全条件下,立即进行自救、灭火,防止火情扩大。

2.事故现场继续蔓延扩大,现场指挥人员通知各抢救小组快速集结,快速反应,履行各自职责。

3.通信联络组拨打 119 火警电话,并及时向区应急办报告,派人接应消防车辆,并随时与抢救组联系。

4.灭火组在消防人员到达事故现场之前,在保证自身安全前提下,根据不同类型的火灾,采取不同的方法进行灭火。如液化石油气钢瓶泄漏着火,用湿布包住手去关闭角阀,无法关闭时,则用灭火器扑救,用水冷却钢瓶,灭火后应将钢瓶拎至空旷处放置。如电气设备着火,首先切断供电线路及电气设备电源,再利用灭火器进行灭火。

5.疏散组接到警报后,立即按负责区域进入指定位置,用镇定的语气呼喊,消除人员恐惧心理,稳定情绪,防止发生拥挤,以最快的速度引导人员按指示方向有序疏散。

6.抢救组及时抢救受伤人员,拨打 120 急救电话或将受伤人员送往医院进行治疗。

7.救援队伍到事故现场后,迅速报告未疏散人员的方位、数量以及疏散路线。

8.火灾现场指挥人员随时保持与各小组的通信联络,根据情况可互相调配人员。

9.进行自救灭火、疏导人员、抢救物资和伤员等救援行动时,应注意自身安全,无能力自救时各组人员应尽快撤离火灾现场,等待专业队伍救援。

(二)触电事故现场处置措施

1. 截断电源,关上插座上的开关或拔除插头。切勿触摸电器用具的开关。

2. 若无法关上开关,可站在绝缘物上,如一叠厚报纸、木板等物品上,用扫帚或木椅等将伤者拨离电源,或用绳子、裤子或任何干布条绕过伤者腋下或腿部,把伤者拖离电源。切勿用手触及伤者,不要用潮湿的工具或金属物质把伤者拨开,也不要使用潮湿的物件拖动伤者。

3. 如果伤者呼吸、心跳停止,需做人工呼吸和胸外心脏按压。若伤者昏迷,则立即打电话叫救护车,或送伤者到医院急救。

(三)炊事机械伤害事故现场处置措施

1. 发现有人受伤后,现场有关人员立即关闭设备电源,向周围人员呼救,迅速向领导报告。

2. 领导接报后,立即到达现场,指挥受伤人员的抢救工作。

3. 一般性外伤,迅速包扎止血,并将伤者送往医院。

4. 如果受伤人员伤势较重,现场指挥人员立即拨打120急救中心电话或将伤员送往医院治疗,并及时上报区应急办公室。

六、应急结束

现场应急处置后,事故得到控制,导致次生、衍生事故的隐患已消除,应急工作结束。

七、后期处理

1. 组织人员尽快清理现场,检修受损设备。

2. 做好伤亡人员的善后赔偿工作。

3. 协助有关部门进行事故调查。

4. 将事故总结报告和处置情况报送当地政府应急办公室,总结事故应急处置经验,对应急预案进行修改完善。

八、应急保障

1. 应急队伍及通信保障

各组成员电话(略)

2. 应急救援物资保障

应急处理部门要备足配齐照明器材、消防器材、防护用品、通信器材。平时做好定期检查工作。

3. 经费保障

本单位从日常办公费用中,抽出部分资金用于应急物资的添置、维护保养及演练培训的费用支出。

九、培训与演练

1. 培训

培训包括:商业零售经营单位安全管理的相关法律法规、设施设备的安全使用、火灾事故自救互救及逃生知识、消防器材的使用等相关知识。

2.演练

根据预案每半年进行一次演练,做好演练记录,并对演练情况进行总结,修改完善应急预案。

十、奖惩

1.在事故抢险过程中,无故不到位、不服从命令或临阵脱逃的,给予罚款或开除处理。

2.在事故抢险过程中,因表现勇敢,减少事故损失的,给予表彰奖励。

3.在事故抢险过程中,受到伤害的,按照工伤待遇处理。

十一、附则

1.应急预案备案

本预案报送区应急办室备案,本单位应急办公室存档。

2.应急预案制定与修改

本预案由公司后勤部制定,每次演练结束,根据国家颁布的有关安全生产的法规及人员设置变动情况及时修改、补充预案。

3.应急预案发布实施

本预案经批准发布,并于××××年10月1日起实施。

四、拓展训练

一次成功的事故善后理赔工作

××××年7月23日,某公司的送货车在送货过程中发生倾翻,导致车厢和货物损毁严重,司机脑部受伤,送医院不久后身亡。公司接到事故报告后,迅速展开伤员救治和事故救援,对于死者积极开展善后赔偿工作。根据死者生前与公司签订的协议,除协助死者家属向保险公司理赔外,还给予家属5万元慰问金。死者家属认为合同是10年前签订的,20万元的人身伤害险加上5万元慰问金,在当时看来是一笔巨款,但与现在物价相比,显然过低,死者家属拒绝签署赔偿协议。几经讨论,公司善后工作组对赔偿标准进行了调整,除20万元的保险款外,给予死者家属交通费、丧葬费、精神抚慰金等15万元。后又考虑到死者的妻子失去了部分劳动能力,抚养的孩子尚小,公司主动追加20万元一次性救助金,共计55万元。该理赔方案得到了家属的认可。

问 题

请分析该事件善后赔偿工作的成功之处。

项目十四

服务商务谈判

知识目标

- 能说出商务谈判的基本概念及分类。
- 能用事例说明商务谈判的原则。
- 能说出商务谈判的基本特点。
- 能描述秘书在商务合作谈判和商务交易谈判过程中的服务内容。

能力目标

- 能收集商务谈判所需要的资源。
- 能制订商务谈判的方案。
- 能在商务谈判过程中提供良好的服务。

价值塑造

- 在模拟谈判过程中,增进团队合作的意识。
- 在策略交易谈判过程中,锤炼自身的创新精神。
- 在安排谈判服务的实训中,培植自身的服务意识。

思考与感悟

A公司正与B公司洽谈某款电子产品的供销事宜。前面两轮谈判进行得非常顺利,双方就交易物品规格、技术服务甚至是交货方式都达成了一致,只是价格问题还有待商榷,双方约定第三天再商谈价格问题。

可是第三天还没到,A公司就接到B公司已和别家公司以低于A公司报价3%的价格签订了供销合同的消息。原来"别家公司"是A公司的竞争对手——C公司。在这次谈判中,A公司的谈判小组不知是哪个环节出了问题,居然疏忽了这个"最麻烦的问题"。

事后,A公司总结,主要问题是:

1. 信息资料不够充分,连竞争对手的动态都没掌握清楚;
2. 谈判方案中关于价格问题,没有确定最低限额,让对手抢了先机;
3. 谈判过程中的空当没有处理好,让B公司得以与竞争对手联系。

> **思 考**

针对这些总结出来的问题,作为秘书,在今后的谈判中应如何克服?(可以从影响谈判的因素以及秘书在谈判中的职责来思考)

任务一　企业合作谈判的服务

一、理论知识

(一)企业合作谈判资料的收集

准确可靠的谈判信息是谈判成功的保证,是确定谈判目标的基础,也是制定谈判策略的依据,它包括政治法律信息、市场信息、科技信息、金融信息、谈判合作方的信息、本方企业的信息等。

1. 与谈判环境有关的资料

了解双方所处的宏观环境,主要包括自然地理环境信息、政治环境信息、经济技术环境信息及社会文化环境信息等。具体包括政治状况、宗教信仰、法律制度、商业习惯、社会风俗、财政金融、经济水平、基础设施与后勤供应系统、自然资源、气候条件及地理位置等。它们会直接或间接地影响谈判。因此,谈判前,谈判人员必须对谈判的客观环境有一个比较详细的了解。

2. 与合作方及合作项目有关的资料

与合作方有关的资料主要有合作方的合法性、注册资金、经营范围、经营状况、经营战略、资产情况、信誉等级、盈利现状、公司治理结构、行业地位、拳头产品、市场份额、发展历程和社会声誉等。

如果双方仅是就一个项目进行合作,还需要了解合作项目的情况,包括项目的基本情况、项目的风险评估、项目的收益情况等。

3. 与谈判人员有关的资料

与谈判人员有关的资料主要包括两类:一类是职业信息;一类是个人信息。谈判人员的职业信息主要包括企业职位、授权范围、职业背景、供职过的企业等;谈判人员的个人信息包括个人性格、爱好、兴趣、专长、朋友圈和谈判风格等。

(二)企业合作谈判资料收集的方式

1. 通过本企业商务营销人员收集

训练和激励本企业商务营销人员去收集和反馈信息,他们在商务活动中与客户、各种商业部门有着广泛而密切的联系,因而能够在信息收集工作中发挥非常重要的作用。

2. 通过信息网点、销售服务网点、代销经销网点收集

通过信息网点、销售服务网点、代销经销网点收集谈判资料是企业收集各种信息的重要方式。

3. 通过各种订货会、展销会、商品交易会收集

各种订货会、展销会、商品交易会,会有许多同行业企业和客户参加,是收集各类信息的好机会。

4. 通过信息中心、咨询服务机构和信息市场获得

企业可以广泛利用国内外的各种信息中心、咨询服务机构和信息市场,它们能为企业提供各种信息,还可以按照企业的要求,完成各种专项信息的咨询工作。

5. 通过各种刊物和内部信息资料收集

大量的信息存在于各种载体中,企业可通过订阅各种报纸、杂志,与有关单位建立联系,收集内部信息资料,并配备专门机构从事信息分类、加工、保管工作,建立科学的管理系统。

6. 通过国家政府机构和行业协会收集

通过国家工商部门的信息系统可以查到企业的基本情况,通过行业协会可以了解合作方的行业地位、经营模式等信息。

(三)企业合作谈判过程的服务

1. 谈判前的准备工作

企业双方进行合作谈判,前期工作主要是准备谈判资料、确定谈判人员、安排谈判地点、安排后勤服务。谈判资料的准备如前所述,不再赘述。谈判人员的确定一般由公司决策层拟定,秘书只是负责通知并告知准备事项。谈判地点的安排,一般设主谈室、密谈室和休息室。主谈室应安排在安静、幽雅的环境中,室内光线、温度要适宜,室内通信设备要齐全,方便谈判人员与外界沟通。密谈室供谈判双方内部协商机密问题时单独使用,要求保密性好,隔音效果好,最好靠近主谈室。休息室主要供谈判双方在谈判间隙休息时使用。主谈室内设备主要有谈判桌椅、文具、台签、谈判材料等。还需配置一些专门设备,供谈判双方进行计算和图表分析时使用。在未经双方同意的情况下,一般不设录音设备。

2. 谈判中的服务工作

谈判中的服务工作可以依据谈判流程来进行。开局阶段属于双方介绍谈判人员与企业基本情况阶段,秘书在这个阶段需要协助介绍人员播放介绍公司的视频或PPT。谈判前期阶段,这个阶段主要由合作的乙方向甲方介绍合作的主要项目和主打产品,如果是战略性合作谈判则主要是乙方向甲方详细介绍本公司各方面的情况。秘书服务工作是协助本方播放资料,做好记录。中期阶段,是就合作中关键问题,如合作模式、资金使用、利润分配等进行讨论。秘书在这个阶段主要是做好谈判记录,为谈判人员提供谈判策略,谈判休息时为双方谈判人员准备茶歇。休局阶段,是指合作双方就合作项目达成一致意见。秘书在这个阶段,应及时完成谈判备忘录的拟写。最后阶段,是谈判完成的阶段。秘书在这个阶段除了根据谈判结果写出协议书外,还要准备一个小型签约仪式。

3. 谈判后的合影工作

合作协议签完后,一般会合影留念,秘书需要提前准备摄影器材和照相场地,有时合影留念会在签约仪式中完成。

(四)企业合作谈判的技巧

1. 学会渐入正题

商业合作谈判往往需要一个宽松祥和、轻松愉快的谈判气氛。这样的谈判气氛能够拉近双方的距离,让双方找到共同的语言,化解双方的分歧或矛盾。很多谈判高手往往都是从中心议题之外开始,逐步引入正题。

2. 注意倾听,学会引导

在商业合作谈判中要善于倾听、分析和判断。尤其是要听出其"言外之意",找出对方的"软肋"或"破绽",从而拿出应对的策略。另外,谈判者还要在不显山露水的情形下,启发对方多多地说、详细地说,最好让对方把他们要说的话、想说的话尽量都说出来。在对方说的时候,不要打断对方,不要怕"冷场"。从对方的话中判断出对方的真实意图。

3. 发挥团体力量

谈判除了要发挥个人水平外,更需要团队的默契配合。首先,谈判团队要有一个核心,所有的参与者都要为这个核心服务。其次,团体成员分工要明确,每个人根据谈判中自己所扮演的角色去完成自己的任务,做到"到位不越位"。最后,谈判团体要步调一致。

4. 避免自相矛盾

在谈判中说话不能顾此失彼,更不可前后矛盾。对关键词、关键数字和关键性问题要牢记不忘。在讨论其他问题甚至休息或聊天时,也要避免说出和这些关键问题相矛盾的话语,否则将会引起对方的猜疑而导致被动。

5. 站在对方立场

在商业合作谈判中要尽可能地掌握对方的情况,站在对方的立场上,真诚地帮助对方分析利弊得失,让对方感到和你交易或合作是一次机不可失、失不再来的难得机会。这样更容易说服对方,打动对方,掌握谈判的主动权。

6. 掌握让步和坚持的火候

商业合作谈判的成功,某种程度上是双方妥协的结果。妥协就是让步,让步要根据双方的情况和谈判形势灵活决定。有时候可以一步到位,有时候则需要分段让步。同时,要有一定的忍耐力,要学会巧妙地坚持和等待,许多谈判的成功都是在最后一分钟取得的。

(五)备忘录

1. 备忘录概述

备忘录是记录有关活动或事务,起提示或提醒作用,以免忘记的一种记事性文书。备忘录的类型主要有个人备忘录、交往式备忘录、计划式备忘录。事务性、提醒性是备忘录的主要特点。

2. 备忘录的结构和写法

备忘录标题有两种写法:一种直接写文种名称,即备忘录。另一种由单位、事由和文种组成,如"××公司与××集团公司合作开发机电产品会谈备忘录"。

备忘录正文包括导言、主体、结尾与落款四个部分。导言,记录谈判的基本情况,包括双方单位名称、谈判代表姓名、会谈时间、地点、会谈项目等。主体,记录双方的谈判情况,包括讨论的事项、一致或不一致的意见、观点和做出的有关承诺。主体内容的记录类似于意向书的写法,通常采用分条列项式记录。结尾与落款,多数备忘录不另写结尾,落款主要写各方谈判的代表签字、签字时间。

3. 写作备忘录的要求

写作备忘录时,要求内容翔实、具体、完备,语言朴实、准确。

二、实 训

(一)任务描述

A公司是一家从事煤炭开采、运输的公司,资产达几十亿,随着房地产行业的发展,从事煤炭业的A公司也准备进入房地产行业。该公司总裁吕×对房地产行业不是太熟悉,怕轻易进入后深陷其中。于是,他采取保守策略,先通过与房地产公司合作来了解这个行业,想等熟悉这个行业以后,再大举进入。B公司是一家房地产公司,该公司由于资金的原因,开发的楼盘不多。上个月,B公司通过竞标获得了市中心的一块商业用地,这块用地占用了公司大量的资金。B公司想通过合作来解决开发资金问题。在中介的帮助下,这两家公司走到一起,并决定下周开始进行合作谈判。谈判的重点围绕市中心那块商业用地开发项目的合作事宜。

(二)要求与指导

实训任务：企业合作谈判的管理与服务。

实训成果：

每组提供一份谈判资料汇编、一份谈判议程、一份谈判备忘录。

实训指导：

1. 根据案例,小组成员分为两个模拟组,分别扮演两个公司的谈判人员。
2. 谈判资源的收集主要包括两个方面:一是收集与本次谈判有关的政治、经济、文化、行业信息及相关标准等;二是谈判对手的单位及个人的所有资料。收集的资料越详细越好。
3. 秘书在谈判前的资料准备除了与谈判有关的政策性文件、谈判对方相关材料外,还要准备本方的材料,本方的材料主要有本方公司基本情况、过去一年或多年的经营情况、本方的优势、销售渠道、资金情况等。
4. 谈判主题是制定谈判议程的重要依据,谈判主题是指谈判的中心。本例为两个企业合作谈判,合作项目是商业用地开发项目,因此谈判的主题可以确定为"商业用地开发合作合资谈判"。
5. 谈判议程制定包括开局阶段、前期阶段、中期阶段、休局阶段、结束阶段和合影阶段。
6. 企业合作谈判备忘录包括标题、双方情况、各自承诺及签署。
7. 作为秘书,还需要做好谈判其他方面的管理与服务工作,如谈判室安排、谈判人员的通知、谈判过程的记录工作、谈判活动的后勤服务等。

(三)反思与总结

反思与总结见表14-1。

表14-1　　　　　　　　　　　　反思与总结

序号	评价内容	评价(最佳☆☆☆☆)
1	我能根据领导的谈判意图确定谈判主题	
2	我能围绕谈判主题与目的收集对方资料,并准备本方的资料	
3	我能撰写谈判的议程	
4	我能完成谈判备忘录的编写	
5	我能做好谈判的后勤服务工作	

实训体会(记录完成的过程,分析自己的成败得失):

三、相关链接

(一)谈判桌的选择及座次的排列

1.谈判桌的选择

谈判桌的选择很重要。一般来讲,比较重要的、大型的谈判选用长方形的谈判桌,双方代表各居一方,相对而坐。在规模较小,或双方谈判人员较熟悉的情况下,多选用圆形谈判桌,这样可以消除谈判双方代表的距离感,气氛比较轻松,彼此容易交谈,使谈判易于进行。

2.谈判座次的排列

谈判座次的排列一般有两种:一种是双方各居谈判桌的一边,相对而坐。此时谈判桌为长方形桌。以正门为准,主人应坐背门一侧,客人则面向正门而坐。横式谈判桌座次的排列如图14-1所示。若谈判桌窄的一端面向正门,则以入门的方向为准,右边坐客方人员,左边坐主方人员。主谈人或负责人居中而坐,翻译安排在主谈人右侧紧靠主谈人的座位上,其他人员依职位或分工分两侧就座。纵式谈判桌座次的排列如图14-2所示。

图14-1　横式谈判桌座次的排列

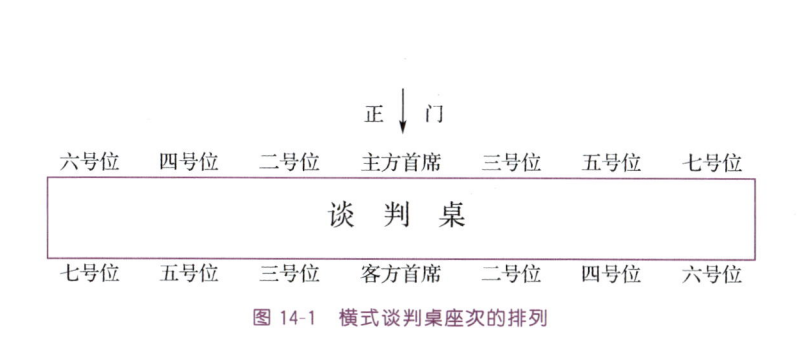

图14-2　纵式谈判桌座次的排列

(二)案例

某酿酒公司与某包装公司合作谈判议程

时间：2022年4月5日

地点：某大厦5楼会议室

主持人：某酿酒公司总经理

谈判主题：甲方（某包装公司）与乙方（某酿酒公司）就合作研发新型酒类包装项目进行洽谈。

议程：

一、双方介绍谈判成员

二、主持人致欢迎词

三、乙方介绍公司的基本情况及项目情况

四、双方就项目的合作模式、管理模式进行讨论

五、双方就项目的出资比例与利润分成进行讨论

六、双方就项目的研发成果分享进行讨论

七、签订合作协议仪式

八、合影留念

点评 这份谈判议程将相关问题都放在一起讨论，可以提高效率。

备忘录

西安××文化传播有限公司（简称"甲方"）与深圳××文化传播有限公司（简称"乙方"）的代表，于2022年7月15日在深圳市就老年人口述历史出版合资项目进行初步协商，双方交换了意见，达成了谅解，双方的承诺如下：

（一）依据双方的交谈，乙方同意就老年人口述历史出版合资项目进行投资，投资金额大约100万元。甲方提供总体策划、采集技术与后期制作，乙方提供资金与营销团队。甲方的设计创意与投资机器设备的作价原则和办法，待进一步协商。

（二）关于利润的分配原则，乙方认为自己的投入既有资金，又有销售渠道，应该占60%～70%，甲方则认为创意是项目的关键因素，应占到利润的50%，双方没有取得一致意见。但乙方代表表示，利润分配比例愿意考虑甲方的意见，另定时间进行协商确定。

（三）合资项目出版的口述历史文本，乙方承诺销售90%的作品，甲方承诺销售10%的作品。

（四）知识产权、合作年限以及其他有关事项，均没有详细讨论，双方都认为待第二项事情向各自的上级汇报确定后，再进行谈判解决。

（五）这次洽谈，虽未能解决主要问题，但双方都表达了合作的愿望。期望今后的2个月再行接触，以便进一步商洽合作事宜，具体时间待双方磋商后再定。

西安××文化传播有限公司　　　　　　　深圳××文化传播有限公司

代表：××（签章）　　　　　　　　　　代表：××（签章）

　　　年　月　日　　　　　　　　　　　　　年　月　日

> **点评** 这份备忘录反映了谈判的真实情况,备忘录中记录了哪些方面达成了一致,哪些方面还存有分歧,并将解决分歧的方法都记入其中,内容完整。

四、拓展训练

通过谈判 A、B 两家公司确定成立一个合资公司,A 公司出资 50 万美元,占 70% 股份。B 公司以销售渠道作价 20 万美元,加上其销售团队,占 30% 的股份。当 A 公司将资金打到合资公司不久,B 公司的母公司——C 公司因拖欠其他公司 20 亿美元遭到起诉,法院最后裁定 C 公司在 2 个月内归还欠款,同时为保全财产,法院对 C 公司包括子公司的所有资产进行冻结。A 公司出资的 50 万美元也被冻结,使得成立的合资公司无法运作。

> **问题** 从该案例中,你认为秘书在管理与服务谈判过程中应该做好哪些工作?

任务二 商务交易谈判的服务

一、理论知识

(一)谈判方案

谈判方案是指在谈判开始前对谈判目标、策略、议程所做的安排。谈判方案是指导谈判人员行动的纲领,在整个谈判过程中起着重要的作用。

谈判方案一般包括以下内容:

1. 谈判目标

谈判目标是指通过谈判要达到的目标。它具体分为三个层次,即理想目标、可接受目标和最低限度目标。理想目标是指对目标制定一方最有利的目标,即在达到实际需求利益外,再获得一个增加值。但在实际谈判中,这种目标实现的可能性较小。它主要作为一种报价策略,为实现可接受目标提供筹码。可接受目标是指谈判人员根据各种客观因素,经过科学论证、预测及核算所确定的谈判目标。这是目标制定方最基本、最主要的利益所在,是谈判各方所力图达到的真正目的。最低限度目标是目标制定方在谈判中的最后底线,是谈判一方在谈判协调中所要实现的最低限度的要求。如果这一目标不能实现,就意味着谈判的失败,就需要放弃谈判。

2. 谈判策略

谈判策略是指为实现谈判目标所采取的基本途径和策略。它是根据谈判过程中可能出现的情况,事先有所准备,在谈判中灵活运用。谈判策略主要包括开局策略、报价策略、磋商策略、让步策略、成交策略、打破僵局策略等。

3. 谈判议程

谈判议程即谈判程序,包括所谈事项的次序和主要方法。这里主要指己方拟定的谈判议程,也称细则议程,是己方进行谈判的重要行动指南。简言之,即先谈什么问题后谈什么问题,每个问题大概谈多久、什么时机、什么地点、用什么方式谈、每一事项谈判最后要达到什么目的等。谈判议程安排的合理与否,直接关系着谈判的效率。谈判议程的基本内容见表 14-2。

表 14-2 谈判议程的基本内容

谈判事项	谈判目的	时间	地点	主谈人	人员分工	谈判方式	可能遇到的问题及解决办法	其他
事项一								
事项二								
事项三								

4. 谈判地点

谈判地点一般有三种:一是对方所在地,二是己方所在地,三是双方所在地之外的第三地。对己方来讲最为有利的谈判地点是己方所在地。但为公平起见,通常都会把地点定在第三地,也有的会采用在双方所在地轮流交叉谈判的办法。

(二)谈判策略

1. 开局策略

开局谈判时可以采用以下策略:

(1)协商式开局策略,即用协商的语言,让对方对己方产生好感,为谈判创造一种融洽的氛围。

(2)保留式开局策略,即对对方提出的关键性问题不做彻底回答,而是有所保留,形成一种神秘感,将对方引入到谈判中。

(3)坦诚式开局策略,就是向谈判对方坦诚公开自己的观点与意愿,从而为谈判打开局面。这种策略适合于双方有过商务合作的情况。

(4)挑剔式开局策略,对对方的错误或礼仪严加指责,让对方觉得理亏,达到让对方让步的目的。

(5)进攻式开局策略,即通过语言或行动表达强硬的态度,让己方在谈判中获得必要的尊重,从而占据有利的谈判地位。

使用开局策略时,应考虑双方原有关系、谈判人员之间的关系以及彼此的谈判实力。

2. 报价策略

在谈判的报价阶段,可以采用下列策略:

(1)吊筑高台式策略,即卖方报出一个高于自己实际要求价位起点的价格与对方进行谈判,最后通过让步达成协议。

(2)抛放低球式策略,即卖方报出一个低于自己实际要求价位起点的价格,将买方从同类竞争者那里吸引到己方,然后再与买方进行真正的谈判。

(3)除法报价策略,即将商品的价格除以商品的使用时间或数据,得出一个较小的价格,让买方产生商品低廉的感觉。

(4)加法报价策略,即将商品的价格分解为若干部分,分层次进行报告,但最后的价格相加等于自己的目标价格。

此外,还有差别报价策略、对比报价策略等。

3. 磋商策略

谈判中经常会出现争论、冲突甚至僵局,这时就需要进行磋商,主要有以下策略:

(1)引经据典策略,即引用大量的依据来说明自己的观点。

(2)吹毛求疵策略,即用严格标准来审视对方,指出对方的不足部分,从而挤压对方虚夸的内容。

(3)投石问路策略,即用假设优惠的条件来询问对方的价格或条件,从而摸清对方的谈判底线。

(4)刚柔相济策略,即成员中安排一部分人唱红脸,一部分人唱白脸,相互配合,最后达到自己的目的。

(5)拖延回旋策略,即对强硬的对方采用拖延战术,让对方感到疲劳生厌,逐渐丧失意志,达到有利己方的目的。

(6)以退为进策略,让对方说出所有的要求,然后抓住其破绽,进行攻击,迫使其做出让步。

此外,还有留有余地策略、利益诱导策略、亮出底牌策略等。

4. 让步策略

让步策略主要有以下策略:

(1)予远利谋近惠策略,即给予对方远期的利益,让对方接受近期的价格。

(2)互惠互利策略,即用自己的让步,换取对方在某一方面的让步。

(3)逐步让步策略,即逐步让出可让之利,其表现形式有等额让步、小幅度让步、中等幅度让步、递增(减)让步、突然大幅度让步、大幅度下降略有反弹让步。

5. 成交策略

成交策略主要有以下策略:

(1)最后通牒策略,就是迫使对方在规定日之前改变原来的主张,满足己方的要求。

(2)最后报价策略,在谈判的最后阶段,告诉对方这是最后的报价,让对方感到这是最后的决定,从而做出让步。

(3)最后让步策略,即在大部分问题达成一致后,在最后一些小问题上做出让步,完成交易。

(4)场外交易策略,即指在谈判双方的意见十分接近,只有小部分分歧的情况下,在谈判场合外对分歧问题取得谅解,达成共识,从而完成交易。

(5)速战速决策略,即为了防止对方出尔反尔,避免无谓的争论,己方抓住有利时机促成交易。

(6)双赢策略,即谈判结束后,即将签字合约时,对谈判进行肯定,指出这种合作是双赢的,是共同努力的结果。

6. 打破僵局策略

谈判中难免会出现僵局,这时可以采用下列策略:

(1)寻找共同点策略,回顾双方以往的合作历史,强调和突出共同点和合作的成果,以此来削弱彼此的对立情绪,达到打破僵局的目的。

(2)换话题策略,即当谈判陷入僵局,经过协商而毫无进展,双方的情绪均处于低潮时,可以采用避开该话题的办法,换一个新的话题与对方谈判,以等待高潮的到来。

(3)替代策略,即当某一方案双方无法接受时,用另一方案来代替,从而打破谈判的僵局。

(4)休会策略,是谈判人员为控制、调节谈判进程,缓和谈判气氛,打破谈判僵局而经常采用的一种基本策略。它不仅是谈判人员为了恢复体力、精力的一种生理需求,还是谈判人员调节情绪、控制谈判过程、缓和谈判气氛、融洽双方关系的一种策略技巧。

(5)中介人策略,即谈判双方进入立场严重对峙、谁也不愿让步的状态时,找位中间人来帮助调解,有时能很快使双方立场出现松动。

(6)更换谈判人员策略,有时谈判进入僵局可能不是观点的对立,而是谈判人员的因素,这时可以更换谈判人员来打破僵局。

(三)谈判讨价还价技巧

商务交易大部分的谈判集中在价格,因此谈判过程基本上是在讨价还价。讨价是指谈判一方首先报出价格,另一方认为报出的价格离期望值远时,要求对方重新报价。还价是针对谈判对方报价之后,己方做出的反应性报价。那么在谈判中如何讨价还价呢?

1. 先要求对方进行价格解释。让对方对他的价格进行解释,这样有助于乙方获得对方价格的构成,查验有没有水分,以使后面的讨价还价更有针对性。

2. 先逐项讨价,再做总体讨价。如果交易的种类较多,那么可以先逐项讨价还价,逐项去掉水分,然后要求对方在总价上再给一定的优惠。

3. 集中对方报价中水分最多或金额最大的部分还价,这是谈判的核心问题,决定着整个谈判的成败。核心问题谈赢了,谈判就对己方有利了。

4. 讨几次价再还价。先讨后还是讨价还价的重要谈判技巧。讨价的过程就是让对方自己挤去水分,经过数次讨价,对方不肯再让步的时候,就需要己方来帮对方挤水分,即还价。

(四)谈判的服务工作

1. 谈判前的服务工作

秘书在商务交易谈判前的准备工作与合作谈判的准备工作相似,需要完成三个方面的工作:谈判室及室内用具的准备,谈判材料的准备,谈判人员食宿安排(如有需要)。

2. 谈判中的服务工作

在谈判过程中,作为秘书需要向谈判双方提供茶水,引导客方进入谈判会场,并为谈判双方提供文具及其他设备。如果与外商谈判还需要提供翻译服务。此外,还要做好谈判会议记录,为己方提供谈判策略。

3. 谈判结束时的服务

在谈判结束时,秘书应根据记录写出备忘录,如果谈判成功,还要及时拟写合同,同时安排人员布置签订协议的会议室,准备相关物品,现场举行签字仪式。

二、实 训

(一)任务描述

某计算机公司的总经理了解到某学院需要 300 台电脑,为了争取这个订单,总经理让秘书钟青青收集相关资料。

钟青青花了三天的时间收集了大量有关某学院及学院负责人的信息资料,经过初步整理后,汇编如下主要信息:

1.某学院是一家民办学院,由某集团公司投资。根据该学院五年建设计划,公司从 2020 年开始每年投入 2 000 万元,不足部分由学院自行解决。该学院以培养计算机人才为主,现有 4 000 名学生,学生多为农村生源,全部住宿。

2.网吧建设由学院后勤处与学生工作部负责,由于不属于政府拨款,该学院的设备购买全部由院长带头的建设小组完成。网吧建设主要是解决学生课余上网问题,不以盈利为目的。学院初步拟定费用为每小时 1 元钱。学院要求设备都为基本配置,计算机配置为 AMD 速龙Ⅱ双核 215 处理器、AMD 760G 主板芯片组,集成高性能显卡;19 英寸液晶屏、6G DDR3 内存、620GB SATA2 7200 转高速硬盘、Wi-Fi 无线网卡;服务器配置 CPU 型号:Intel Xeon 5110 2.4GHz@1.6MHz,内存容量:1GB ECC FBD DDR2。

3.学生消费:学生月消费 1 000 元,其中伙食费 600 元,购买衣服 100 元,书籍 200 元,其他 100 元。

4.院长:现年 62 岁,原为某工程学院院长,教授,退休后聘为该学院院长。

5.建设小组还有副院长刘×、科技处郑×、设备处王×、基建办成×。刘×学的是英语专业,平时爱好书法。郑×以前是某学校总务处长。王×和成×曾是该集团公司的项目经理。钟青青把这些资料交给了总经理。总经理让钟青青根据收集的资料写一份谈判方案。

(二)实训要求与指导

实训任务: 编写谈判方案并进行模拟。

实训成果:

每组学生提供一份谈判方案、一份谈判模拟视频。

实训指导:

1.将学生分为两个谈判小组,一组代表总经理谈判组,一组代表某学院谈判组。两个小组学生先熟悉电脑硬件的相关知识,通过网络了解这些产品的价格。

2.商务交易谈判是双方就一个产品或一项服务的品质、数量、价格、销售服务和质量保证进行讨论。同学模拟时可以根据任何一个方面来进行,也可以同时谈判多方面。

3.两个小组分别写出谈判方案。方案内容包括谈判目标、谈判策略、谈判议程、谈判人员及职责分工、谈判地点与时间等。

4.谈判的目标包括三个层次:理想目标、可接受目标、最低限度目标。

5.部署谈判策略,即拟定实现谈判目标所采取的基本途径和策略,包括开局策略、报价策略、磋商策略、让步策略、成交策略、打破僵局策略等。

6.在商务交易谈判中最难的是讨价还价。这部分内容请参看"理论知识"相关内容。

(三)反思与总结

反思与总结见表14-3。

表14-3　　　　　　　　　　　反思与总结

序号	评价内容	评价(最佳☆☆☆☆)
1	我掌握了谈判方案的结构	
2	我能确定商务交易谈判的三层次目标	
3	我在模拟中可以较好地运用谈判策略	
4	我能较好地控制谈判过程,并为其他成员提供服务	
5	我掌握了基本的讨价还价技巧	

实训体会(记录完成的过程,分析自己的成败得失):

三、相关链接

中美组合炉谈判

我国某冶金公司要向美国购买一套先进的组合炉,派一位高级工程师与美商谈判,为了不负使命,这位高工做了充分的准备工作,它查找了大量有关冶炼组合炉的资料,花了很大的精力对国际市场上组合炉的行情及美国这家公司的历史和现状、经营情况等了解得一清二楚。谈判开始,美商一开口要价150万美元。中方工程师列举各国成交价格,使美商目瞪口呆,最终以80万美元达成协议。当谈判购买冶炼自动设备时,美商报价230万美元,经过讨价还价压到130万美元,中方仍然不同意,坚持出价100万美元。美商表示不愿继续谈下去了,把合同往中方工程师面前一扔,说:"我们已经做了这么大的让步,贵公司仍不能合作,看来你们没有诚意,这笔生意就算了,明天我们回国了。"美商真的走了,冶金公司的其他人有些着急,甚至埋怨工程师不该抠得这么紧。工程师说:"放心吧,他们会回来的。同样的设备,去年他们卖给法国只有95万美元,国际市场上这种设备的价格100万美元是正常的。"果然不出所料,一个星期后美商又回来继续谈判。工程师向美商点明了他们与法国的成交价格,美商又愣住了,没有想到眼前这位中国商人如此精明,于是不敢再报虚价,只得说:"现在物价上涨得厉害,比不了去年。"工程师说:"每年物价上涨指数都没有超过6%。一年时间,你们算算,该涨多少?"美商被问得哑口无言,在事实面前,不得不让步,最终以101万美元达成了这笔交易。

点评　这个案例可以明显地看出,中方工程师对于谈判技巧的运用更为恰当准确,赢得了有利于己方利益的谈判结果。中方工程师在谈判前收集了对方的大量信息,同时,在谈判中运用了很多策略,促使谈判成功。

新疆游谈判方案

为鼓励士气,表彰先进,公司特组织优秀员工去新疆旅游。本着既玩得尽兴又节约资金的宗旨,特拟定与××旅游公司就我公司组团去新疆旅游一事的谈判方案。具体内容如下:

一、谈判目标

1. 理想目标。双飞,景点包括:那拉提草原、喀纳斯、禾木、天山、吐鲁番(以上含景点门票),四星级酒店(标间),包餐,高级空调车。价格为每人4 000元。

2. 争取目标。一卧一飞,景点同上含门票,四星级酒店(标间),包餐,高级空调车。价格为每人3 500元。

3. 最低目标。一卧一飞,景点同上含门票,三星级酒店(标间),不含餐,高级空调车。价格为每人3 000元。

二、谈判策略

1. 开局策略。先由对方报价,我方再还价。

2. 先单项还价后总体还价策略。即先将旅游的各项费用分条列出,得出总数后,再总体还价。

3. 感情投资策略。以双方公司交往的情感来影响对方。

4. 以数量取胜。人数多,可在某些费用上打折,如交通费、住宿费等。

5. 让步策略。

6. 成交策略。

三、谈判议程

1. 时间安排。确定谈判时间,以我方时间为准,即准备充分之后,谈判人员身体和情绪状况良好的时候。

2. 谈判议题。先谈妥景点以及门票;接下来是交通工具、住宿标准;再是包餐、导游等其他服务项目;最后是总体价格。

四、谈判人员

主谈判人:经理。

谈判人员:秘书小李。

五、谈判地点

××旅游公司。

• 点 评 方案目标明确,策略得体,议程安排合理。

四、拓展训练

××公司准备采购1 000台空调设备,经过办公室调研,公司决定选择空调行业的一线企业×××公司作为谈判对象。为了争取更大的优惠,公司领导让办公室和采购部拿出谈判方案。办公室将方案撰写任务交给秘书小李来负责。

• 问 题

请你为小李拟写一份空调采购的谈判方案。

项目十五

互联网与秘书工作

知识目标

- 能说出互联网对秘书职业的影响。
- 能说出新媒体运营的知识。

能力目标

- 能管理与运营微信公众号。
- 能管理与运营微博。

价值塑造

- 在编写公众号的实训中，提升自己的美育水平。
- 在管理与发布微博的过程中，增进自身社会责任感和守法的意识。

思考与感悟

夏淇毕业于高职文秘专业，在毕业实习时她选择了一家以酒庄生意为主的公司工作，负责接待酒庄的客人，同时还负责策划一些客户增值性活动，目的是增强客户对酒庄的"黏合度"。在她进入公司第三个月时，公司引进了澳大利亚一家酒庄的红酒。公司很想获得这家酒庄在中国的一级代理权，但澳大利亚的这家酒庄要求公司在半年内完成5 000万元的销售额才能获得一级代理权。国内客户对此品牌还不熟悉，公司除了组织品酒会以外，决定在宣传上着力，以增加这款红酒的文化内涵。在宣传讨论会上，夏淇提出可以通过微信的方式来宣传这款酒。可是市场部负责宣传工作的张主管还是坚持印制宣传册，理由是目前酒庄的客户多是四五十岁的商务人士，他们对互联网的接受度不高。好在酒庄老板是个开明的人，支持了夏淇的做法，让她负责注册酒庄的公众号并负责运营。夏淇很快申请了公众号，并在第一周发了4篇推文，利用各种活动推广公众号。由于她采用讲故事的形式，赋予这款红酒一种岁月的情怀，让酒庄客户很快记住了这款酒。现在夏淇坚持每周发推文4篇，推文内容包罗万象，除了介绍这款红酒外，还有很多有关酒的美文。目前，公众号关注人数超过5

000人,每篇推文的评论人数超过1 000人。公司也顺利完成了半年内5 000万元的销售额,拿到了代理权。

> **思考**
>
> 从夏淇身上你体会了怎样的互联网思维?你认为互联网是怎样影响秘书工作的?

任务一　运营微信公众号

一、理论知识

(一)互联网对秘书职业的影响

1. 促进了秘书工作方式的变化

随着互联网的普及,秘书工作方式摆脱了传统的抄抄写写,进入"智能化"时代,如传输文件,以前需要通过邮局或专人送达,现在借助互联网,瞬间就能将文件发给收件人;再如召开会议,借助网络,让与会人员足不出户,就能参与会议的整个过程。借助移动技术,领导可以随时随地与秘书保持联系与沟通。

2. 极大地提高了秘书工作效率

互联网极大地提高了秘书工作效率。例如,通过互联网,可以让单位信息和资源在整个机构得到共享,这样很多原来需要秘书去印制、张贴和送达的材料,现在只需要在互联网上发布即可,省去了秘书大量的时间,提高了秘书的工作效率。为辅助领导决策,秘书经常要开展社会调查活动,以前多是将调查问卷印成纸质材料发出,现在只要将问卷通过互联网发到调查对象的手机上,就能完成数据的收集。

3. 促进了秘书工作职能的扩展

传统的秘书工作主要是办文、办会、办事三个方面的内容,具体地说主要有文书工作、档案工作、会务工作、信息工作、信访工作、协调工作、保密工作、督查工作、接待工作等,随着互联网的发展,秘书工作与网络技术紧密结合在一起,秘书除了上述工作内容以外,还增加了很多工作职能,如维护单位网站、管理单位微信公众号、监控单位网络舆情等。

4. 更新了秘书的服务内容

互联网不仅改变着秘书的工作方式,也改变着领导的工作方式。领导工作方式的变化,要求秘书更新服务内容。例如,在领导使用互联网辅助工作过程中,常会遇到不懂的操作和软件,这时秘书应主动为领导解决这些问题,帮助领导熟悉互联网技术的运用,不能固守传统的工作职能对此无动于衷。

5. 对秘书素质与保密工作提出了更高的要求

由于网络传播迅速,一件不起眼的小事就有可能演变成对单位起负面影响的"事件",互联网传播的这种特性,要求秘书在工作中,尤其在互联网上要慎言慎行,时刻做好保密工作。

(二)互联网环境下对秘书技能的要求

1. 熟练的智能办公操作能力

在互联网环境下,智能办公已经是当前秘书工作的常态。比如 OA 系统、复印打印传真一体机、远程会议系统等已经成为单位"标配"。作为秘书,必须具备这些设备与系统的使用能力。

2. 数据收集与分析能力

随着互联网的发展,信息传播越来越快,资讯也获得几何式增长。因此,作为辅助领导决策的秘书,必须具备收集数据、分析数据的能力,为领导决策提供准确的信息。

3. 新媒体的运营能力

新媒体是以网络为媒介进行信息传播的媒体。当前多数单位利用新媒体来宣传单位的发展理念、目标宗旨和经营范围。作为单位中枢部门的秘书,需要掌握一定的新媒体管理和运营能力。新媒体的运营涉及多方面内容,主要包括品牌传播、数据分析、活动策划、文案编辑、话题引爆、热点借势、媒介合作等,承担着信息推送、宣传推介、广告营销、公关等职能。秘书要具备相应的管理和运营能力、内容生产能力和读写能力等。

(三)运营公众号的步骤与方法

1. 公众号申请

申请公众号,分为五个步骤:(1)登录微信公众平台,点击右上角的"立即注册";(2)注册成功,验证邮箱,登录邮箱点击验证链接激活;(3)选择类型:个人选择个人,如果是单位组织则选组织;(4)跳转到公众账号信息登记,提供相关证件信息,完成之后等待官方平台审核;(5)审核后,可以完善公众号信息。

2. 发推文方法

(1)先将需要发送的材料准备好。文字用 word 文档或 txt 文档,图片用 png 或 jpg 格式,视频用 mp4 格式,音乐用 wma 或 mp3 格式。

(2)点击素材管理,先将视频和图片上传,等平台审核后即可使用。

(3)编辑标题。标题是推文的"文眼",也是最先呈现在公众号关注者眼前的内容,所以标题要吸引人,要能引起关注者的兴趣。

(4)主体部分。将准备好的文字复制到内容栏中,然后再插入图片或视频,与此同时插入装饰符号。这部分内容是推文的主干,内容要符合受众的阅读习惯,形式要活泼,表达要清楚。然后封面图片、正文内容、作者、摘要等也要一一准备好,最后点击"保存"。

(5)点击"群发",选中编辑好的图文,然后点击"发送"即可。

为了达到较好的编辑效果,也可选用一些编辑软件。

公众号除了注意形式美观之外,更要注意内容的正确,公众号的内容要符合社会主义核心价值观,要符合新时代的主题,要承担起新时代的责任。

二、实 训

(一)任务描述

××公司准备评选公司优秀员工,现在有 4 名候选人:余××、林××、楚××和麦××。为了让公司全体员工了解他们的事迹,公司行政办公室让秘书小周在公众号上发一篇推文。

(二)要求与指导

实训任务： 编辑一篇推文。

实训成果：

每组提交推文的屏幕截图。

实训指导：

1. 自拟 4 人的先进事迹。
2. 用修图软件编辑人物的照片。
3. 请小组同学扮演这 4 个人，录一段参选视频，并转换好格式。
4. 将资料加入到公众号素材库，完成推文编辑。
5. 预览效果。

发送推文。

(三)反思与总结

反思与总结见表 15-1。

表 15-1　　　　　　　　　　反思与总结

序号	评价内容	评价（最佳☆☆☆☆☆）
1	我了解互联网与秘书工作的关系	
2	我注册了微信公众号	
3	我能用其他平台编辑公众号推文	
4	我熟悉公众号平台其他功能	
5	我发布了我的公众号推文	

实训体会（记录完成的过程，分析自己的成败得失）：

三、相关链接

(一)公众号编辑器的使用

公众号是当前发展迅速的自媒体平台，被众多机构作为产品发布、形象宣传、市场营销的重要渠道。做好公众号是秘书人员的重要职业能力之一。目前，网络上有专门用于公众号编辑的编辑器，可以通过网络搜索获得。

目前公众号编辑无须下载安装，全部采用在线编辑，然后导到公众号。基本操作过程一般有下列几步：

1. 登录公众号编辑器所在的网站，完成注册，为了方便登录，也可以采用第三授权方式（如 QQ/微信号）注册。
2. 选择适合主题的公众号模板。公众号编辑器的优势是为用户提供大量模板，用户只要选择其中适合的模板即可。选好模板后，浏览模板中图片、视频、文字等各元素的样式。选择模板时要注意与主题相关，以简洁为主，符合关注用户的习惯与审美要求。
3. 准备好方案、图片和视频。根据模板和自己判断对图片、文字和视频进行加工，使之符合模板要求。

4.插入内容。打开模板,将准备好的文件,从开头到结尾逐步将文字、图片和视频插入到模板中,完成之后,点击"完成"即可。

5.将内容导到公众号。

(二)案例

××学院文秘专业推文,如图15-1所示。

点评 该公众号下的推文符合学生的阅读习惯,版面美观,文字活跃,图文搭配较为合理。

四、拓展训练

用公众号介绍本课程的相关内容。

图15-1　××学院文秘专业推文

任务二　管理微博

一、理论知识

(一)微博的作用与功能

微博,是微博客的简称,是一个基于用户关系的信息分享、传播和获取的平台。它允许用户及时编辑、更新短小文本,发布图片和短视频等信息。

微博的功能主要有:

(1)发布功能:用户可以发布内容;

(2)转发功能:用户可以把自己喜欢的内容一键转发到自己的微博上,转发时还可以加上自己的评论;

(3)关注功能:用户可以对自己喜欢的用户进行关注,成为这个用户的关注者;

(4)评论功能:用户可以对任何一条微博进行评论;

(5)话题功能:用户可以在两个"#"之间,插入某一话题;

(6)私信功能:用户可以点击私信,给开放了私信端口的用户发送私信。

(二)微博的创建与管理

1.注册微博

(1)登录微博平台,打开微博网页;

(2)点击注册,填写邮箱和手机号,输入密码;

(3)完善资料;

(4)进入微博。

2. 微博认证

为了避免身份混淆，引起公众误解，微博实行身份认证策略。目前的认证有名人认证、网站认证、媒体认证、高校认证和企业认证。个人可以采用身份通认证。

认证条件为：

(1) 确保申请者是在上述需要认证范围之内；

(2) 微博使用实名，且为最被公众熟知的姓名或称谓；

(3) 在微博中发表一条以上博文，并提供微博地址；

(4) 提供准确翔实的身份说明介绍；

(5) 提供确切可验证的即时联系方式，如邮箱、单位名称和个人电话；

(6) 提供身份及工作证明的扫描件证明系本人申请。

3. 发布微博

(1) 打开微博首页；

(2) 在文本框中撰写内容；

(3) 如果需要加入视频、图片，点击输入框下的按钮即可；

(4) 选择公开范围，最后点击"发布"；

(5) 发布文字、图片和视频的内容要符合社会主义价值观，要把新时代中国特色社会主义思想的世界观和方法论贯彻其中。

二、实 训

(一) 任务描述

夏淇结束了毕业实习工作，她感觉收获很大，主要表现在三个方面：第一，锻炼了她的沟通能力和策划活动的能力；第二，掌握了有关红酒的大量知识；第三，自信心大增，尤其是运营公众号的经历，让她体会到了掌握新媒体的重要性。为了给大家分享自己的收获，她准备将这些收获发布在自己的微博上，并配上工作时留下的照片。

(二) 要求与指导

实训任务： 发布一篇微博文。

实训成果：

每人提交一份发布微博的屏幕截图。

实训指导：

1. 注册微博号。

2. 阅读"任务描述"中的材料，根据材料以第一人称撰写微博，要求不超过140字。

3. 点击"图片"，上传多张图片。

4. 点击"发布"。

5. 将微博号推荐给其他同学。

(三) 反思与总结

反思与总结见表 15-2。

表 15-2　　　　　　　　　　　反思与总结

序号	评价内容	评价（最佳☆☆☆☆☆）
1	我已经注册了微博号	
2	我能用微博发布视频、图片、文字等消息	
3	我能在微博中发起或回复话题，@关注人	
4	我能将微博链接转发到其他平台	
5	我会给关注人发私信	

实训体会（记录完成的过程，分析自己的成败得失）：

三、相关链接

（一）政务微博发展趋势

随着电子政务迅速发展，政务微博在社会管理创新、政府信息公开、新闻舆论引导、倾听民众呼声、树立政府形象、群众政治参与等方面起到了积极的作用。

《2020年人民日报·政务指数微博影响力报告》显示，截至2020年12月，经过微博平台认证的政务微博达到177 437个。其中政务机构官方微博140 837个，公务人员微博36 600个。当前政务微博的发展呈现以下特点：

1. 规模继续稳定增长，并朝矩阵化、专业化、垂直化的方向发展。
2. 政务微博日显人格化，与公众互动更亲民，服务更高效。
3. 采用新媒体传播新方式，视频化表达逐渐成为主流表达方式。
4. 发布内容及时、量大、反馈迅速，树立了较高的权威和可信度。

（二）案例

微博在企业形象塑造上发挥着积极作用，下面是华为技术有限公司发布的公益活动的推文，如图15-2所示。

图15-2　华为技术有限公司发布的公益活动的微博页面
（图片来源：华为技术有限公司官方微博）

点 评 借助微博,发布公益活动信息,企业通过参与社会公益活动塑造良好的社会形象。

四、拓展训练

通过微博发布一条你获得的最新信息。

参考文献

[1] 张岩松,张丽英.现代职业礼仪与人际沟通.北京:清华大学出版社;北京交通大学出版社,2011.

[2] 孟庆荣.秘书工作案例及分析.北京:清华大学出版社,2020.

[3] 吴雨平,李正春.秘书学与秘书实训教程.广州:暨南大学出版社,2018.

[4] 汪力.秘书是怎样炼成的.北京:时事出版社,2018.

[5] 谭一平.我是职业秘书.北京:机械工业出版社,2018.

[6] 张岩松.新型现代交际礼仪实用教程.北京:清华大学出版社,2018.

[7] 黄海.办公室工作实务.北京:电子工业出版社,2019.

[8] 宋湘绮,刘伟.项目化秘书综合实训.北京:电子工业出版社,2009.

[9] 向国敏.现代秘书实务.北京:首都经济贸易大学出版社,2017.

[10] 王勤俭.办公室秘书手册.北京:中国纺织出版社,2010.

[11] 王敏杰.商务会议与活动管理实务.上海:上海交通大学出版社,2018.

[12] 张丽琍.商务秘书实务.北京:中国人民大学出版社,2018.

[13] 黄若茜.秘书理论与实务.北京:清华大学出版社,2020.

[14] 石咏绮.五星级秘书.北京:北京大学出版社,2020.

[15] 宋湘绮,刘伟,邓石华.秘书实训.北京:清华大学出版社,2018.

[16] 邓石华,宋湘绮.职业秘书人际关系与沟通教程.北京:清华大学出版社,2018.

[17] 孟庆荣.秘书职业技能实训教程.北京:清华大学出版社,2020.

[18] 孙立秋,徐美荣.商务谈判.北京:对外经济贸易大学出版社,2020.

[19] 毛国涛,王明.商务谈判.北京:北京理工大学出版社,2006.

[20] 石永恒.商务谈判实务与案例.北京:机械工业出版社,2008.

[21] 柴彭颐.项目管理.北京:中国人民大学出版社,2009.